Les Éditions du Boréal
4447, rue Saint-Denis
Montréal (Québec) H2J 2L2
www.editionsboreal.qc.ca

LE GRAND RETOUR

DU MÊME AUTEUR
EN LANGUE FRANÇAISE

ESSAIS

Les Bâtards de Voltaire. La dictature de la raison en Occident, Payot, 1993.

Le Compagnon du doute, Payot, 1996.

Le Citoyen dans un cul-de-sac ? Anatomie d'une société en crise, Fides, 1996.

La Civilisation inconsciente, Payot, 1997.

Réflexions d'un frère siamois. Le Canada à l'aube du XXIe siècle, Boréal, 1998.

Vers l'équilibre, Payot, 2003.

Dialogue sur la démocratie au Canada (en collaboration), Boréal, 2003.

Mort de la globalisation, Payot, 2006.

ROMANS

Mort d'un général, Seuil, 1977 ; Rivages, 1997.

Baraka, ou La Vie, la Gloire et le Destin d'Anthony Smith, Denoël, 1984.

L'Ennemi du Bien, Mazarine, 1986 ; Rivages, 2003.

Paradis Blues, Payot, 1988 ; Rivages, 2001.

De si bons Américains, Rivages, 1994.

John Saul

LE GRAND RETOUR

Le réveil autochtone

*traduit de l'anglais (Canada)
par Daniel Poliquin*

Boréal

© John Ralston Saul 2014
© Les Éditions du Boréal 2015 pour l'édition en langue française
Publié avec l'accord de Westwood Creative Artists, Ltd.
Dépôt légal : 4ᵉ trimestre 2015
Bibliothèque et Archives nationales du Québec

L'édition originale de cet ouvrage a été publiée en 2014 par Penguin Canada Books sous le titre *The Comeback*.

Diffusion au Canada : Dimedia
Diffusion et distribution en Europe : Volumen

Catalogage avant publication de Bibliothèque et Archives nationales du Québec et de Bibliothèque et Archives Canada

Saul, John Ralston, 1947-

    [Comeback. Français]

    Le grand retour : le réveil autochtone

    Traduction de : The comeback.

    ISBN 978-2-7646-2406-7

    1. Autochtones – Canada – Conditions sociales – 21ᵉ siècle. I. Titre. II. Titre : Comeback. Français.

E78.C2S2914   2015   971.004'97   C2015-941798-8

ISBN PAPIER 978-2-7646-2406-7
ISBN PDF 978-2-7646-3406-6
ISBN EPUB 978-2-7646-4406-5

À Georges Erasmus
Avec toute mon admiration

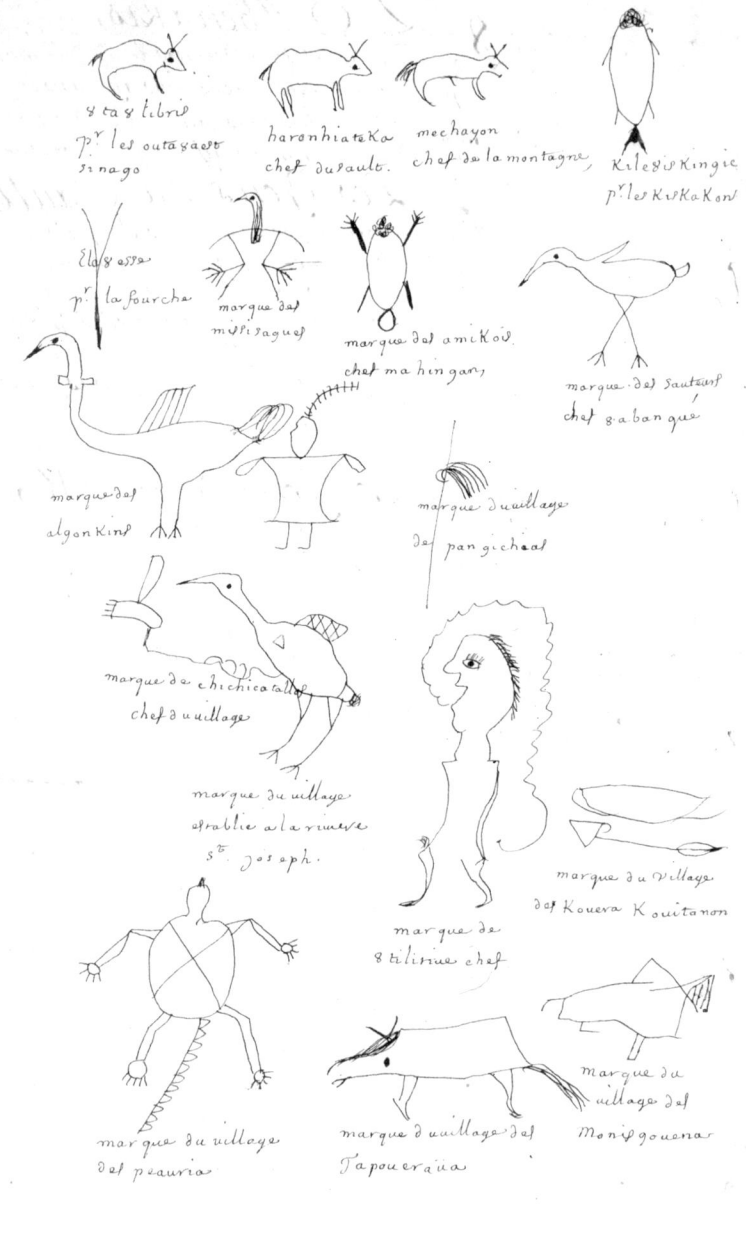

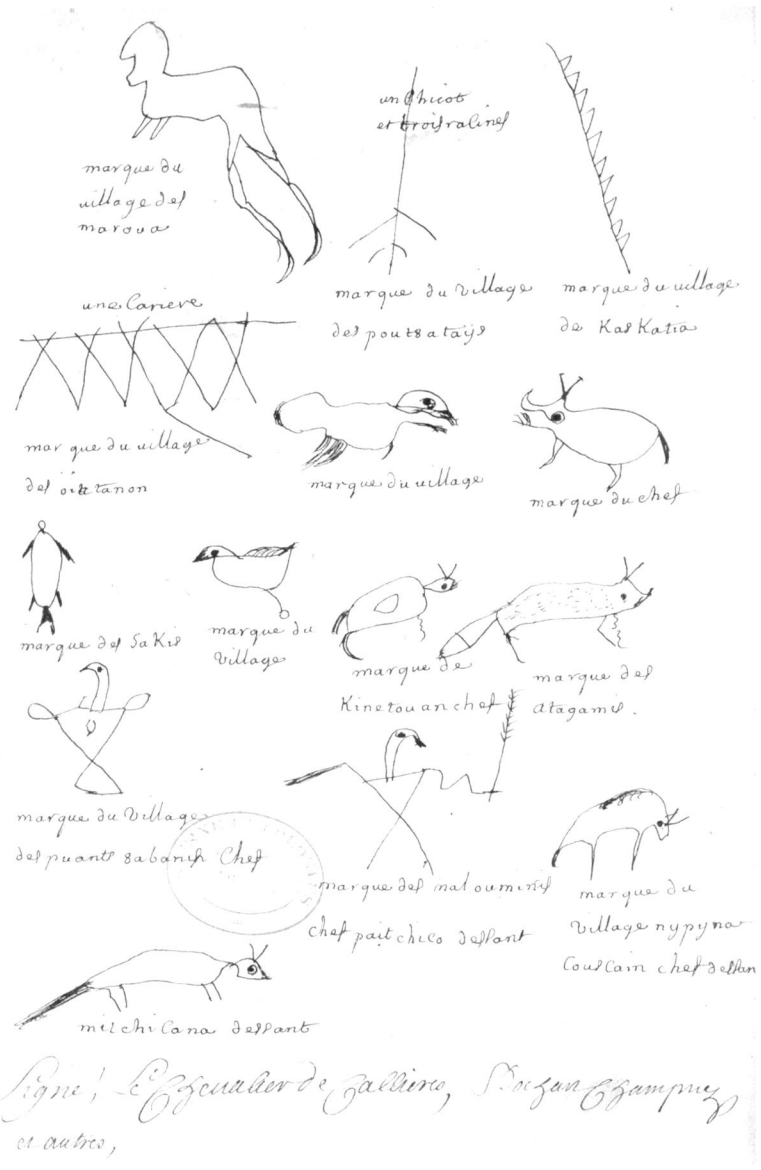

Page de signature du traité de la Grande Paix de Montréal, en 1701. Il s'agit d'un remarquable accord diplomatique, car reposant sur des concepts autochtones, entre une culture écrite et des cultures orales. La France, les Iroquois ainsi que trente-huit autres Premières Nations l'ont signé. Mille trois cents délégués ont assisté aux négociations. C'est à cette occasion que l'idée de traité est née au Canada. © Bibliothèque et Archives Canada, 3192491.

1

L'imminence de l'histoire

Nous savons que l'histoire se fait sous nos yeux. Nous savons aussi que nous pouvons peser sur le cours des choses, quoique jamais autant que nous le voudrions. Et quand nous parvenons à agir, notre action est indissociable de la force immense du mouvement de l'histoire, qui marche dans le temps à grandes enjambées. L'effet de notre intervention – bénéfique ou nocif – ne se révélera que peu à peu, au fil des décennies, voire des siècles. L'histoire nous est donc entrave et âpre exigence tout à la fois. La plupart du temps, nous ne pouvons entrevoir la forme qu'elle prend, avec pour conséquence que nous nous sentons captés par des mouvements de marée mystérieux, dont nous ne pouvons même pas imaginer le cycle. Peut-être parce que nous ne voulons pas.

Mais nous sommes toujours quelque part dans le mouvement de l'histoire. La houle nous secoue ou nous précipite sur les récifs. Ou alors nous pagayons sereinement comme si de rien n'était.

C'est dans cette logique qu'il nous faut méditer les événements de l'hiver 2012-2013, au moment où Idle No More a fait irruption dans nos vies. On a vu alors des Autochtones se masser en des lieux où la contestation n'a normalement pas droit de cité : aux carrefours, dans des centres commerciaux un peu partout au pays, ainsi que sur la colline du Parlement à Ottawa. Dans tous les médias, de nouveaux jeunes chefs faisaient entendre leur voix. Les pouvoirs constitués, non autochtones aussi bien qu'autochtones, les médias, les commentateurs patentés, ont tenté en vain d'instrumentaliser ou de juguler cette expression spontanée de frustration et de colère. Ainsi, des leaders politiques fédéraux sont allés marquer leur sollicitude au chef Theresa Spence pendant sa grève de la faim sur l'île Victoria. Si elle avait péri des suites de son jeûne hydrique, à quelques mètres du parlement provincial, la catastrophe était assurée. Le tissu social canadien aurait subi un tort irréparable, sa mort aurait été une version moderne de la pendaison de Louis Riel. On aurait pu perdre la maîtrise des événements. Violence ? On ne peut pas savoir. Nous avons fini par sortir de la crise à tâtons. Le gouverneur général a reçu les chefs autochtones dans une atmosphère trouble. Et il y a eu cette rencontre avec le premier ministre à laquelle certains chefs éminents refusaient d'assister à moins que le gouverneur général soit présent.

Tout le pays semblait tétanisé par l'arrivée apparemment soudaine des Autochtones au cœur même de la conscience nationale. Je dis « apparemment » parce que les Canadiens et notre gouvernement n'avaient pas voulu voir. Il ne s'agissait pas ici d'une mauvaise passe comme tant d'autres dans les relations entre les Autochtones et les autres Canadiens. Il ne s'agissait pas de personnalités ou d'un problème particulier. Le mouvement Idle No More n'était pas là pour renverser l'Assemblée des Premières Nations. Ce n'était pas non plus un conflit opposant certains chefs et le chef national de l'APN. Ou ceux qui faisaient la grève de la faim, d'une part, et ceux qui voulaient négocier, d'autre part. Tout cela s'inscrivait en fait dans une vaste fronde impulsée par les forces de l'histoire. Hier comme aujourd'hui, chacun de nous, Autochtones et non-Autochtones, doit tâcher d'y voir clair. Les peuples autochtones avaient pris leur place dans l'arène nationale parce cette place leur revient. Sauf que cette fois-ci, leur irruption légitime au cœur de la conscience nationale rappelait les enjeux d'hier et d'aujourd'hui à tous ceux qui étaient prêts à écouter. C'est la grande problématique de notre époque, l'immémorial contentieux du Canada qui dictera le jugement de l'histoire.

Bien sûr, l'histoire contemporaine a déjà été témoin de maints drames concernant les Autochtones, certains ayant connu un dénouement heureux. C'est le Québec qui donne le ton ici. Quatre années d'affrontements judiciaires et toute une série de conflits et de négociations politiques ont débouché sur la Convention de la Baie-James et du Nord québécois de 1975. Preuve que la réconciliation et la restitution étaient imaginables, même si cet accord n'a pas réussi à satisfaire les Cris et qu'il a fallu négocier une seconde convention pour eux. L'accord du Nunavut de 1993, entré en vigueur en 1999, n'a pas été respecté dans son intégralité par Ottawa mais constituait néanmoins un événement favorable. Lorsque le traité des Nisga'as a été conclu en 1999, leur chef, Joseph Gosnell, a déclaré que son peuple avait enfin trouvé sa place au Canada par la négociation. L'entente intervenue avec les Cris du Nord québécois en 2002, qu'on appelle la Paix des Braves, est peut-être le traité le plus complexe jamais négocié. Et pourtant, il n'a fallu qu'une année pour en venir à un accord : signe que, lorsque la bonne foi et la volonté politique sont au rendez-vous, il y a toujours moyen de bâtir de nouveaux ponts dans le temps de le dire.

L'ennui, c'est que ces avancées n'ont modifié en rien le récit central de la majorité des Canadiens. Il s'agissait en effet de changements énormes intervenus dans ce lointain Nord où nous ne mettons jamais les pieds. L'accord de la baie James a apporté de grands bienfaits aux gens du Sud parce que l'hydro-électricité produit des revenus généreux et stables. Mais la crise d'Oka a démontré que l'incidence des accords nordiques sur les non-Autochtones restait largement abstraite. Les autres flambées qui ont marqué le pays depuis – la confrontation du lac Gustafsen (Colombie-Britannique), Ipperwash (Ontario),

Burnt Church (Nouveau-Brunswick) et Caledonia (Ontario) – descendent en ligne droite du calvaire d'Oka.

Il n'est pas de moment historique sans malaise. Les contradictions stratégiques y bousculent à coup sûr, les contradictions tactiques aussi. La recherche de gains politiques fait naître des factions querelleuses : caractéristique obligée des mouvements qui aspirent à de grandes mutations sociales. Quant aux gouvernants, ils subissent de multiples tiraillements dans un climat de crise qui grippe la mécanique normale du pouvoir.

Et pour ceux qui sont pris à partie – dans le cas d'Idle No More : le gouvernement canadien et certains éléments de l'élite non autochtone de la société canadienne –, ces scissions semblent faire le jeu du cynisme. Par exemple, on joue un groupe d'Autochtones contre un autre. On discrédite les chefs autochtones en fustigeant la prodigalité d'une poignée d'entre eux. On fait le procès de la corruption ici, on dénonce l'inefficacité là. Tout est bon pour éviter de s'attaquer aux problèmes réels qui se posent depuis trop longtemps. Mais ce ne sont là que mirages opportunistes. Une fausse lecture de la réalité sur le terrain.

L'habileté tactique ou les mesures dilatoires n'ont jamais pour effet de faire disparaître le problème et ne règlent rien. Chose des plus importantes, sans la recherche sérieuse de solutions, les lacunes fondamentales de cette relation ne se feront que plus troublantes pour nous tous et risquent de compromettre encore plus l'existence du Canada.

Cette réalité historique n'est aidée en rien par la tendance naturelle des médias et des stratèges politiques à interpréter la réalité dans les limites du petit quotidien. Chose naturelle, voire nécessaire. Ils n'ont d'yeux que pour les personnalités, les rivalités, les mésententes et les échecs. C'est ainsi qu'ils imaginent leur action, rappelant par là les devins qui interrogent les entrailles des poulets pour nous dire si César doit se rendre ou non au Forum.

Cela peut également faire problème lorsqu'une crise éclate,

particulièrement une crise qui n'en finit plus. Nous sommes alors tous empêtrés dans le récit au goût du jour. Et dans ce récit, chacun de nous ne voit que sa réalité à lui. Seules comptent alors nos habitudes, dictées par des considérations pratiques ou par nos émotions. Rien de plus normal. Et en temps normal, ça peut aller. Mais pour maîtriser une vraie crise, une crise qui transcende nos réalités personnelles, il faut savoir s'écarter de la normalité. Si la crise nous dépasse, nous devons repenser le récit, sans quoi celui-ci risque de nous annihiler. Par exemple, le premier ministre Harper, lorsque survient un danger, s'enferme habituellement aussitôt dans une lecture économiste de l'événement. Et son interprétation économique quitte rarement une certaine ornière. C'est sa réalité à lui. Quant aux millions d'autres Canadiens, ils vivent dans des réalités plurielles. Pour certains, une seule chose compte, c'est arriver au travail à l'heure ou avoir l'assurance de pouvoir faire le plein quand il le faut. Tout ce qui se met en travers de notre chemin nous agace. Une pléthore d'ambitions et de soucis pèse sur nos familles, notre emploi, notre quotidien.

Lorsqu'il s'agit des grandes questions sociales, nous avons tendance à remarquer très vite le moindre signe de souffrance. La souffrance nous trouble, surtout celle d'autrui. C'est là une expression d'empathie traditionnelle qui est d'origine judéo-chrétienne, disons plutôt abrahamique. Ce n'est pas une mauvaise chose en soi. Cela nous rend plus sensibles aux drames sociaux. Mais si les non-Autochtones n'entrevoient leur rapport avec la réalité autochtone que par le prisme de leurs émotions, il est plus tentant pour eux de rester spectateurs du drame, car cela les dispense de rechercher une solution à ces problèmes. Ce genre de pitié risque de renforcer le vieux récit selon lequel les « Indiens » posent un problème, qu'ils sont inaptes à survivre dans une société « moderne » parce que nous leur avons inspiré une telle honte d'eux-mêmes qu'ils n'ont plus la confiance en soi nécessaire pour fonctionner dans la réalité. Lee

Maracle, dans une conversation avec l'animateur de la radio de CBC Michael Enright, le 18 mai 2014, a torpillé cette pitié délétère. « Les autres appellent ça de la honte. Mais personne ne dit ça en parlant de soi. » Dans ce cas-ci, si honte il y a, elle devrait être ressentie par les fautifs. Maracle : « Si l'on veut qu'il y ait réconciliation, l'auteur de votre malheur doit être un participant. »

Quelle que soit notre vision de la réalité, l'histoire suit toujours son cours. Mais quand nous essayons de situer notre place exacte dans cette histoire, nous dépassons rarement l'approximation. L'histoire avance toujours dans des directions diverses et à des vitesses diverses au même moment. C'est un mouvement constamment agité de courants sous-marins et de lames de fond traîtresses.

Pourtant, il me semble que nous pouvons en ce moment discerner au moins une tendance. Et même s'il ne s'agit que d'une tendance parmi tant d'autres, je crois que non seulement nos vies à titre individuel mais le Canada lui-même vont se ressentir de la façon dont nous allons y réagir. Si nous intervenons intelligemment, consciemment, et avec une idée du sens de notre trajectoire historique, nous saurons changer notre récit. J'entends par là que nous allons nous affranchir d'un récit qui est resté étonnamment colonial dans sa nature, et embrasser un point de vue qui donne sens à ce que nous faisons et pouvons faire à la place. La tendance est nette. En cent ans, les peuples autochtones sont parvenus à conjurer la mort. Retour en force exemplaire quand on sait l'abjection dans laquelle ils croupissaient : proches de l'extinction démographique, leur existence juridique avoisinant le mépris, leurs civilisations guettées par la caducité. Vers quoi tend cette résurgence ? Vers une position de force, d'influence et d'inventivité civilisationnelle en ce territoire qui a nom Canada.

La plupart des Canadiens ne comprennent toujours pas cela parce que nous n'avons de souvenirs que pour la souffrance de nombreuses nations autochtones, leurs carences, leurs échecs. Ce qui conduit certains non-Autochtones à éprouver de la culpabilité, d'autres de l'empathie, d'autres encore à regarder les diverses sociétés autochtones comme des civilisations en perdition. Ce sont là à peu près les mêmes construits qui nous habitaient il y a un siècle, sauf que les parts de culpabilité et de pitié sont beaucoup plus élevées et la part de dédain beaucoup plus faible. Mais tous trois sont essentiellement pernicieux et nous éloignent du courant dominant de l'histoire. Sans parler de nos obligations.

Ce que je veux dire, c'est que ces trois états d'âme occultent le fait qu'il existe des solutions à la plupart des problèmes auxquels les Autochtones font face. Et notre pessimisme – notre culpabilité, notre pitié, notre dédain – fait obstacle à ces solutions parfaitement réalisables. Les Autochtones sont en voie de les résoudre. Mais nous leur barrons encore la route.

Au début du XXe siècle, les Premières Nations et les Métis ont atteint le nadir de leur effondrement démographique. Des près de 2 millions qu'ils avaient été, leur nombre avait fondu en à peu près soixante-quinze ans à environ 150 000. Hémorragie vertigineuse, causée par la perte de leur mode de vie, de leur bien-être économique, de leur bien-être social et de leurs sources de nourriture, sans compter l'avènement d'une nouvelle vague de maladies européennes particulièrement dévastatrice notamment à cause de l'affaiblissement de leur condition physique. Et tout cela était favorisé ou carrément causé par la politique gouvernementale, l'immigration soutenue et les changements qui en résultaient dans l'utilisation du territoire.

Autrement dit, ce fut là une ère où régnaient des contradictions profondes entre la réalité et la mythologie de la vie canadienne. L'histoire nationale classique présente le tournant du siècle comme une époque de créativité et de construction de l'État. L'immigration connaissait une cadence encore inégalée aujourd'hui. Dans la décennie précédant la Première Guerre mondiale, c'est plus de 400 000 immigrants qui entraient chez nous chaque année. On défrichait la terre, on bâtissait des bourgades. Le chemin de fer s'étendait dans toutes les directions, les villages devenaient des villes. Vrai, tout ça, mais précisément au même moment, dans le même pays, les Autochtones souffraient ou agonisaient, ou ne faisaient plus d'enfants à cause des conditions atroces auxquelles ils avaient été réduits, et tout cela se passait dans de petites localités éloignées, loin des yeux et loin du cœur d'une population canadienne d'origine principalement européenne.

Les effectifs autochtones diminuant sans cesse, le système politique canadien, enhardi par une démographie croissante et une puissance également grandissante, prédisait avec assurance la fin du monde autochtone. Il était désormais évident – ou du moins, c'est ce que disait la thèse courante et intéressée du temps – que ces populations étaient malheureusement inadaptées au monde moderne. Arriérées, anémiques, embourbées dans des cultures sans importance. Une bonne part de cet argumentaire trouva vite à se reloger dans l'idéal de charité chrétienne que charriait l'impérialisme victorien.

C'était l'époque de la mythologie impériale triomphante. Partout sur le globe, la puissance impériale et les mythes conquérants d'une poignée de pays dominaient la pensée et l'action. Il nous est difficile aujourd'hui d'imaginer la force et le rayonnement international de ces mythologies hégémoniques. On se surprend aussi de voir combien elles étaient étriquées. Ainsi, de petits pays peu peuplés comme la Grande-Bretagne et la France devaient servir de modèles au monde. L'évolutionnisme de Charles Darwin, révélé au monde en 1859, fut vite assimilé à un discours populiste dont la logique ne s'embarrassait guère de contradictions. Par exemple, parce que l'histoire avait suivi un certain cours pendant des milliers d'années, tendance évolutive qui ne s'était pourtant pas signalée par son rythme fulgurant, tout à coup le premier quidam habile à se

Francis Pegahmagabow (1891-1952), chef de la Première Nation de Wasauksing, sur les rives de la baie Georgienne. Meilleur tireur d'élite des Alliés pendant la Première Guerre mondiale. Trois fois récompensé par la Médaille militaire. Élu chef suprême du gouvernement indépendant des autochtones en 1943. Ici photographié en juin 1945, à Ottawa. © Musée canadien de l'histoire, 95293.

saisir du pouvoir voyait toute son action auréolée d'une destinée scientifique. La science savait ce qu'elle faisait, donc tout changement répondait nécessairement à une intention. Cette logique étant capable de bonds spectaculaires, on affirmait sans crainte de se tromper que l'élargissement d'une fraction de millimètre dans l'empattement de l'aile d'un quelconque insecte sur des milliers d'années était comparable à la destinée conjoncturelle des empires et à la supériorité raciale de leurs dirigeants. Le succès des armées européennes hors d'Europe prouvait que les vainqueurs étaient les dépositaires de la destinée darwinienne. Ils étaient censés dominer le monde en toute chose, qu'il s'agisse des bonnes manières, des codes vestimentaires ou des méthodes économiques, de la philosophie politique ou de l'administration des États. Dans son essai remarquable, *Principles of Tsawalk*, E. Richard Atleo (Umeek) explique avec éloquence comment on a instrumentalisé Darwin pour asservir les peuples indigènes. « La théorie [darwinienne] de l'évolution et ses exégèses ont nanti les colonisateurs d'une vision des différences entre les humains caractérisée par une hiérarchie d'êtres supérieurs et inférieurs. »

Il importe ici de faire abstraction des aspects sérieux des travaux de Darwin et de voir comment ses idées ont vite été détournées par des idéologues qui en ont tiré une idéologie politique de l'évolution, du progrès et de la race capable de justifier tous les appétits de l'impérialisme occidental. La « sélection naturelle » de Darwin est alors devenue, en 1864, sous la plume d'Herbert Spencer, la « survie du plus apte ». Tout à coup, le discours public s'est mis à fourmiller de truismes scientifiques qui ne devaient rien à la vérité ni à la science. La sélection naturelle encouragea ainsi les guerres coloniales. La biologie évolutive autorisa le racisme organisé sous toutes ses formes. La préservation des races privilégiées dans la lutte pour la vie expliquait la fondation des empires. Dès les années 1870, le darwinisme social triomphait partout.

Tout cela allait conduire aux thèses homicides d'Adolf Hitler. Nous connaissons tous les tenants et aboutissants de cette violence, de cette inhumanité, de cette tragédie. Mais il ne faut surtout pas oublier que ces théories étaient parfaitement absurdes au départ. Et ne pas se raconter d'histoires : les empires britannique, français et américain doivent leur existence au darwinisme social. On ne saurait oublier non plus que, dans la seconde moitié du XIXe siècle, la politique autochtone du gouvernement canadien fut viciée par le darwinisme social et devint une créature bien de son temps.

Comment se fait-il que si peu de gens aient entrevu alors toute l'horreur de cette pensée ? C'est entre autres parce qu'elle s'était inscrite naturellement dans nos conceptions du progrès et de la démocratie. Le racisme taxonomique s'installa parmi les notions fondamentales de la philosophie et de la culture européennes. Aucune rupture avec l'idée de raison, les Lumières ou l'individualisme ne fut nécessaire, ni, je le répète, avec l'idée de progrès et de démocratie. Qui plus est, toute cette pensée n'a pas bougé de son socle depuis.

Les Européens affirmaient que leurs principes étaient de nature universelle. Bien sûr qu'ils l'étaient : après tout, c'était eux qui le disaient. Et ils le répètent encore aujourd'hui, avec une conviction que le temps n'a jamais ébranlée.

Partout dans le monde aujourd'hui, vous pouvez commander au restaurant les mêmes tranches de pain blanc grillé sans saveur ou des baguettes également dénuées de goût. Les sceaux d'universalité qui maquillent la médiocrité me fascineront toujours : ce sont les restes de courants de pensée internationaux qui ont connu leur heure de gloire. Ils tiennent encore le haut du pavé parce qu'ils s'appuient sur les écoles nationales-impériales de philosophie, qui sont restées ancrées partout dans le monde au sein des universités occidentales, dans les nôtres aussi, et on les enseigne encore comme si elles n'avaient rien perdu de leur universalité. Ainsi, leur récit national de l'histoire, de la civilisation, de la gastronomie, de la mode, toutes ces belles choses sont apparemment universelles.

L'un des plus grands obstacles à la réconciliation entre Autochtones et non-Autochtones au Canada, c'est précisément la puissance tenace de ces récits dans nos universités. D'où la conception que nous nous faisons du fonctionnement de l'État. Le pouvoir du récit est absolu.

Les mythologies contemporaines de la mondialisation et du déterminisme économique sont bien mineures et bien régionales si on les compare à ces idéologies civilisationnelles de la vérité et de la destinée. Les lambeaux de l'exceptionnalisme britannique et français, du siècle de l'exceptionnalisme américain, tout cela demeure inextricablement lié à cette idée tordue de la destinée darwinienne.

Au premier abord, une puissance impériale si dominante peut sembler trouver sa justification dans la suprématie technologique des nations occidentales, leurs prouesses militaires et leur raffinement culturel. Mais l'outil intellectuel par excellence – et l'outil mythologique central – était la foi dans la supériorité raciale. Le racisme, quoi. Il s'agissait d'affirmer la domination de ces gens à la peau blanche, ou rosée. Ça, c'était l'équipe sélectionnée par Dieu le Père lui-même, qui avait pour elle le déterminisme darwinien et la machinerie du modernisme.

En quelques années à peine, ces mythes soutenus par un argumentaire intellectuel et politique, énoncés avec force détails et une confiance inébranlable, allaient conduire les peuples européens à s'entre-massacrer dans une première, puis une seconde guerre mondiale. Il en est résulté une guerre civile continentale qui a duré trente-deux ans où chacun se battait pour faire triompher sa conception de la race et de la gouvernance. Délire assassin qui n'était autre que le résultat de quatre siècles de déterminisme européen. Et oui, les périphéries de l'Europe où vivaient les Canadiens, les Indiens, les Algériens, les

Australiens et les Néo-Zélandais, et avec eux une multitude d'autres laquais non européens des grands empires, seraient happées par cette querelle. Cent millions de morts en moins d'un siècle. Un record historique. Et tout cela au nom de la supériorité occidentale. Le délire n'est jamais en peine de trouver des justifications et même des raisons d'agir, et c'est bien ce qui me fascine. Les États-Unis d'Amérique, le dernier-né et le plus petit de ces empires de style européen, se sont jetés dans ces conflits et en ont émergé en Rome nouvelle, avec sa propre version de la civilisation rédemptrice parce que les Américains, comme ceux qui les avaient précédés, étaient motivés par leur exceptionnalisme. On ressent une impression étrange quand on remonte dans le temps et qu'on lit ce qui s'écrivait en ces années-là à Londres, Paris, Berlin, Washington, Rome, Bruxelles et Amsterdam, et aussi dans les capitales des succursales de ces pays comme Ottawa, pour voir comment on invoquait la race pour justifier l'action dans les années précédant ces guerres. Les programmes scolaires de ces États véhiculaient diligemment les mêmes sottises.

C'est dans les quarante ans qui ont précédé la guerre civile européenne que les Canadiens d'origine outre-Atlantique ont décidé que les « Indiens », les « sang-mêlé » et les « Esquimaux » ne faisaient pas le poids devant notre supériorité, notre destinée darwinienne. Dès lors, nous avons résolu de les conduire vers l'oubli en mettant au ban leurs langues, leurs cultures, leurs rituels. Bien sûr, ce fut bien plus compliqué que ça. Dans un pays qui se voulait fondé sur le primat du droit, il fallait mettre en place des mécanismes respectables. Une pléthore de lois, de règlements et de structures administratives constituèrent une infrastructure juridique raciste et punitive dans les domaines social et économique. Les pensionnats autochtones ne furent qu'une arme parmi bien d'autres dans tout cet arsenal. Mais c'était une initiative importante, parce que le système des pensionnats donnait à l'État, par le biais des églises, un empire absolu sur les générations futures. Arborant le masque progressiste de l'éducation, s'appuyant sur les mécanismes fondamentaux des civilisations – la langue, la culture et toute l'armature spirituelle –, l'État pouvait livrer une guerre sans merci aux peuples indigènes. L'exploitation sexuelle, la maltraitance médicale, l'expérimentation, tout cela exprime l'ambition européenne d'amoindrir les races concurrentes. Malfaisance forcenée qui trahissait peut-être le désir obscur de se convaincre soi-même de la réalité de sa supériorité raciale.

J'exagère ? Voici ce que déclarait le premier ministre John A. Macdonald à la Chambre des communes en 1883 pour expliquer la nécessité des pensionnats autochtones : « Lorsque l'école est sur la réserve, l'enfant vit avec ses parents, qui sont sauvages ; il est entouré de sauvages, et bien qu'il puisse apprendre à lire et à écrire, ses habitudes, son éducation à la maison et ses façons de penser restent celles des sauvages. En un mot, c'est un sauvage capable de lire et d'écrire. » Ces paroles du premier chef de gouvernement après la Confédération illustrent bien le problème : c'est que nous avons affaire à un racisme de type européen profondément ancré qui occupe une place centrale dans le discours de la fin du XIXe siècle.

Sur la côte du Pacifique, l'interdiction des cérémonies du potlatch fut maquillée en une réforme visant à protéger la richesse économique et le bien-être moral des natifs du lieu. Il s'agissait en fait d'affaiblir ces Autochtones qui avaient réussi à s'adapter au système économique des nouveaux venus et à se tailler une place enviable dans la nouvelle industrie de la pêche. Au niveau national, on leur a retiré le droit de vote, puis on leur a interdit de retenir les services d'un avocat et de s'organiser sur le plan politique. Les amendements de 1927 à la Loi sur les Indiens non seulement interdisaient le potlatch mais déclaraient essentiellement hors la loi toute revendication foncière ; il était même désormais illégal de se vêtir à la manière autochtone et de prendre part à des danses traditionnelles en dehors de sa propre réserve. Nous avons aussi enfreint nos propres lois en prétendant que les « Indiens » n'avaient pas le droit de quitter leurs réserves sans l'autorisation d'un agent local du gouvernement : fabulation dont la paternité revenait aux hauts fonctionnaires du ministère des Affaires indiennes. Et, bien sûr, nous n'avons pas respecté les traités que les Autochtones avaient signés de bonne foi, et les premiers traités qui avaient été signés antérieurement de bonne foi de part et d'autre.

Rappelez-vous : nous, les non-Autochtones, étions signataires. C'est en ma qualité de non-Autochtone que j'écris *nous*. Et sur la foi des signatures du Canada, nous nous sommes engagés à pérenniser notre relation avec les Autochtones en inscrivant dans ces traités la formule selon laquelle ces textes resteraient valides « tant que le soleil brillera, que l'herbe continuera de pousser et les rivières de couler ». Il s'agissait là de documents juridiques qui engageaient et engagent notre parole. Chose peut-être plus importante, nos signatures obligeaient nos gouvernements à agir toujours dans le respect de l'*honneur de la Couronne*.

Les actes illégaux, immoraux ou déloyaux qui ont été perpétrés par la suite étaient beaucoup plus que des manquements à des traités donnés. C'était rompre un lien relationnel qui était fondé sur la bonne foi et auquel les Autochtones avaient puissamment contribué. Les Autochtones y ont vu une trahison, car ces relations avaient été établies et nourries en toute confiance. Cela, ils le dirent dans des milliers de lettres, de requêtes et de discours. L'un des résumés les plus éloquents de la situation est la lettre remise par les chefs de l'intérieur de la Colombie-Britannique – le chef Petit Louis des Secwépemc, le chef John Tetlenitsa des Nlaka'pamux et le chef John Chilahitsa des Sylix – au premier ministre Wilfrid Laurier à une rencontre au Oddfellows Hall de Kamloops le 25 août 1910, lors de sa tournée historique du pays en chemin de fer. Au fil des ans, l'argumentaire autochtone – car il s'agissait bien plus que d'une protestation – a pris la forme d'un cadre intellectuel et juridique complexe fondé sur les traités et les arrangements civilisationnels remontant aux débuts mêmes de la Nouvelle-France, à la Grande Paix de Montréal de 1701, à la Proclamation royale de 1763 et au traité de Fort Niagara de 1764.

Ainsi, la relation autochtone-immigrant a été savamment élaborée sur des centaines d'années et largement dans la bonne foi. Ce qui s'est passé après les années 1870 fut bien différent. De plus en plus, les non-Autochtones n'agissaient plus de bonne foi. Et nous avons perpétré toutes ces trahisons afin d'aider les Autochtones à disparaître. Pour leur bien, évidemment.

Nombreux parmi nous sont ceux qui croient que ces attitudes ne sont plus de saison. Nous les condamnons. Mais ce n'est pas aussi simple que ça. Pour nous affranchir de notre passé, il faut faire deux choses. Nous devons réinstaurer un récit national axé sur le passé, le présent et l'avenir des peuples autochtones. Et les politiques de notre pays se doivent de refléter ce recentrage, sur le plan conceptuel autant que financier.

2

Des droits plutôt que de la pitié

Tout cela doit être dit et même répété : autrement, les Canadiens non autochtones vont continuer de se méprendre sur le sens de ce qui est en train d'arriver. Ils vont se tromper sur le mouvement de l'histoire, la signification des événements que nous vivons tous, la possibilité de réimaginer notre récit.

Ce qui se passe aujourd'hui n'est pas affaire de culpabilité, de pitié ou d'échec. Il ne s'agit pas non plus d'exalter une vision romantique du passé. Ni d'opposer les coutumes d'hier à celles d'aujourd'hui. Encore moins de mettre le pied à l'étrier à des gens incapables de se tirer d'affaire par leurs propres moyens.

C'est strictement une question de droits : de ces droits civiques qui sont encore refusés aux Autochtones. Il s'agit de rebâtir une relation qui a été au cœur de la création du Canada et, chose tout aussi importante, de la poursuite de son existence. Mais il y a plus. Il se peut que cette relation repensée nous livre une image de nous-mêmes plus innovante et plus exacte. Un récit autre, quoi.

Il est si impératif d'écrire ce récit en termes justes que je vais rappeler ici l'obstacle qui se dresse devant nous. Il nous faudra être prudents, informés et conscients, autrement nous risquons de retomber dans la pitié passive devant la souffrance des enfants des Premières Nations, ou la pauvreté dans les réserves, ou les problèmes familiaux attribuables aux effets dévastateurs des pensionnats, ou les déboires du leadership autochtone. Réaction malsaine. Car cette pitié n'est que l'expression moderne d'attitudes profondément intériorisées dont l'origine se situe dans l'idée de supériorité européenne.

Je n'ai jamais vu un Autochtone jouer à la victime. J'ai eu souvent le sentiment que, à l'égard des peuples autochtones, la pitié est l'habit neuf du racisme. Ce beau sentiment permet à nombre d'entre de trouver quelque réconfort à faire fi de leur importance et à nier la richesse de leurs civilisations.

La pitié autorise le déni de notre réalité commune. De notre responsabilité commune. La pitié voile l'importance capitale des droits.

Alors que faire si la pitié n'est pas ce qu'il nous faut ? En septembre 2013, dans le bassin du Columbia, j'ai écouté Kathryn Teneese, présidente du Conseil de la nation ktunaxa, expliquer que la première étape, c'était « la reconnaissance ». De là, disait-elle, nous pourrons redéfinir notre relation « une étape à la fois, et graduellement, définir ces choses que nous pouvons faire ensemble ». Autrement dit, la « réconciliation » n'est pas un événement ponctuel. Il ne s'agit pas non plus de demander pardon, même si le gouvernement a eu raison de le faire dans l'affaire des pensionnats autochtones. Et l'on ne veut sûrement pas de ce sentiment étranger au respect et à la dignité qu'est la pitié. Quoi qu'on en dise, Autochtones et non-Autochtones ne connaîtront pas le repos tant et aussi longtemps que les procureurs du gouvernement canadien entameront des procédures contre les nations autochtones en plaidant d'entrée de jeu qu'elles n'existent pas en tant que peuples. Notre gouvernement dit cela. Quelle valeur la pitié peut-elle bien avoir si celle-ci est précédée par un déni d'existence ? Dans la même conversation que j'ai mentionnée et à laquelle participaient Lee Maracle et Michael Enright, Taiaiake Alfred faisait valoir que la réconciliation n'a de sens que si elle naît d'une volonté de restitution.

La poète Lee Maracle et le philosophe Taiaiake Alfred. Deux voix qui comptent.
© *MUSKRAT Magazine*.

Dans les Prairies, il existe un rituel de parole important : il s'agit d'une question et d'une réponse qu'on prononce souvent dans les rencontres publiques qui se tiennent dans les écoles de Saskatchewan afin de rappeler à tous ceux qui sont présents la réalité dans laquelle ils vivent :

« Qui sont les gens du traité ?

— Nous sommes les gens du traité. »

Les deux parties signataires d'un traité sont liées par leur signature. Liées dans l'égalité. Le Canada a été édifié sur des traités, et cela remonte à la première entente verbale conclue à l'été 1609 entre, d'une part, les Malécites, les Montagnais et les Algonquins et, d'autre part, les Français, sur la grève du Saguenay en face de Tadoussac. Et le Canada s'est construit non seulement sur l'armature juridique des traités mais aussi sur les postulats et les engagements culturels, éthiques et humains qui animent ces traités. Tels étaient et tels sont les engagements pris par les Autochtones et les nouveaux venus lorsqu'ils ont forgé des relations intercommunautaires pérennes. De fait, les traités marquent dans une large mesure l'adhésion des nouveaux venus au concept et à la réalité sociale du cercle autochtone. Qu'est-ce que cela veut dire ?

Eh bien, les sociétés ne fonctionnent pas toutes de la même façon. Nous sommes habitués pour notre part au construit européen selon lequel il peut exister de légères différences, toutes valides, entre sociétés : des protocoles sociaux différents par exemple ; des variations dans la politesse, la négociation, et ainsi de suite. Mais ce ne sont là que différences mineures par rapport à l'essentiel : c'est qu'il s'agit encore là de postulats *universels*, qui ont tous été définis en Europe ou dans la tradition occidentale.

Les sociétés puissantes, les sociétés impériales et leurs émules satellitaires ont beaucoup de mal à admettre qu'il peut exister des modèles fondamentalement différents. De même, que ces modèles étrangers non seulement fonctionnent, mais qu'ils pourraient être tout aussi valides et même présenter des avantages tangibles comparativement au modèle impérial. Enfin, que ces modèles peuvent avoir en commun des idéaux bien définis, une conception de l'éthique par exemple, mais que la manière de les concrétiser, le recours ou non à la violence et le rapport à l'environnement – pour ne prendre que ces trois cas – peuvent diverger énormément.

Les sociétés dominées par le modèle platonicien, comme l'européenne, font des humains la raison d'être de la planète et sont constamment en quête de réponses définitives. Elles tendent au manichéisme. D'un côté, il y a le bien ; de l'autre, le mal. On pratique le déterminisme moral à fond de train. Tout cela semble aller de pair avec l'idée d'un progrès continu. Idée très linéaire. C'est ce qui conduit à des assertions simples et utilitaires comme l'idée de « croissance illimitée ». Là encore, très linéaire.

Les sociétés asiatiques renferment des modèles très différents. Pendant l'essentiel des quelques milliers d'années passées, les méthodes comme le confucianisme ont dépassé les approches occidentales. Puis, depuis trois cents ans, la méthode occidentale a dépassé celles de l'Asie. Les deux dernières décennies ont assisté à un retour chaotique, souvent rebutant, mais néanmoins puissant des théories orientales. L'Occident a réussi à se persuader que la réussite économique de la Chine, par exemple, tient au fait qu'elle a adopté les méthodes occidentales. C'est tout simplement faux. On s'est servi de la technologie occidentale là-bas, mais fort peu de la pensée occidentale. Pour le meilleur et pour le pire. La pensée qui a fait fleurir l'économie chinoise a beaucoup plus à voir avec la version élitaire du confucianisme et la mouture chinoise de l'initiative communiste.

Qu'en est-il des sociétés autochtones ? Eh bien, on pourrait faire valoir que dans la moitié nord de l'Amérique du Nord, elles tendent à épouser une approche spatiale ou circulaire. Qu'est-ce que cela signifie ? Que les humains font partie d'un tout, qu'ils ne s'élèvent pas au-dessus des lieux et de leurs autres habitants. Si bien que les humains se voient au sein de la création. Ils ne la dominent pas du regard, de haut. Cela modifie du tout au tout la manière dont les choses sont conçues et, par conséquent, comment l'on peut agir. Mais qu'est-ce que cela veut dire en termes concrets aujourd'hui ?

Prenons l'exemple de l'environnement. Nous sommes majoritairement d'avis que nous sommes plongés dans une sorte de crise environnementale, causée en large partie par un modèle occidental qui supprime tout frein philosophique effectif à l'activité humaine étant donné que nous considérons la planète comme une servante passive. Notre civilisation est fondée sur l'idée que le mouvement ne doit pas connaître de frein. Ce qui nous a procuré un avantage puissant pendant longtemps. Cette idée explique bon nombre de nos avancées et la capacité que nous avons de construire une foule de choses et d'accumuler des biens. Mais cela explique aussi l'aisance avec laquelle nous versons dans la violence et, aujourd'hui, l'incapacité où nous sommes de prendre au sérieux la crise environnementale. Tout à coup, notre foi inébranlable dans l'idée de progrès, qui requiert un mouvement continu, commence à rappeler un enfant obstiné au comportement déréglé, destructeur et autodestructeur. Nous sommes de plus en plus nombreux à considérer que notre pensée est dépassée, voire dangereuse. De son côté, la philosophie autochtone du Nord voit l'humain comme faisant partie intégrante d'un tout. Ce qui signifie que nous avons tous des obligations envers les autres éléments de la vie. On pourrait dire que cette pensée est juste, qu'il s'agit même d'un modèle philosophique tout ce qu'il y a de plus contemporain pour nous tous. On en trouvera une bonne explication dans l'ouvrage *Principles of Tsawalk* de Richard Atleo que j'ai cité plus tôt.

Ces mêmes conceptions civilisationnelles, aujourd'hui très différentes des nôtres, étaient partagées dans une certaine mesure par les Européens jusqu'au début du XVIIe siècle. De fait, les Européens qui se sont établis dans la partie nord de l'Amérique du Nord à compter de 1600 en sont venus rapidement à s'installer dans la vision du monde des Premières Nations. Pourquoi ? Eh bien, en partie parce que ces nouveaux venus provenaient de sociétés qui n'étaient pas encore dominées par des concepts linéaires « modernes ». Qui plus est, ils étaient en position de faiblesse par rapport aux Autochtones, ils dépendaient de leur bon vouloir, ils ont donc dû s'associer à eux. Disons les choses simplement : la vie d'alors s'organisait largement à partir du point de vue des Premières Nations. Et ça marchait. Cela avait un sens pour la plupart des nouveaux venus parce qu'ils y voyaient un moyen de survivre en cette contrée. J'ai longuement traité de la question dans *Mon pays métis*.

Ainsi, dès le début, les négociations et les traités qui en ont résulté reflétaient la vision du monde autochtone. Longtemps après que les autorités coloniales, puis canadiennes, avaient cessé de croire dans cette approche de la vie, les négociations entourant les traités ainsi que les traités eux-mêmes continuaient d'exprimer la même vision des choses. C'est ainsi d'ailleurs que les traités plus tardifs ont été conclus : mais désormais, on feignait d'y croire afin d'arracher la signature des chefs des Premières Nations. Les mandataires de l'État craignaient de moins en moins de donner dans l'hypocrisie et le cynisme. Et il ne fait aucun doute que les négociateurs, qui représentaient Ottawa à l'époque de la Confédération et après, se croyaient autorisés à négocier et à signer de mauvaise foi. Dans leur esprit, il n'existait qu'un seul modèle valide, l'européen, si bien que ces traités n'étaient plus que des instruments politiques permettant de légaliser des cessions foncières.

Mais les textes juridiques ne sont que des engagements contractuels. Et la signification de ces traités complexes entre peuples fut renforcée par les explications verbales qu'en donnèrent les négociateurs gouvernementaux au cours des pourparlers, ainsi que par les explications que donnèrent les négociateurs autochtones de la compréhension qu'ils avaient des ententes intervenues. Tous ces éléments furent explicités sur la place publique avant que quoi que ce soit fût signé. Ainsi, toutes les parties s'étaient entendues publiquement pour que leurs relations se poursuivent telles qu'elles avaient toujours été définies. Il s'agissait d'ententes pérennes de nation à nation qui comportaient des obligations pour les deux parties. Les négociateurs gouvernementaux avaient engagé la Couronne légalement et moralement. Et au cours des quatre dernières décennies, cette réalité a fait en sorte que la Cour suprême a statué régulièrement en faveur de la position autochtone et contre celle d'Ottawa, des provinces et du secteur privé.

Quiconque est assermenté citoyen canadien aujourd'hui ou demain hérite des bienfaits complets et des responsabilités intégrales – les obligations – de ces traités. La Colombie-Britannique ne fait exception que très marginalement à cette réalité puisqu'elle a signé moins de traités. Mais les traités Douglas de 1850-1854 (entre la colonie de l'île de Vancouver et les Autochtones du lieu) s'inscrivent manifestement dans la tradition canadienne. Et aujourd'hui, la Colombie-Britannique entre lentement mais sûrement dans la réalité des traités canadiens, avec des percées comme le traité des Nisga'a de 1999. Et l'on est sidéré de voir combien de victoires cruciales les Autochtones de cette seule province ont remportées devant la Cour suprême.

Ce changement est encore plus tangible dans le Nord québécois. Vers la fin des années 1960, les gouvernements provincial et fédéral croyaient encore qu'ils pouvaient faire comme bon leur semblait dans cette région. En 1968, Malcolm Diamond a confié à son fils Billy : « On ne peut plus faire confiance au gouvernement. » En 1972, en plein conflit autour de la Baie-James, le premier ministre Robert Bourassa a quitté une rencontre présidée par Malcolm Diamond en disant qu'il avait d'autres chats à fouetter.

Trois ans plus tard, le même Bourassa signait la Convention de la Baie-James où les Inuits avaient obtenu ce qu'ils voulaient. Les Cris en étaient moins sûrs. Les gouvernements fédéral et provincial ont par la suite trahi les Cris, et des chefs comme Billy Diamond ont repris le combat.

Finalement, plus de vingt ans après, le gouvernement du Québec a été stoppé par les tribunaux. L'industrie forestière était en péril. Le premier ministre Landry a alors accepté de négocier avec les Cris menés par Ted Moses, et un an plus tard, un accord révolutionnaire avait été conclu : la Paix des Braves.

Pourquoi révolutionnaire ? Parce qu'il n'était plus question d'annihiler les droits des Cris issus des traités. En ce sens, il s'agissait d'une entente de peuple à peuple. Est-ce que quelqu'un y a perdu quelque chose ? Non. Alors pourquoi le gouvernement fédéral persiste-t-il à agir comme si l'objectif de toute négociation est de faire en sorte que les peuples autochtones renoncent à leurs droits ?

Réponse : parce qu'ils considèrent le Canada comme une émanation du modèle européen où n'existe qu'une seule forme de légitimité. Le Canada a cependant toujours été beaucoup plus complexe que cela. Comme le dit Romeo Saganash, l'un des responsables de la négociation du côté des Cris, les peuples autochtones sont une des composantes de la souveraineté du pays. Alors, du calme. Ces souverainetés multiples sont un signe d'originalité. Tout le monde en profite. Mais Ottawa continue d'imposer son modèle colonial.

La lenteur des gains judiciaires autochtones ouvre la porte à tout ce qui est potentiellement mauvais. Nos gouvernements continuent de s'opposer à toute forme de restitution et à toute forme tangible de réconciliation. Ceux qui ont été laissés pour compte et insultés pendant plus d'un siècle ont d'excellentes raisons de perdre patience. Rien ne les oblige à faire preuve de patience ; à perdre une autre génération pendant qu'Ottawa joue à ses petits jeux. Grâce à leur lente montée en puissance, ils n'en sont plus à l'époque où la patience était le seul atout d'une minorité assiégée.

3

L'évitement judiciaire

Posons la question de nouveau : qu'est-ce que tout cela signifie sur le plan pratique ?

Quand on voit que presque la moitié des enfants des Premières Nations vivent dans l'indigence, que le gouvernement fédéral dépense moins pour l'éducation de chaque enfant autochtone que ce que les gouvernements provinciaux dépensent pour chaque enfant non autochtone, il y a de quoi rougir de honte. Mais ça ne s'arrête pas là : c'est qu'on voit aussi que le gouvernement canadien – qui incarne le pouvoir que nous détenons tous en notre qualité de citoyens – a enfreint la loi et l'enfreint toujours. Il l'enfreint en pratiquant l'abus systématique : en recourant à l'évitement, en prétendant faire ce qu'il ne fait pas, en donnant dans les manœuvres judiciaires et administratives, en simulant. Ruses des plus communes, tout à fait indignes de la Couronne. Par exemple, le gouvernement fédéral ne s'acquitte pas de ses obligations éducatives en vertu du traité du Nunavut. Ce qui lui vaut d'être poursuivi en justice : et là, il traîne les pieds et joue la carte légaliste à la manière d'un avocat véreux défendant quelque individu louche. Pourquoi dépenser des fonds publics pour une bonne cause, où vous aviez pourtant pris des engagements, quand on peut dépenser beaucoup plus pour surseoir à ses obligations ?

Il est vrai que le gouvernement fédéral a essayé en 2014 de faire voter par le Parlement une loi éducative d'importance pour les Premières Nations. Mais comme cette loi faisait intervenir les autorités provinciales, qui étaient invitées à imposer leurs normes, la communauté autochtone s'en est trouvée divisée, et on le comprend. Essentiellement, elle déplorait le fait qu'il n'y avait pas eu de consultation préalable. La conception apparemment neutre des normes provinciales signifie dans le fond qu'on supprime l'enseignement de la culture autochtone en faveur du vieux modèle « universel ». Mesure qui a créé un problème épouvantable dans le système scolaire du Nunavut, où le ministère de l'Éducation de l'Alberta a dicté des normes ayant pour effet de miner la culture inuite.

On peut ajouter à cela que le délestage de la responsabilité fédérale en matière d'éducation autochtone vers les provinces est un moyen commode pour le Canada de se soustraire, en faisant mine de rien, aux obligations que lui imposent les traités.

Ce qui prouve une fois de plus que notre gouvernement manque à ses obligations au regard des traités. Si l'on met de côté un instant tous ces discours répétitifs concernant les budgets et la gouvernance, les études sans fin et le manque endémique de politiques d'application générale au ministère des Affaires indiennes, il est évident que la politique d'assimilation raciste d'il y a un siècle n'a rien perdu de sa vigueur.

Un exemple plus parlant. Nous savons tous que les traités avaient pour conséquence de priver les Premières Nations de territoires immenses. Ce que la plupart d'entre nous feignent d'ignorer, c'est que cette générosité remarquable leur valait en contrepartie des obligations éternelles assumées par les fonctionnaires coloniaux, puis par le gouvernement du Canada ; c'est-à-dire par la Couronne ; c'est-à-dire par vous et moi. Nous avons donc acquis le droit d'occuper le territoire – et c'est ainsi que nous avons créé le Canada – en échange d'une relation où nous avons contracté des obligations permanentes. Nous avons gardé le territoire. Nous avons eu recours à de multiples ruses pour dépouiller les Premières Nations des terres qui leur restaient. Mais nous n'avons pas tenu nos promesses. Nous prétendons aujourd'hui que nous n'avons aucune obligation contractuelle. C'est assez clair, merci. Puis nous critiquons, nous invectivons, nous geignons, nous finassons. *Ça doit faire assez longtemps que ces gens-là vivent à nos crochets.* Mais c'est nous qui les parasitons ! Bob Rae l'a bien dit lors de la Conférence du Traité de la Première Nation athabasca chipewyan de juin 2014 : « Vous imaginez, vous, quelqu'un qui dirait : "Écoutez, je possède un territoire immense, des millions et des millions d'hectares, je vous le cède en échange d'un bout de terre qui fait douze kilomètres carrés et d'une poignée de dollars par

Romeo Saganash, un avocat cri, à Eeyou Istchee, territoire de la Première Nation cri sur la rive de la baie James. Il a joué un rôle majeur dans les négociations de 2002 avec le gouvernement du Québec qui ont mené à un précédent important : la Paix des Braves. En quoi s'agit-il d'un précédent ? Parce qu'il n'exige pas la disparition des droits des Premières Nations. Pourquoi ? Parce que ce n'est pas nécessaire. Le gouvernement fédéral, lui, n'a toujours pas entendu raison. © Suzann Méthot.

an." Ce serait une transaction immobilière parfaitement absurde. Ça ne tient pas debout. » Ce sont donc les Autochtones qui ont été généreux envers les nouveaux venus. Et nous conservons sans rougir ce qui nous a été donné – la terre – et que nous ont offert en toute bonne foi nos amis et alliés.

Bon nombre des négociations ou renégociations d'aujourd'hui sont le fait de Premières Nations désireuses de revenir à la lettre des traités. Il s'agit souvent de rétablir leurs droits sur des terres qu'elles n'ont jamais cédées, habituellement des terres de l'intérieur ou des terres dans le Nord. Prenez la négociation des Nisga'a. Le gouvernement fédéral a fait traîner les choses pendant vingt-cinq ans. Puis, quand l'entente a finalement été conclue, le gouvernement de la Colombie-Britannique a cherché à en contester les termes. Qu'est-ce que les Nisga'a avaient obtenu dans ce traité ? Un pourcentage infime des terres qu'ils possédaient autrefois. Que voulaient nos gouvernements ? Plus. Que voulait le gouvernement de la Colombie-Britannique ? Encore plus. Pourquoi ? Eh bien, c'est que, lorsqu'il s'agit de terres autochtones, nos gouvernements en veulent toujours plus. Nos entreprises en veulent plus. En fait, nous en voulons tous plus. Ainsi le veut notre système de gouvernance.

Disons les choses comme elles sont : vous et moi rémunérons les avocats du gouvernement pour qu'ils se battent bec et ongles dans le but d'arracher le plus de terres possible aux Autochtones et de leur donner le moins possible en retour. Des avocats rapaces dans une affaire de divorce ne feraient pas mieux.

Pourquoi ? Il faut se demander pourquoi nos gouvernements font cela en notre nom.

D'abord, à les en croire, ces négociations ont essentiellement pour objet de protéger le denier du contribuable. Pure folie. On n'économise rien en faisant traîner des négociations juridiques complexes pendant vingt-cinq ans. Les batailles judiciaires larvées ne sont que gaspillage de fonds publics. Et vous contraignez des citoyens du Canada – je parle des Autochtones – à gaspiller leur propre argent et leur vie pour des batailles inutiles.

Ensuite, nos gouvernements prétendent que quelques milliers ou centaines d'Autochtones ne sauraient posséder des terres recelant d'immenses richesses forestières, minières ou énergétiques. À les entendre, il ne s'agit que des intérêts de quelques milliers d'Autochtones, contre ceux de millions de Canadiens. Comme si les Autochtones étaient des envahisseurs venus accaparer nos terres.

La question n'est pas là du tout. Si ces biens fonciers présentent une valeur quelconque, ne préféreriez-vous pas que leur exploitation soit régie par des Canadiens qui croient dur comme fer que ce sont leurs terres ? Par des gens qui s'y sentent chez eux et voudraient que leurs enfants et leurs petits-enfants y vivent aussi un jour ? Ce sont eux, certainement, les plus aptes à assurer la saine intendance de ces territoires à long terme. Et pourquoi ne devraient-ils pas en tirer profit ? C'est mauvais, ça ? Pourquoi les Canadiens habitant l'intérieur des terres et le Nord devraient-ils en retirer moins de profit que les Canadiens des villes du Sud ? Et s'il se trouve que ces Canadiens sont autochtones, pourquoi diable devraient-ils moins en profiter que les non-Autochtones ?

La seule autre option est que le gouvernement cède la gestion de ces terres à une douzaine d'administrateurs établis à Toronto ou à New York et qui n'y auraient aucun intérêt à long terme. Tout ce que ces gens-là veulent, après tout, c'est extraire des terres le minerai ou les ressources forestières, exploiter la richesse du sol, pour ensuite passer à autre chose. C'est leur métier. Vous n'entendrez personne dire qu'un tel groupuscule devrait gagner moins d'argent. Plus les profits de ces gens sont élevés, plus on les admire. Alors pourquoi n'admirerait-on pas des Autochtones qui en feraient autant ? Ou, pour le dire autrement, est-ce que tout le monde ne serait pas gagnant si ces entreprises devaient faire affaire au quotidien avec des Autochtones du lieu qui aiment leur terre avec passion et en sont les légitimes propriétaires ?

Mais, direz-vous, est-ce qu'on ne risque pas de voir des dirigeants autochtones se faire graisser la patte au passage par la grande entreprise ? Oui, sans doute. Mais si ma mémoire est bonne, le problème se pose déjà avec les fonctionnaires, les politiciens, les partis politiques et les maires qui sont soudoyés par ces entreprises ou – pour dire les choses plus gentiment – qui acceptent de fermer les yeux de temps à autre. Ils font alors comme si la pollution n'existait pas. Ils nient les risques pour la santé pendant des années. Tout cela au nom du développement, de la croissance et de la création d'emplois.

Prenez le cas de l'amiante. Bel exemple de corruption des pouvoirs publics. Et aujourd'hui, notre gouvernement vend à l'étranger une substance dont la toxicité est reconnue comme s'il n'en savait rien. Entre-temps, les deux tiers du Nord canadien sont jonchés des vestiges de mines abandonnées. De barils toxiques. De bassins de décantation. Les entreprises ont vidé les lieux depuis longtemps. Si le gouvernement finit par leur mettre la main au collet par hasard, elles déclarent faillite et filent avec leur argent. Il ne reste plus que le contribuable pour dépolluer ces sites. Donc nous ne connaissons déjà que trop bien le problème de la corruption politique, administrative et d'entreprise. Et le gouvernement a l'obligation de dominer la situation en édictant des normes et des règlements plus sévères et d'articuler une culture de respect du territoire rigoureuse.

Parlons franchement : rares sont les Canadiens qui veulent assumer la responsabilité personnelle de ces millions d'hectares dans l'intérieur et le Nord. Ils ne veulent pas vivre dans ces régions. Nous qui vivons dans les villes du Sud, ne devrions-nous pas être heureux que les peuples autochtones soient prêts à assumer cette responsabilité ?

Pourquoi nos gouvernements se donnent-ils tant de mal pour empêcher que cela se fasse, en se battant pied à pied pour le moindre hectare, en traînant les pieds ? Pourquoi refusent-ils aux Autochtones le droit à la réussite et à la prospérité ? Pourquoi tiennent-ils tant à pérenniser cette relation paternaliste ?

4

Autorité et pouvoir

La situation que je décris ne met pas en cause un gouvernement en particulier. Récemment, le problème est apparu dans toute son ampleur quand les chefs autochtones et les militants d'Idle No More ont exigé de voir le gouverneur général. La plupart des Canadiens comprenaient mal pourquoi, étant donné que c'était pour eux une affaire de politique gouvernementale – ou un problème carrément politique, si l'on veut – et qu'ils ne voyaient pas très bien ce que le gouverneur général venait faire dans cette histoire. Est-il un décideur politique ? Est-ce une figure de proue ? Au rôle strictement cérémonial ? Réponse : politiquement parlant, le gouverneur général se doit de rester au-dessus de la mêlée.

Nombre de non-Autochtones ont pensé que ce désir qu'avaient les chefs de voir le véritable chef de l'État canadien avait quelque chose de romantique, qu'ils souffraient d'une nostalgie incurable du passé. Ils avaient tort.

Le fait est que la plupart des Canadiens n'écoutaient pas bien ce que les Autochtones disaient. Les intéressés n'en étaient guère surpris. Le problème, depuis plus d'un siècle, tient au fait que les non-Autochtones semblent avoir perdu la faculté d'écouter ce que disent exactement les Autochtones. Nous trouvons leur propos troublant, ou trop différent de ce que nous voudrions entendre.

Pire, nombre d'entre nous avons oublié, dans la mesure où

nous avons cherché à comprendre, comment notre système de gouvernement fonctionne réellement. Et il n'y a pas de secours à attendre ici des politiciens ou des journalistes ou, de plus en plus, des universitaires, qui parlent du gouvernement strictement en termes de pouvoir. Pouvoir politique ou administratif, comme si seul le pouvoir comptait.

Le pouvoir a son importance, certes, surtout dans les dictatures, dans les pays où les constitutions, les lois, les règles tacitement admises, les traditions et les accords ne comptent pour rien. Mais dans une démocratie en santé, le pouvoir est éminemment circonscrit. Et les conventions, les accords, le respect des procédures, les rapports entre gouvernés et gouvernants et le civisme à proprement parler, tout cela revêt une importance surprenante. Pourquoi ? Parce que si la démocratie n'est que pouvoir, on se retrouve avec un système de méfiance organisée. Pourquoi ? Parce que si seul le pouvoir compte – même s'il résulte d'une élection – alors le gouvernement estime qu'il a carte blanche pour agir selon son bon plaisir ; que la loi est essentiellement au service du pouvoir. Si la démocratie ne sert qu'à s'emparer du pouvoir et à l'exercer, c'est parce qu'on l'a pervertie au point où cessent d'exister la société et l'idée d'une citoyenneté responsable.

C'est d'ailleurs plus que jamais le cas dans tous les gouvernements, et ce, même dans les démocraties : seul le pouvoir compte. Cela résulte entre autres de la désintellectualisation de l'État. On pense à présent que les élections sont un moment mal choisi pour tenir de vrais débats d'idées. Et, entre ces mêmes élections, on n'en a que pour les problèmes administratifs : triomphe du juridisme, du managérial. Dès lors, les vrais débats d'idées sont futiles parce que la question de savoir qui détiendra tous les pouvoirs a été tranchée le soir des élections. À quoi sert alors de débattre ? D'ailleurs, le débat risquerait de gêner l'efficience administrative, non ?

Nous voyons ainsi s'installer durablement l'idée corporatiste telle que la concevaient Napoléon ou Mussolini, à savoir que, lorsque les citoyens votent, l'élection prend aussitôt un caractère référendaire ou plébiscitaire qui a valeur de chèque en blanc. Il appartient alors au gagnant de gouverner comme bon lui semble. L'essentiel, c'est de gagner ses élections, après, on fait ce qu'on veut. Les projets de loi omnibus sont un bon moyen d'accélérer les choses ; il n'est pas de meilleure façon de dynamiser le processus démocratique, si inefficient avec toutes ses réflexions, ses débats, ses divergences d'opinions complexes, et de le remplacer par une mécanique d'efficience utilitaire. Ainsi, une fois élu, le gouvernement a carte blanche. Bien sûr, à l'époque de Napoléon, ou même de Mussolini, le managérialisme en était à ses premiers balbutiements. De nos jours, les universités sont sous la coupe des écoles de gestion. Le gestionnaire occupe aujourd'hui la place que détenait hier l'avocat, et avant lui l'officier militaire et le prêtre. Si l'on voulait classer ces quatre occupations selon leurs attributs éducatifs, leur utilité sociale ou leur capacité d'opérer des changements, le gestionnaire arriverait sûrement derrière l'avocat, probablement derrière le prêtre et à maints égards après l'officier militaire. Tout bien considéré, l'amoralité du managérialisme est bien plus dangereuse que la tension entre la moralité et l'immoralité, élément qui caractérise davantage les castes des avocats, des prêtres et des hauts gradés. Quoi qu'il en soit, l'approche plébiscitaire contemporaine est aussi bien populiste qu'antidémocratique. Elle revient à dire ceci : *Nous avons gagné les élections. Le pouvoir est à nous. Tout est désormais une question d'efficience administrative. Nous pouvons faire tout ce qui nous plaît.*

Faux. Il y a aussi les traités. Il y a la Constitution. Il existe aussi une constitution non écrite, qui est tout aussi importante que la vraie. Il y a des règles tacitement admises. Il vaut la peine de le rappeler. Ces règles, structures, conventions, écrites ou non, sont tout aussi importantes que le pouvoir en soi. Elles sont souvent même bien plus importantes parce que le pouvoir ne dure pas toujours et méconnaît la complexité des sociétés.

Le Canada est aujourd'hui la plus ancienne fédération démocratique du monde, en grande partie parce que la plupart de nos chefs, et sûrement les meilleurs d'entre eux, ont respecté l'essentiel de ces règles écrites et non écrites. D'autres pays – qui sont presque tous nos alliés et amis – ont connu l'épreuve des guerres civiles, des coups d'État, des dictatures, des fractures brutales, parce qu'ils n'ont pu maintenir la souplesse et le respect de l'Autre que ces règles, en particulier les règles non écrites, favorisent.

Dès 1997, dans *Réflexions d'un frère siamois,* je faisais justement état de l'une de ces réalités implicites, à savoir que notre pays repose sur une fondation triangulaire : autochtone, francophone, anglophone. C'est cette fondation plurielle qui fait que le Canada adhère aujourd'hui avec tant de facilité à l'idée de diversité. Et cette fondation a donné les bons résultats que l'on connaît largement grâce aux conceptions plus complexes de l'appartenance et de l'identité des sociétés autochtones. Ce que nous appelons multiculturalisme ou interculturalisme fonctionne parce tout cela a été édifié sur ces conceptions. Il ne s'agit pas ici d'effectifs démographiques ou de puissance économique, de race ou de pouvoir. Sans cette complexité sous-jacente, nous aurions été plongés nous aussi dans le cauchemar européen : le délire mythique qui proclame *un sang, une race, un peuple*. À telle enseigne que si l'on affaiblit la complexité de notre fondation, on affaiblit le cœur du modèle canadien basé sur la diversité.

Revenons maintenant au rôle du gouverneur général. Si l'on examine le fonctionnement de notre pays, on voit qu'a toujours existé une séparation marquée entre l'autorité et le pouvoir. C'est là une règle partiellement écrite, partiellement non écrite. Le gouverneur général incarne l'autorité. Le premier ministre, par le biais du Parlement, incarne le pouvoir. L'autorité est l'expression d'une légitimité profonde. Si l'on traduit cette réalité en termes autochtones, c'est l'autorité et la légitimité qui s'incarnent entre autres chez les anciens. Nous appelons cela, nous, la légitimité de la Couronne, de l'État. La Couronne, c'est le peuple. Le peuple est la caution de l'État. Le gouverneur général est le protecteur en titre de la Couronne, c'est-à-dire, du peuple. Il ne s'agit pas ici d'argent, de lois ou de force armée. C'est un rôle qui se situe au-dessus du pouvoir, où l'on conçoit l'État comme étant situé au-dessus des intérêts.

Cette conception a été adoptée sous une forme ou une autre par presque toutes les démocraties : un chef d'État distinct du chef de l'exécutif, la voix de l'autorité distincte de la voix du pouvoir. Chef d'État est une fonction à laquelle son titulaire se donne entièrement, un métier de terrain. C'est une approche aux racines historiques profondes, et pourtant, elle semble aujourd'hui particulièrement appropriée et presque postmoderne.

Ainsi, dans la version canadienne, une rencontre entre le premier ministre et le chef national autochtone est une rencontre où il sera question de pouvoir. Une rencontre à laquelle le gouverneur général est présent fait automatiquement intervenir l'État, la Couronne, le peuple. Et la Couronne implique automatiquement l'*honneur de la Couronne,* concept qui a trouvé sa forme canadienne dans les arrêts historiques de la Cour suprême comme l'arrêt Guerin en 1984, l'arrêt Sparrow en 1990 et, tout récemment, dans l'affaire des Métis du Manitoba en 2013.

L'arrêt Guerin est l'une de ces victoires des Autochtones devant la plus haute cour du pays qui ont façonné le Canada des quarante dernières années. Qu'est-ce au juste que l'honneur de la Couronne ? C'est l'obligation qu'a l'État d'agir dans le respect de l'éthique dans ses rapports avec le peuple. La formule n'a rien de juridique. Ce n'est pas non plus une question d'administration ou d'efficience. Il ne s'agit que d'éthique.

L'honneur de la Couronne, c'est l'obligation faite à l'État d'agir dans le respect du citoyen.

Ainsi, la présence ou le rôle du gouverneur général dans une rencontre mettant en présence les Autochtones et le gouvernement n'a pas pour objet d'affaiblir le gouvernement responsable ; la présence du gouverneur général ne compromet en rien l'autorité du Parlement. Si les Autochtones le réclament, c'est simplement qu'ils veulent s'assurer que la conversation dépassera l'âpre lutte de pouvoir : contexte dans lequel ils ont été continuellement trahis. Ils veulent que la conversation soit marquée du sceau de l'autorité éthique de l'État, de l'honneur de la Couronne. En d'autres mots, ils croient que la présence du gouverneur général rappellera l'essence des engagements que l'État a pris dans le cadre des traités. Ces traités ont été signés non pas par le gouvernement mais par la Couronne, par conséquent par l'État, au nom du peuple. Et s'il est vrai que nos obligations ont un caractère juridique, elles sont avant toute chose de nature éthique.

Tout cela peut paraître un peu abstrait ou théorique à première vue. Après tout, le gouverneur général n'interviendrait pas lui-même dans la négociation. Est-ce à dire que sa présence serait strictement cérémoniale ? Ici on se bute, une fois de plus, au déclin fondamental de l'idée que nous nous faisons de la gouvernance. C'est soit le *vrai* pouvoir, soit la *simple* cérémonie. La question prend une tournure fort différente quand on privilégie les termes *vrai pouvoir* et *vraie autorité*, et encore plus quand on comprend que l'autorité n'a pas pour vocation d'intervenir. La présence du gouverneur général, et c'est le sentiment de nombreux Autochtones, imposerait un certain respect des formes étant donné qu'il est le premier ancien du pays. Et l'on tiendrait là la garantie que la Couronne agirait dans le respect de l'honneur.

Cela peut sembler tiré par les cheveux. Mais soit on croit à la légitimité des structures de l'État, soit on n'y croit pas. Si vous n'y croyez pas, seul le pouvoir joue, et l'on entre alors de plain-pied dans une certaine forme d'absolutisme.

L'expérience des peuples autochtones des cent cinquante dernières années se résume à des transactions avec des gouvernements – en particulier, le ministère des Affaires indiennes, qui fait lui-même cause commune avec le ministère de la Justice – qui se servent de leur pouvoir pour trahir l'obligation qu'a la Couronne de respecter les traités et d'y donner effet. Les gouvernements, les uns après les autres, ont agi comme s'ils avaient le pouvoir de faire comme bon leur semblait lorsqu'il s'agit des Autochtones. Comme s'ils ne croyaient pas en la légitimité des structures de l'État.

Il convient de rappeler ici les faits saillants. Pensionnats autochtones. Limites imposées à la liberté de culte par l'interdiction des cérémonies, des potlatchs, ou au droit qu'ont les dirigeants spirituels de voyager. Le règlement bidon selon lequel les gens des Premières Nations avaient besoin d'une permission pour se déplacer. L'interdiction faite aux Premières Nations de recourir aux services d'avocats. Le sous-financement de l'éducation autochtone. Les empiétements dans l'utilisation de leur territoire. L'accaparement continu de terres par l'emploi de diverses méthodes douteuses. Etc., etc., etc.

Autrement dit, les gouvernements, les uns après les autres, se sont servis de leur pouvoir pour trahir l'honneur de la Couronne.

Voilà pourquoi la Cour suprême dans l'affaire Guerin a condamné l'abus de pouvoir dont le gouvernement fédéral s'était rendu coupable. En surface, il s'agissait d'un cas banal où des agents locaux des Affaires indiennes s'étaient servis de leur pouvoir pour priver la bande musqueam de l'argent qui lui revenait pour la location de ses terres à des Vancouvérois fortunés; ceux-ci en avaient fait un terrain de golf. Les Musqueams vivent du côté sud de la ville, et le club de golf de Shaughnessy Heights s'y trouve toujours. Au fil des décennies, dans combien de cas et dans combien d'endroits ce genre de chose s'est-il produit? Thomas King, dans son essai *L'Indien malcommode*, donne un compte rendu exact et désolant de cette longue succession de larcins fonciers. Dans le cas des Musqueams, les fonctionnaires du lieu et leurs amis de l'hôtel de ville avaient techniquement agi dans le respect des règles. Cependant, comme ils savaient parfaitement que leur initiative était immorale, les fonctionnaires ont refusé de montrer leurs documents à la bande. Le chef Guerin a tenu bon dans cette saga, qui a abouti neuf ans plus tard devant la Cour suprême.

Mais la Cour a décidé de ne pas fonder son arrêt sur des notions utilitaires telles que l'emploi efficient ou légal du pouvoir bureaucratique. Elle ne s'est pas intéressée à la réhabilitation du ministère des Affaires indiennes. On aurait pu souhaiter que l'arrêt débouche sur de telles considérations. L'arrêt de la Cour dit plutôt en substance que le gouvernement du Canada, dans tous ses actes, est tenu de respecter des principes éthiques. On peut les ramener à deux. D'abord, le Canada a une obligation fiduciaire envers les peuples autochtones, soit l'obligation d'agir dans leur intérêt supérieur. Ce principe tout simple a fait en sorte que l'arrêt Guerin est devenu l'une des causes les plus importantes de l'histoire judiciaire du pays. Pourquoi? Parce qu'il nous ramenait aux principes originels de la relation entre Autochtones et non-Autochtones. Cette relation avait été articulée de bonne foi, et comportait par conséquent des obligations tout ce qu'il y a de plus tangibles. Dans le cas des Musqueams, la Couronne avait manqué à ses obligations. Et c'est ce qui a conduit la Cour au second principe, encore plus fondamental, que l'on tient en fait pour le résultat le plus tangible de l'arrêt Guerin. Quelle est la base de cette relation fiduciaire? En quoi consiste l'obligation du Canada? Elle réside dans l'honneur de la Couronne. Tout le reste découlerait de ce principe. Et cette notion est si solide que davantage d'Autochtones l'invoquent désormais dans les poursuites qu'ils intentent contre les gouvernements. Et ils ont raison de le faire. La portée concrète de l'honneur de la Couronne est une contribution importante des Autochtones à la justice pour tous les Canadiens. En fait, je crois que les non-Autochtones pourraient l'invoquer dans nombre de leurs actions judiciaires impliquant les gouvernements.

Le chef Delbert Guerin, qui a mené cette longue et difficile bataille, est décédé en mai 2014. C'est l'une des grandes personnalités du Canada moderne. En réintroduisant formellement l'éthique au cœur de l'administration publique, il a changé l'idée que nous devons nous faire de nous-mêmes. Nous lui devons beaucoup.

Dans l'affaire Delgamuukw, qui a traîné plus de dix ans, la Cour suprême a fondé son arrêt sur la fiabilité de l'interprétation orale que les Premières Nations donnent de leurs droits, qui a été jugée préférable à la version écrite des fonctionnaires. Encore là, on faisait fond sur l'obligation qu'a la Couronne d'agir dans l'honneur.

Il y a une similitude émouvante dans ces deux affaires, qui sont en train de modifier la nature du Canada. Celle de Delgamuukw concernait deux bandes de la région de Skeena, dans le nord-ouest de la Colombie-Britannique, qui contestaient les postulats juridiques et gouvernementaux relatifs à la possession de la terre. L'affaire a débuté en 1984 et a abouti devant la Cour suprême en 1997. Les deux bandes n'ont pas obtenu de titre de possession foncière. Cependant, l'arrêt a mis un frein aux postulats normatifs d'inspiration européenne quant à la nature de la possession foncière et pavé la voie à ce qui pourrait devenir une négociation équitable.

Ce qui est fascinant, c'est que le gouvernement avait ici toute la documentation nécessaire pour obtenir gain de cause. Mais la Cour suprême, alors dirigée par le juge en chef Antonio Lamer, l'a débouté.

La nation gitxsan et la nation wet'suwet'en avaient avancé

un argumentaire fondé sur la mémoire orale afin de prouver que la terre leur appartenait. Elles faisaient valoir que la mémoire orale a valeur de preuve, étant donné qu'elle est transmise d'une génération à l'autre par des personnes chargées justement de se souvenir, et de le faire avec précision suivant un processus structuré.

Comme dans l'affaire Guerin, la Cour a décidé de fonder sa décision sur des principes bien plus importants que tout argument technique émanant de la tradition occidentale. Il en est résulté l'un des arrêts les plus importants dans l'histoire du Canada. En plus de la preuve écrite, la Cour a accordé une importance égale – et, dans ce cas-ci, prépondérante – à la tradition orale. Cet argument en faveur de l'oralité nous affranchit tous du récit européen universel.

Dans son jugement éloquent, le juge en chef Lamer a déclaré que les traditions orales devaient être « admises pour leur véracité », qu'il fallait en conséquence adapter les lois de la preuve et que, « dans les circonstances, les conclusions de fait [du gouvernement] ne [pouvaient] pas être confirmées ».

Les dernières phrases du jugement sont un appel à la négociation pour créer un état de choses qui ne pourra être réalisé, selon ce que j'en imagine, que par l'application d'une approche spatiale : « concilier la préexistence des sociétés autochtones et la souveraineté de Sa Majesté. Il faut se rendre à l'évidence, nous sommes tous ici pour y rester ».

La crise de 2012-2013 nous rappelle tristement que les gouvernements du Canada – fédéral et provinciaux – s'entêtent dans leur refus de donner suite à cette recommandation de la Cour suprême. Mais à tout le moins les règles sont désormais posées, bien appuyées et étoffées, constamment répétées et raffinées une cause après l'autre.

Les arrêts Guerin et Delgamuukw sont deux exemples de la capacité qu'ont les peuples autochtones de sans cesse façonner non seulement la manière dont le Canada fonctionne ou fonctionnera un jour, mais aussi la manière dont le Canada s'imagine désormais. Les décisions de la Cour démontrent que le Canada n'existe ou ne fonctionne pas exclusivement suivant la philosophie britannique ou française de la gouvernance. Peu importe que nos gouvernements, à tous les niveaux, et les avocats aussi, fassent comme si ces arrêts n'existaient pas. Tôt ou tard, ils devront admettre que la Cour suprême existe et qu'elle a tranché. Chose plus importante, ces arguments se tiennent, ici.

Redisons les choses autrement. Chaque fois que la Cour suprême statue sur une question autochtone, on dirait qu'elle se sent obligée de se livrer à une réflexion originale. Pourquoi ? Parce qu'elle se bute à l'originalité de la réalité canadienne, où les modes de réflexion autochtones peuvent être tout aussi importants que les méthodes européennes. Voire plus importants.

Il y a une autre raison pour laquelle la Cour est contrainte de s'avancer sur le terrain de de l'originalité et des principes. Pendant presque cent cinquante ans, politiciens et fonctionnaires ont agi comme s'il n'y avait aucun principe en jeu. Comme s'il n'existait pas de relation intentionnelle, articulée soigneusement dans des traités auxquels les deux parties ont adhéré. Seul le pouvoir comptait. Et ils pouvaient se servir de ce pouvoir pour favoriser les petits intérêts des uns et des autres.

Est-ce que cela veut dire que les employés des Affaires indiennes sont tous mauvais ? Pas du tout. Mais ce que cela veut dire, c'est que ce ministère, peu importe comment il s'appelle aujourd'hui, n'a aucune crédibilité éthique ou morale. Et je doute qu'on puisse le réformer de telle manière qu'il soit en mesure d'acquérir la crédibilité éthique et morale qui lui fait défaut. Le ministère a eu à sa tête par le passé quelques ministres fort compétents qui ont essayé de changer la donne. Tous ont échoué.

On me permettra ici de raconter une petite histoire dont le sujet est une saga fort longue, et les deux récits illustrent l'action du gouvernement et la situation avec laquelle les Autochtones ont dû composer pendant presque un siècle et demi.

La mission catholique Sainte-Anne de Fort Albany, du côté ontarien de la baie James, a ouvert ses portes en 1902. On y a installé un pensionnat en 1904. Le gouvernement fédéral l'a repris en main en 1970, et l'a fermé six ans plus tard.

Au début des années 1990, après avoir reçu maintes plaintes de sévices sexuels et physiques dont des enfants avaient été victimes, des enquêteurs de la police provinciale de l'Ontario ont été chargés de faire la lumière sur ce qui s'était passé au pensionnat. Il en est résulté plusieurs inculpations. Telle fut l'issue d'enquêtes intensives qui se sont déroulées sur cinq ans et où des centaines de survivants ont été interrogés. Sept mille pages de témoignages et d'informations corroborantes ont été assemblées. Par exemple, il y avait là-bas une chaise électrique. Écoutons Edmund Metatawabin, chef de la Première Nation de Fort Albany dans les années 1990 : « Les jambes des petits garçons battaient l'air […]. Tous les missionnaires riaient à la vue de ces enfants dont les jambes battaient l'air sous l'effet de la décharge électrique. […] On remontait la machine plus longtemps, plus difficilement. Elle nous infligeait alors des douleurs intolérables. Il y en avait qui perdaient connaissance. »

En 2003, le gouvernement fédéral a demandé et reçu des copies de ce document de 7 000 pages.

Entre-temps, le pays se dotait peu à peu d'une méthode visant à opérer une réconciliation. Celle-ci fut structurée avec l'adoption de la Convention de règlement relative aux pensionnats indiens. Les victimes devaient s'inscrire dans un registre et ensuite prendre part à des procédures non contradictoires. Après tout, il s'agissait d'un processus de guérison. La méthode était simple.

Notre gouvernement – c'est-à-dire vous et moi – admettait que des méfaits avaient été commis. On écoutait ensuite les victimes. Le gouvernement et les Églises étaient alors tenus de lever le voile entièrement sur leurs actes. On sait que ce stade de révélation et d'écoute est un élément fondamental dans tout processus de réconciliation. Il va sans dire qu'on s'attendait à ce que le gouvernement agisse honnêtement et qu'il rende publiques toutes les informations dont il disposait.

Au lieu de cela, notre gouvernement a refusé de dévoiler quantité d'informations essentielles. Il n'existait, a-t-il déclaré, « aucun document connu traitant d'abus sexuels au pensionnat indien de Fort Albany. Aucun rapport d'incident connu relatif à des abus sexuels au PI de Fort Albany ». Mensonge éhonté. Non seulement le gouvernement a transgressé une règle essentielle de notre système judiciaire – l'obligation de divulguer la preuve –, mais il a passé outre aux exigences précises qui lui étaient faites, stipulées en bonne et due forme, où l'on expliquait les responsabilités du gouvernement dans ce processus de réconciliation.

Qui plus est, notre gouvernement a profité du manque d'informations qui en a résulté pour jeter un doute, dans le plus pur style contradictoire, sur les témoignages des victimes. Il a perverti le processus de réconciliation pour infliger de nouvelles blessures aux blessés. Il avait entrepris d'humilier les victimes.

Cependant, quelqu'un quelque part savait que ces documents existaient. Un groupe de survivants les a réclamés et s'est vu opposer une fin de non-recevoir. Il a fini par s'adresser aux tribunaux, où il a eu à livrer bataille à notre gouvernement. En janvier 2014, la Cour supérieure de l'Ontario a forcé le gouvernement fédéral à divulguer les documents et a ainsi fait savoir que nous – après tout, c'est de notre gouvernement qu'il s'agit – avions menti.

Le juge Perell a écrit que le refus du gouvernement d'admettre en preuve le contenu du document de 7 000 pages ou de le rendre public « avait entaché le processus et nié aux requérants l'accès à la justice ». Le gouvernement n'avait pas respecté la loi.

Maquillage lamentable de la vérité : le porte-parole du ministre des Affaires indiennes, Bernard Valcourt, s'est vu obligé de déclarer que « nous sommes heureux de voir que la cour nous permet désormais de rendre les documents publics ». Ajoutez à cela une correspondance étonnante entre le ministre de la Justice, Peter MacKay, et le député Charlie Angus, et l'on commence à comprendre que l'attitude de notre gouvernement n'a pas beaucoup changé. Angus expose en termes précis le comportement indigne du ministère et ses menées trompeuses. Le ministre répond comme s'il n'avait rien fait de mal et évite de mentionner ou d'aborder les deux questions fondamentales en l'espèce : que pendant onze ans, le gouvernement avait eu en sa possession les informations nécessaires à la tenue d'un processus équitable et dissimulé ce fait intentionnellement ou prétendu qu'il ne pouvait les divulguer ; et que les avocats du gouvernement avaient profité de cette dissimulation de la preuve pour saper la position des victimes autochtones. Rien dans les communications ministérielles ne laissait entendre que le ministre avait pu se tromper. Pas la moindre expression de contrition. Pas d'excuses, rien. Le ministère déclarait froidement qu'il avait fait son devoir, et c'était tout.

Quand je vois ça, je ne suis pas fier du tout d'être Canadien. Il s'agit après tout de mon gouvernement, de ma fonction publique. Ce sont aussi les vôtres. Ils nous ont tous fait honte avec leurs tergiversations, leurs mensonges, les souffrances qu'ils ont infligées à nos concitoyens. Dans ce cas-ci, *honte* est le mot juste. Nous, ainsi que ceux et celles qui souffrent, incarnons la Couronne. La responsabilité fiduciaire du Canada émane de nous. Et nous, par le biais de notre gouvernement, avons spolié et humilié des citoyens qui avaient déjà été humiliés par notre système éducatif.

On ne se surprendra pas d'apprendre que les survivants ont écrit au ministre de la Justice pour lui demander de retirer les avocats du ministère du processus. Ils « avaient complètement perdu foi et confiance » en eux. « Ces avocats, écrivaient-ils, qui ont le devoir de faire respecter les lois du Canada pour tous les Canadiens (dont les Canadiens autochtones), ont menti et sont indignes de confiance. »

Ce n'est là qu'un récit parmi bien d'autres. Combien d'autres ?...

On note la similitude avec l'affaire Guerin : des fonctionnaires du ministère des Affaires indiennes se sont servis de leur pouvoir administratif pour tromper les Autochtones. Ils ont souillé l'honneur de la Couronne.

C'est une des raisons pour lesquelles celui qui était alors chef national de l'Assemblée des Premières Nations, Shawn A-in-chut Atleo, a exigé au cours de l'hiver 2013-2014 une voie de communication directe avec le premier ministre et le Conseil privé. Il savait que les Premières Nations doivent transiger à ce niveau parce qu'elles sont signataires de traités et non pupilles de l'État placées sous la tutelle d'un ministère. Mais il savait aussi que les Premières Nations doivent s'élever au-dessus des systèmes viciés des ministères des Affaires indiennes et de la Justice, systèmes qui ont été créés à l'origine pour éliminer les « pupilles » du ministère ou, comme on les appelle maintenant, ses « clients ». L'emploi de ce vocable commercial pour décrire la relation entre les citoyens et le gouvernement qu'ils ont élu témoigne d'une bêtise et d'une ignorance sans nom. L'emploi de ce terme pour désigner les peuples autochtones – qui sont signataires de traités – est en outre injurieux. Après tout, qu'est-ce qu'un *client* ? C'est quelqu'un qui acquiert des produits ou des services en fonction du strict intérêt personnel du vendeur et du consommateur. Donc même cette terminologie rappelle une fois de plus que les Autochtones doivent s'élever au-dessus des abus de pouvoir paternalistes qui fondent ce ministère. Ils doivent négocier à un niveau supérieur, en leur qualité d'égaux.

5

Le ministère des bonnes œuvres

Tout cela nous amène à une question philosophique plus vaste. Une fois que l'on distingue l'autorité du pouvoir, on peut se demander comment le gouvernement conçoit cette relation comparativement à la compréhension qu'en ont les Autochtones.

Dans la seconde moitié du XIXe siècle, notre gouvernement s'est mis à considérer les traités comme de simples mécanismes commerciaux d'acquisition foncière. Et que devenaient dans tout cela les obligations envers les « Indiens » au regard des traités ? Eh bien, les politiciens et les fonctionnaires adhéraient à l'éthos de l'époque : une ère où des hommes blancs, forts de leur supériorité, gouvernaient des empires pour le bien du reste de l'humanité. En ce qui concerne les Indiens, l'idée de s'élever au-dessus des préjugés de leur temps ne leur avait même pas effleuré l'esprit. Ils avaient également pour eux les mécanismes sociaux de leur temps, notamment l'hospice victorien et le travail forcé pour les enfants. Vous vous souvenez de la famine qui a jeté sur les rivages du Canada des dizaines de milliers d'Irlandais affaiblis, indigents, affamés, malades et souvent mourants, à la fin des années 1840 ? Après avoir traversé l'Atlantique à bord de navires qui rappelaient les négriers d'antan, ils furent abandonnés et condamnés à mourir en grand nombre sur la Grosse-Île, en aval de Québec. La plupart des survivants furent transportés de là vers Toronto, dans des conditions encore pires que celles de la traversée de l'Atlantique, et ce, à cause d'un contrat de transport qui était tombé entre les mains d'une entreprise véreuse proche du Family Compact du temps. À l'été de 1847, ces réfugiés souvent contagieux ayant triplé la population de la Ville Reine, celle-ci se retrouva aux prises avec une crise létale. Le Family Compact refusant de remédier aux maux dont il avait été le maître d'œuvre, l'oligarchie du Haut-Canada essuya sa première défaite aux élections de janvier 1848. Ce qui favorisa la prise du pouvoir par les réformistes conduits par Louis-Hippolyte LaFontaine et Robert Baldwin. Il en résulta tout un éventail de réformes sérieuses, à commencer par la première loi du Canada en matière d'immigration. Mais ce ne fut qu'une éclaircie dans une phase largement favorable à l'impérialisme triomphant. Les gouvernements allaient rester longtemps sous l'emprise de l'éthos victorien. Ce fut une lutte terrible, qui eut cours partout dans le monde, où les mythologies qu'étaient la supériorité raciale, la loyauté culturelle à cette race et les droits fondés sur la classe servirent de massue pour faire échec aux réformes locales, à la justice locale et à la responsabilité locale.

À contresens de ces batailles épiques au niveau national au Canada, on vit émerger nombre de belles initiatives sur le terrain. De nombreuses approches coopératives nouvelles se firent ainsi une place au soleil. État de choses qui était largement attribuable aux influences autochtones d'autrefois et à la relation de coopération tout aussi ancienne entre Autochtones et colons. À cela s'ajoutèrent d'autres influences, par exemple celle des nombreuses petites sectes religieuses qui étaient organisées autour de principes coopératifs. Il en résulta globalement une série de luttes réformatrices qui conduisirent notamment le gouvernement fédéral à se doter de nouvelles politiques sociales.

Mais le ministère des Affaires indiennes semble avoir hérité du pire de l'éthos victorien, avec ses hospices omniprésents où l'on parquait les miséreux, un éthos fondé sur la charité et le châtiment, et non sur l'idée de justice. C'était une vision du gouvernement qui se voulait paternaliste. Les réformes sociales canadiennes, avec leur caractère égalitaire et inclusif, devaient certains aspects de leur conceptualisation profonde au partenariat séculaire avec les peuples autochtones. Mais les Autochtones se retrouvaient eux-mêmes de plus en plus privés des bienfaits des programmes, tenus à l'écart de la création même de ces programmes.

Donc si l'on essaie de comprendre ce qui a mal tourné dans les relations gouvernementales avec les Autochtones, on peut lier cela en partie à l'idéologie de l'hospice victorien. Celle-ci a fini, au fil des décennies, par s'incruster dans les réserves, qui sont devenues, au mieux, des logements subventionnés pour les pauvres, où ceux-ci étaient considérés comme des populations passives qui avaient besoin d'être assujetties par d'autres pour leur propre bien.

Les politiques de ce ministère, peu importe la forme qu'elles prennent de nos jours, demeurent marquées par ces *a priori* essentiellement victoriens et paternalistes. Autrement dit, comme les gouvernements s'imaginent qu'ils ont acheté les terres des Autochtones, ils se conduisent encore, ni plus ni moins, comme des propriétaires de taudis. Même si leurs habitants ont graduellement reconquis l'essentiel de leur pouvoir juridique original, ainsi qu'un vrai pouvoir politique, particulièrement depuis la dernière guerre mondiale, le point de vue fondamental du gouvernement, lui, n'a pas évolué. Au mieux, les autorités ne comprennent pas. Comment se fait-il que des populations passives qui ont besoin d'être régentées refusent de demeurer passives ? Et, entre autres choses, comment se fait-il qu'elles l'emportent régulièrement contre le gouvernement dans leurs luttes devant la Cour suprême du Canada ?

J'exagère ? Si oui, comment se fait-il que le gouvernement fédéral a toujours dépensé moins d'argent par habitant pour l'éducation des Premières Nations que les gouvernements provinciaux non autochtones n'en dépensent pour les non-Autochtones ? Pourquoi l'eau dans tant de communautés autochtones est-elle d'une qualité rappelant celle du tiers-monde ? Pourquoi les infrastructures sociales sont-elles si défaillantes dans tant de réserves ? Pourquoi la moitié des enfants autochtones vivent-ils dans la pauvreté ? Pourquoi les ministères des Affaires indiennes et de la Justice débattent-ils encore devant les tribunaux pour faire obstacle aux revendications foncières des Autochtones ou pour les circonscrire ?

Le fait est que l'administration n'a que faire de la réalité autochtone. Se surprendra-t-on alors d'apprendre que le ministère des Affaires indiennes n'a aucune crédibilité auprès de ces citoyens dont il est la raison d'être ?

6

Le racialisme : toujours vivant !

Il existe une autre perspective importante, plus profonde celle-là, qui facilite l'analyse de la situation. Relisez notre histoire. Les structures qui encadrent la vie des Autochtones ont été mises en place artificiellement par les gouvernements, essentiellement ceux de Londres et d'Ottawa, avec le concours enthousiaste des gouvernements provinciaux. La Colombie-Britannique, qui refusait obstinément de parler traités, mérite une mention spéciale ici. Quelles sont ces structures ? *Les Indiens des traités ou non soumis aux traités. Les Indiens inscrits et non inscrits.* Ces derniers étant départagés au moyen de savants calculs qui déterminent la part de sang indien dans chaque individu.

Imaginez ! Nous avons imposé aux Autochtones une méthode de calcul qui définit leurs droits et leur place dans la société. Et ce calcul est basé sur la pire forme de racisme venu d'Europe, où il est stipulé que la pureté du sang est garante de vertu. Cette méthode fut structurée dans la seconde moitié du XIXe siècle, à l'époque où les empires s'affairaient à justifier leur puissance croissante par la supériorité raciale inspirée des thèses darwiniennes. Il fallait donc une mesure de la race. Le sang avait été promu au rang de caractéristique scientifique permettant d'établir une hiérarchie raciale. Et l'on pouvait appliquer le critère sanguin à tous les peuples avec la certitude que la science – celle-ci étant européenne – placerait les Européens au sommet de l'humanité. Cette théorie d'inspiration darwinienne prétendait que le mariage interracial avait pour effet d'amoindrir la pureté du sang. D'autres attributs s'affaiblissaient en conséquence, par exemple la noblesse d'âme et l'intelligence. La chance qu'ils avaient, ces empires britanniques, français, allemands, américains et italiens, d'avoir la science moderne de leur côté… Mieux, il leur était loisible d'établir des liens de causalité entre le progrès, la hiérarchie et la pureté du sang. Les fonctionnaires impériaux, auxquels succédèrent les fonctionnaires canadiens, avaient beau jeu d'appliquer ces nobles principes à l'administration des affaires indiennes. La science au service du pouvoir ! Coïncidence miraculeuse… Non et non ! Pas d'accident heureux ici. C'était la destinée qui se manifestait. Une destinée merveilleuse, désintéressée, darwinienne.

Mais ne nous arrêtons pas en si bon chemin. C'est de la grande théorie, ça, madame et monsieur. Mondiale. Inclusive. Elle confirme aussi la supériorité naturelle de l'homme sur la femme. Longtemps après que les femmes, et les femmes autochtones expressément, ont gagné une place égale sous le soleil avec l'inclusion de la Charte canadienne des droits dans la Constitution, le patriarcalisme de la Loi sur les Indiens est toujours sous le feu des critiques. Le statut des hommes par opposition à celui des femmes n'est qu'un aspect de la question. Les droits de ceux qui habitent dans les réserves par opposition à ceux qui n'y vivent plus. Le fait de marier un non-Autochtone et de perdre son statut à cause de la dilution du sang. Et ainsi de suite, la liste est longue…

Tout cela a été inventé par des fonctionnaires impérialistes dont la vision du monde était foncièrement racialiste. Ils avaient emporté dans leurs bagages de Grande-Bretagne leurs vues raciales et les avaient juridiquement appliquées à l'ensemble du monde autochtone. Ces vues furent simplement reprises par le ministère des Affaires indiennes et par ceux qui œuvraient dans ce domaine. Nous étions tous piégés d'une manière ou d'une autre dans ces croyances européennes hallucinées pour ce qui s'agissait du primat de la race. On peut dire aujourd'hui sans crainte de se tromper que la majorité des Canadiens les ont répudiées. Mais les postulats qui ont fondé le système juridique de la fin du XIXe siècle emprisonnent encore les Autochtones dans leur logique. Et, justement, les systèmes impériaux ont toujours eu pour objet de diviser ceux et celles qui sont destinés à être dominés. On domine plus aisément les gens si on arrive à les dresser les uns contre les autres. La race, la religion, le territoire et la distribution des privilèges sont traditionnellement les outils de choix.

Je le répète, ces théories raciales ne sont pas des conceptions autochtones. Je le répète, c'est un autre cas où la responsabilité doit être impartie à d'autres. Je le répète, ce n'est pas aux Autochtones que l'on doit ce système humiliant qui est aussi facteur de désunion.

7

Sur les manières de débattre

Le racialisme européen a eu entre autres pour effet de réduire la diversité des vues existant au sein du monde autochtone à un état de choses où l'on oppose unité et division, exclusion et inclusion. La fluidité des systèmes traditionnels complexes se trouve fragmentée en des particules de démocratie structurée où les Premières Nations n'utilisent que malaisément le système de l'élection des chefs. Cela encourage une approche antagonique dans les petites communautés, un factionnalisme délétère avec des gagnants et des perdants de part et d'autre, tout en sapant la recherche plus indiquée du consensus. Et l'on perd aussi de vue le fait que près de la moitié des Autochtones résident aujourd'hui hors réserve, dans les villes, où ils ont donné naissance à un nouveau phénomène autochtone intéressant ainsi qu'à un nouveau phénomène urbain également intéressant.

Ayant imposé aux Autochtones un système qui ne leur convient guère, le ministère des Affaires indiennes et ses avocats semblent prendre plaisir soit à se mettre en retrait pour attendre le désastre programmé, soit à intervenir lourdement avec leur paternalisme coutumier. La Loi sur la transparence financière des Premières Nations, promulguée en 2014, en est un exemple parfait. Le ministère a eu plus d'un demi-siècle pour mettre au point des systèmes de gestion comptable de concert avec les réserves, collaborer à la formation, assurer un soutien sur le terrain et fournir des services de comptabilité. Le ministère n'a même pas réussi à assurer ces services de base. Aujourd'hui, avec la Loi sur la transparence, le gouvernement a entrepris de dévoiler les malversations financières des chefs. Il n'y a rien de mal avec cette loi, excepté le contexte, l'attitude sous-jacente et l'objectif.

On est parvenu bien sûr à démasquer quelques chefs dépensiers. Les médias ont alors braqué leurs feux sur eux, comme s'ils étaient représentatifs de tous les chefs. Mais le fait est que bien peu de chefs ont été pris la main dans le sac. On s'est plutôt rendu compte que la plupart d'entre eux étaient sous-payés.

Est-ce que quelqu'un s'est donné la peine de comparer le pourcentage de chefs surpayés avec le pourcentage de PDG surpayés dans le secteur privé ? Le pourcentage de chefs corrompus ou incompétents avec le pourcentage de maires corrompus ou incompétents ? Les exemples de Toronto, Montréal, Laval et London nous viennent spontanément à l'esprit, ce qui représente un pourcentage élevé de la population canadienne. Le 2 août 2014, Hayden King a publié une analyse fine du véritable effet de la Loi sur la transparence financière des Premières Nations.

Une fois tous les chiffres vérifiés, il s'est avéré que seuls 5 chefs sur 582 gagnaient plus de 200 000 dollars par an. Huit étaient bénévoles. Quarante-deux gagnaient moins de 10 000 dollars par an. Et le salaire annuel moyen était de 60 000 dollars. Soit moins que celui du maire d'une petite ville ou d'un enseignant.

Le gouvernement a-t-il présenté des excuses aux intéressés ? A-t-il reconnu son erreur ? Ou exprimé son soulagement devant le fait que la situation était bien meilleure que ce l'on avait escompté ? A-t-on félicité ces chefs qui se donnent beaucoup de mal pour un salaire moindre que la moyenne ?

Non, silence radio. Pourquoi ? Parce que l'exercice avait pour finalité de discréditer le leadership autochtone et de faire oublier les méthodes opaques du ministère.

Hayden King, un Anishnaabe, est une des nouvelles voix du leadership autochtone. Il est professeur et directeur du Centre pour la gouvernance autochtone à l'Université Ryerson. © *Windspeaker*/AMMSA.

Parlons franchement : le vieux modèle impérial imposé par Ottawa n'aide pas les choses. Les chefs autochtones se donnent un mal fou pour en maîtriser les mécanismes. Un jour ou l'autre, il faudra se défaire du système de la Loi sur les Indiens. Mais il faudra que cela soit le résultat d'une conversation générale à laquelle prendront part Autochtones et non-Autochtones, pour déterminer comment régler les traités en souffrance, la question de la terre et les autres enjeux. Nul besoin de débattre de ces questions jusqu'à plus soif. Il faudra seulement que les Canadiens prennent part à la conversation au lieu de faire comme si cela ne les regardait pas. Il nous faudra participer parce que, ce qu'il faut, c'est un vrai transfert de responsabilités et d'argent, soit l'opposé exact qui consiste à faire traîner une à une les négociations entourant les traités. Il faut faire plus qu'autoriser nos gouvernements à agir. Nous devons leur pousser dans le dos. Nous devons en faire un enjeu capital. Il faut que nos gouvernements soient élus ou défaits en fonction des enjeux autochtones.

Nous nous sommes habitués à l'absence d'un vrai débat public sur presque tous les problèmes. À la place, on nous sert tous les jours, tout cuit dans le bec, des trains de mesures sur ce qui doit être fait. Ces forfaits d'idées nous viennent souvent sous forme de déclarations ou de discours présentés par des ministres qui les ont à peine lus à l'avance. Ou alors on leur fournit des lignes de presse dont ils ne dévient pas. Ou l'on a recours au modèle technocratique-populiste où une proposition utilitaire nous est faite, suivie d'une anecdote bonne à faire pleurer Margot : *La semaine dernière, à Matane* (ou Sudbury ou Moncton, rayez les mentions inutiles), *une dame Belhumeur me racontait justement...* Ou l'on fixe notre attention sur quelque détail financier ou administratif déterré par les partis d'opposition ou par la presse : quelqu'un a menti et doit être puni ; quelqu'un a triché et doit être traîné dans la boue. On nous rebat les oreilles de ces transgressions jusqu'à ce que quelqu'un voit sa carrière brisée. Bon, d'accord. Il est vrai qu'il peut y avoir eu corruption ou paresse, ou autre chose. Et un châtiment s'impose, très bien. Et cela peut signifier autre chose aussi : par exemple, qu'un gouvernement a dépassé sa date de péremption. Mais rien de tout cela ne constitue un débat public qui permet à la démocratie de fonctionner. Ce ne sont que vaines paroles.

Et cette justice sommaire produit le genre d'argumentaire public qui étouffe toute discussion sur des idées. Ou c'est un prolongement du populisme, par exemple : abattons les riches et les puissants de ce monde. Sauf que cette méthode n'est qu'illusion. Un ou deux méchants sont disgraciés, et leur chute protège le système et les autres. Non seulement ce n'est pas là une expression de la démocratie, c'est exactement le genre de système dont se servaient traditionnellement les monarques absolus pour détourner l'attention de leur personne. Il n'en ressort jamais, par exemple, quelque réforme fiscale en profondeur ou la dislocation des monopoles.

Ainsi, nous ne sommes pas du tout préparés aux débordements d'un véritable débat : déréglé à souhait, pas du tout programmé, riche de contradictions naturelles. Nous sommes encore moins préparés, par exemple, à l'approche des Premières Nations en matière de débat. Cela pourrait faire intervenir un emploi intéressant de la mémoire, une compréhension plus globale de l'histoire, une approche relationnelle qui ne serait pas fondée sur l'idée de pouvoir. On sent que cette conception du débat a quelque chose de moins direct, qu'elle nous éloigne du discours dominant, linéaire, managérial, utilitaire, auquel nous nous sommes accoutumés. Elle n'a rien à voir non plus avec la tactique éprouvée du bouc émissaire où le roi, pour calmer les esprits, offrait une victime en pâture à la vindicte du peuple.

Le débat autochtone possède un style particulier qui ne doit rien à l'Europe. Il peut inclure des éléments de la tradition européenne et peut être pratiqué par des gens qui détiennent des maîtrises ou des doctorats, mais il y a là une complexité qui s'ajuste mal, par exemple, à l'idée du chef ou du porte-étendard solitaire et héroïque, le premier ministre ou le président qui est le chef. *Celle à qui l'on doit obéissance*, comme on disait de Mme Thatcher. Cette obsession du Chef, le détenteur des clés du pouvoir, parallèlement à l'absence de tout débat, est un rejeton bien étrange de la démocratie. Et je ne parle pas simplement de ces opérateurs et de ces commentateurs politiques obsédés d'image et de contrôle : l'image du chef, la maîtrise du débat et du programme. Nous nous retrouvons avec une approche de la gouvernance politique dont les origines modernes remontent à Bonaparte, dans son avatar napoléonien fixé sur l'image du chef héroïque, qui lui permettait d'exercer beaucoup plus de pouvoirs que ne l'autorise un système démocratique. C'est pourtant l'approche à la gouvernance que préconisent les organisateurs politiques dans toutes les démocraties occidentales.

Historiquement, chaque Première Nation avait trois ou quatre chefs : le chef héréditaire, le gardien du feu ou chef spirituel, le chef militaire et ce qu'on appellerait aujourd'hui le chef élu. Gros Ours et Poundmaker avaient été désignés comme chefs – c'est-à-dire qu'ils avaient plus ou moins été élus – dans la seconde moitié du XIXe siècle. Ils avaient été choisis pour leur habileté à commander et à maintenir l'union de sociétés où l'on avait de l'admiration pour le débat essentiellement oral, intégral et transparent. Ces débats faisaient intervenir d'autres anciens qui avaient des opinions bien à eux, et des femmes avec des rôles différents, parfois névralgiques. Dans tout cela, c'était le chef élu qui devait naviguer sur la houle des discussions jusqu'à l'obtention d'une décision collective.

Et parce que ces débats portaient sur l'avenir de la communauté et mettaient en jeu le rapport entre la communauté et le lieu et la relation complexe entre les divers types de chefs et d'anciens, on aboutissait rarement à un résultat simple, avec des gagnants et des perdants.

Cela fait partie du contexte du jeu politique âpre et difficile de l'Assemblée des Premières Nations. La presse tend à considérer ces choses en ses termes à elle : une lutte manichéenne qui fera des vainqueurs et des vaincus. Elle ne comprend pas, ou ne veut pas comprendre, la puissance de l'oralité dans ces discussions, l'absence de messages technocratiques prédigérés aux-

Pitikwahanapiwiyin, dit « Poundmaker » (1842-1886), de la Première Nation des Cris des plaines. Un des plus grands chefs des Prairies durant la seconde moitié du XIXe siècle. Un conciliateur de premier ordre que les événements de 1885 ont défait. Sur la photographie, il semble s'élever au-dessus de l'humiliation de son arrestation et de son procès, malgré la chaîne à laquelle il est attaché. © Bibliothèque et Archives Canada, C001875.

quels la plupart d'entre nous sont aujourd'hui accros, la complexité des structures sociales qui interviennent ici.

Au cours de l'hiver 2012-2013, la presse parlementaire faisait continuellement état des divisions profondes parmi les Premières Nations. Elle mettait constamment en relief des positions antagoniques, si bien que nous, le public lecteur, ne pouvions faire autrement que suivre avec intérêt les actes de tel ou tel chef. Le chef Spence allait-elle mettre fin à son jeûne ? Est-ce que tel ou tel chef irait rencontrer le premier ministre ? Est-ce que la présence du gouverneur général allait changer la donne ? On présentait ainsi des positions nettes et irréconciliables. Des gestes où l'on jouait le tout pour le tout. Des rencontres décisives.

Sauf que le lendemain, le même chef en parlait à peine, mentionnant tout juste qu'il avait décidé d'aller ou de ne pas aller à la rencontre, parce qu'il sentait que c'était son devoir. Et ce n'était pas plus compliqué que ça. Il n'y avait pas de divisions irréparables ; à long terme, il n'y avait même pas de divergence d'opinions notable. La presse, confuse, en concluait que le chef en question avait reculé. Il n'était même pas venu à l'esprit des journalistes de chercher à comprendre la nature du débat qui se déroulait alors.

Est-ce à dire qu'il n'y a pas de divergences ? Non. Bien sûr qu'il y a des opinions différentes. Sont-elles importantes ? Peut-être, peut-être pas. Mais il se passe des tas de choses sur toutes sortes de plans. Et dans la mesure où il y a des divergences réelles, elles sont attribuables en large partie au vieux système de gouvernance impériale qui a leur a été imposé. Même si l'on en a modifié quelques termes, la Loi sur les Indiens fonctionne toujours comme si les Premières Nations étaient pupilles de l'État. Les chefs élus doivent manœuvrer autour de cette réalité. Les jeunes gens, bien naturellement, ne se sentent pas liés par cette réalité. Et pourquoi le devraient-ils d'ailleurs ?

Ce qui nous conduit à l'essentiel, justement. Cela fait cent cinquante ans que les peuples autochtones voient Ottawa imposer sa conception du débat, décider que le débat entre les Premières Nations devrait être jugé au premier degré, à l'européenne. C'est ainsi qu'on leur a imposé les méthodes de la loi écrite. Et l'on s'est aussi servi des débats entre Premières Nations pour les diviser. Ainsi, les autorités canadiennes ont réussi à l'emporter dans de multiples conflits juridiques et administratifs dans la première moitié du XXe siècle.

Ce qui a changé sur ce plan, c'est la clarté imposée par les tribunaux, la Cour suprême en particulier, ce qui a provoqué le rejet graduel de ces victoires gouvernementales fondées sur une approche du droit qui se voulait linéaire, utilitaire et fondée sur les textes. À la place, dans les arrêts Delgamuukw, Sparrow et Haïda, par exemple, les tribunaux ont reconnu des éléments de la tradition orale fondés non pas sur la lettre de la loi mais sur l'intention des accords originaux. Les tribunaux ont répondu à des questions d'éthique. Ils ont tenté de comprendre les concepts de circularité ainsi que les croyances autochtones entourant les rapports aussi bien entre les peuples qu'entre les peuples et les lieux. La Cour suprême n'a pas ordonné aux gouvernements de s'y conformer. Mais elle a bien fait savoir aux gouvernements qu'ils doivent prendre en compte ces interprétations plus inclusives.

Résultat : les peuples autochtones peuvent désormais s'engager dans des discussions publiques vastes se déroulant à l'intérieur d'un cadre différent. Ils peuvent affirmer avec confiance que les autorités canadiennes ne les ont pas écoutés par le passé, qu'elles n'ont même pas essayé de comprendre la vraie signification des propos que tenaient leurs interlocuteurs. Pire, il est évident que nos gouvernements ont tenté d'imposer des interprétations étroites et intéressées de tout ce qu'ils entendaient. Et c'est ce qu'ils ont fait depuis la seconde moitié du XIXe siècle.

Les chefs autochtones ont appris graduellement à transiger

D'origine anishnaabe, Niigaan Sinclair est professeur, militant, écrivain et directeur de collection. Une voix importante au sein du nouveau leadership autochtone. © Niigaanwewidam Sinclair.

avec leurs interlocuteurs gouvernementaux. Quand je parle d'une nouvelle élite solide et intelligente, je parle de gens qui peuvent voir venir ces tactiques de loin. Leurs nombreuses victoires devant la Cour suprême montrent bien que la leçon a été intériorisée par au moins certains éléments du système canadien de gouvernance. À cela il faut ajouter la souplesse admirable des stratégies autochtones, qui leur permet d'éviter nombre de pièges utilitaires et manichéens que leur tendent les autorités canadiennes ainsi que plusieurs journalistes canadiens.

La vérité, c'est que la plupart des Canadiens semblent las de la politique pratiquée par nos gouvernements fédéral et provinciaux. La plupart voudraient qu'on passe à autre chose, si seulement ils savaient comment faire.

Il s'en trouve bien sûr quelques-uns qui n'ont pas évolué du tout. Certains Canadiens influents croient encore aux thèses assimilationnistes de jadis. Ils n'ont pas dépassé le Livre blanc de Trudeau de 1969, qui fut la dernière tentative finement articulée en faveur de l'assimilation. Imbu des idées inspirées par le nationalisme européen et le déterminisme darwinien, ce petit groupe s'accroche aux idées surannées de supériorité, que l'on ressort sans cesse, avec de légers raffinements, et que l'on présente comme étant inévitables et modernes.

Mais Trudeau lui-même est vite passé à autre chose et a tourné le dos à sa propre initiative. Il a commencé à inclure dans une certaine mesure les chefs autochtones dans les rencontres fédérales-provinciales. Il a présidé à un renouvellement de la Constitution où les droits autochtones ont été reconnus. Turner, Mulroney, Chrétien et Martin, tous ces premiers ministres ont fait avancer la cause autochtone par petits bonds, même si aucun d'entre eux n'a fait ce qui était nécessaire. Turner, lorsqu'il était ministre de la Justice, a introduit certaines notions juridiques autochtones dans le système des tribunaux. Martin a entrepris une réforme sérieuse – l'accord de Kelowna –, mais il n'a pas su se maintenir au pouvoir pour lui donner effet.

J'ai la conviction que les quatre savaient qu'il n'y avait plus moyen de revenir en arrière. Peut-être qu'aucun d'entre eux n'avait vraiment saisi l'ampleur de la renaissance autochtone et toutes ses ramifications. Mais ils savaient que la donne avait changé.

M. Harper a adressé des excuses en règle aux autochtones, en 2008, pour les pensionnats indiens. Il doit sûrement mesurer l'ampleur des changements qui sont en cours et les dangers, énormes, qui se profilent à l'horizon. Tout comme les promesses de la nouvelle situation. C'est un homme qui déteste échouer, et l'histoire lui a imparti un rôle capital à un moment historique de ce drame canadien. Le premier ministre a la responsabilité et la possibilité de nous remettre dans le droit chemin. En consolidant nos fondations, dont les traités sont un élément crucial, nous fortifierons d'autant notre réalité actuelle.

8

Au nom du père…

Les Premières Nations ont une compréhension très nette des traités, et, je le répète, la Cour suprême a maintes fois affirmé au cours des dernières décennies que les Autochtones ont raison et que le gouvernement a tort.

Qu'est-ce que cela signifie ?

Que la notion européenne de propriété – où l'on a presque tous les droits mais à peu près nulle responsabilité – a été imposée artificiellement à notre contexte ; que les gens appartiennent à des familles et à des communautés, qui font partie intégrante d'un territoire. Il ne s'agit pas de posséder la terre ; on a une responsabilité envers elle mais on ne la domine pas.

Par la voie des traités, des peuples non autochtones ont pénétré dans les cercles des Premières Nations. Nous nous sommes alors mis à faire partie de leurs familles et de leurs communautés. Les personnages éminents comme le gouverneur général étaient nommés « grands-pères », la reine Victoria « grand-mère », et le premier ministre « père » ; non pas parce que les « Indiens » étaient des enfants – comme Londres et Ottawa ont voulu le croire – mais parce que ces personnes étaient considérées comme des anciens au sein de la famille. Elles méritaient respect au même titre que les autres anciens. Le gouverneur général de Lorne (1878-1883) était appelé « beau-frère » parce qu'il avait épousé la fille de la reine Victoria. Les grands chefs les plus admirés, ou les gardiens du feu, étaient souvent appelés « grand-père »; pour désigner le premier ministre, on disait « père ». Et si les personnes en autorité s'assemblaient pour discuter d'arrangements, eh bien les anciens se devaient d'être présents pour incarner l'autorité tacite de la communauté.

Dans ce contexte, les gens des traités, c'est-à-dire nous tous, sommes liés par les obligations que nous partageons à titre de membres de la famille et de la communauté, que nous soyons des anciens, des adultes actifs ou des enfants. Nos responsabilités ne sont pas arrimées aux relations de pouvoir mais plutôt aux obligations que nous impose une appartenance commune.

C'est là une représentation aboutie et exacte de la réalité. Et nous avons bien de la chance, parce que cette interprétation enrichit puissamment l'idée que la majorité des Canadiens se font de leur pays.

9

Le grand retour

J'aimerais reparler de la manière dont la plupart des Canadiens non autochtones conçoivent les grands problèmes des Autochtones. Ils constatent surtout, pour résumer, le délabrement de leur tissu familial et social.

Premièrement, il est important de dire ici à qui revient la faute. Ce n'est pas toujours le cas; souvent, il est préférable de laisser le passé tranquille. Mais dans ce cas-ci, la responsabilité à long terme façonne ce qui peut et devrait se faire maintenant. Nous devons d'abord savoir ce qui s'est passé, qui était responsable, et si les auteurs des méfaits étaient autorisés d'une certaine manière à faire ce qu'ils ont fait. Notre société doit comprendre tout cela afin d'assumer concrètement sa responsabilité, pour ensuite agir autrement. Ce processus va déterminer à qui les Premières Nations vont accorder leur confiance, avec qui ils vont négocier et collaborer.

La réalité, c'est que les problèmes sociaux, familiaux et politiques qui nous absorbent tant résultent presque entièrement, directement ou indirectement, du comportement des gouvernements fédéral et provinciaux à long terme. Et ce comportement résulte des attitudes socialement admises par les citoyens.

Songez à la révélation, en juillet 2013, que des enfants sous-alimentés des Premières Nations avaient servi de cobayes dans des tests de santé. Songez au refus entêté des gouvernements de faire face aux ramifications du meurtre et de la disparition de tant de femmes autochtones. Qui protège-t-on ici ? Les services de police ? Les élites locales ? La réputation des communautés ? L'image que nous, les Canadiens, avons de nous-mêmes ? Ou que nous voulons projeter ?

Le secteur privé a également, et souvent, été fautif. Mais c'est largement parce que les lois et les règlements autorisaient son action, ou parce que les services de police ou les administrations ont fait en sorte que ces méfaits soient possibles. Étaient-ils soudoyés ? Complices ? Petit exemple : ces fonctionnaires qui ont spolié les Musqueams pour permettre à des Vancouvérois de construire le club de golf de Shaughnessy Heights sur leurs terres.

Si les Premières Nations tiennent tant au respect des traités, c'est en large partie parce que l'un des deux signataires – nous – a constamment et consciemment manqué à la foi jurée.

Cela n'affranchit pas bien sûr les Autochtones de la responsabilité de leurs actes. Et pour la plupart, ils ne cherchent pas à se soustraire à leurs responsabilités. Mais l'on admettra aisément que le passé pèse de tout son poids sur ce que chacun croit possible de faire aujourd'hui.

Je le répète donc, la faute doit être attribuée à qui de droit et assumée par la société canadienne et ses institutions de gouvernance.

Deuxièmement, et ce qui est encore plus important, c'est que les Autochtones ne s'arrêtent pas à leurs difficultés. Ils n'ont pas d'eux-mêmes cette image sombre qui nourrit la conscience coupable de tant de Canadiens. Comme je l'ai dit, je ne les vois pas poser en victimes. En dépit de leurs difficultés, le ton dominant chez les Premières Nations, les Métis et les Inuits est à l'optimisme. Ils sont conscients de l'âpreté de la lutte qu'ils ont menée au cours du dernier siècle, d'abord pour

Edmond Gagne (1921-), Métis. Placé à l'arrière de l'embarcation, à gauche, il s'apprête à débarquer sur une plage de Normandie. Un mois plus tard, il sera grièvement blessé. Gagne faisait partie de la compagnie D, les Royal Winnipeg Rifles. La compagnie C, composée d'autres soldats autochtones et de mon père, Bill Saul, se trouvait dans une autre embarcation à quelques encablures. © Le Ministère de la Défense nationale du Canada / Bibliothèque et Archives Canada / PA-132651.

survivre comme peuples et comme cultures, et ensuite pour rebâtir leurs assises.

Songez un moment à tout ce qu'ils ont dû faire.

Le taux d'enrôlement le plus élevé au cours des deux guerres mondiales : ce qui illustre une confiance en soi extraordinaire. Une pléthore de lettres, de pétitions, de protestations, de provocations, de manifestations, de refus. Le message adressé par les chefs de la Colombie-Britannique à Wilfrid Laurier en 1910 n'est qu'un exemple parmi des milliers. Et il y a eu toutes ces causes plaidées devant les tribunaux, l'une après l'autre, qui ont traîné pendant des années, où les Autochtones ont d'abord été déboutés par les tribunaux inférieurs et qu'ils ont menées jusqu'à la Cour suprême. Deux commissions royales d'enquête. La première, de 1974 à 1977, devait porter sur la construction d'un pipeline. Après tout, la commission avait nom *Enquête sur le pipeline de la vallée du Mackenzie*. On ne s'attendait pas à ce que cette enquête porte sur les pratiques courantes des gouvernements et de l'industrie, qu'elle dure quatre ans et qu'elle devienne la rampe de lancement du nouveau mouvement de militance autochtone. Mais le commissaire en chef, le juge Thomas Berger, en était venu à comprendre que son rôle consistait à ouvrir un espace pour la nouvelle génération de dirigeants autochtones et leurs conseillers. D'où le titre de son rapport final : *Terre lointaine, terre ancestrale*.

Puis vint la commission royale Erasmus-Dussault, dirigée par l'ancien chef national autochtone Georges Erasmus et le juge René Dussault. Les gouvernements ont ensuite, l'un après l'autre, fait comme si elle n'avait jamais existé. Mais son rapport de 1996 est un travail remarquable de recherche et d'analyse. Dans ses 4 000 pages, le vrai rôle des Autochtones au Canada est défini et réaffirmé intégralement. Ses recommandations sont d'une importance capitale. Mais la recherche sur laquelle elles s'appuient, avec ses recueils de textes historiques, à elle seule fait que le rapport de cette commission n'a pas de prix. Cent quarante ans de déni, de tergiversations, de fausses représentations et de falsification historique, le tout perpétré chacun des gouvernements successifs, historien après historien, un groupe d'intérêts après l'autre, tout cela se trouvait balayé. Ces deux commissions d'enquête ont mis en place le cadre intellectuel, social et politique de l'actuelle renaissance autochtone.

Puis il y a eu, bien sûr, les négociations et les renégociations entourant les traités, que nos gouvernements ont fait traîner intentionnellement. Comme je l'ai dit plus tôt, rien que la négociation des Nisga'a a duré vingt-cinq ans, gaspillage d'argent pour les Nisga'a et le contribuable, qui a consumé la vie de toute une génération. Mais les Nisga'a ont tenu bon.

Oui, ce dont nous sommes témoins, c'est un grand retour définitif et vivifiant.

Et, oui, les non-Autochtones ont le choix. Nous pouvons continuer de permettre à nos gouvernements, à nos systèmes de pouvoir et à nos entreprises de ralentir, de stopper ou de détourner ce retour en force des peuples fondateurs et de les remettre à leur place. Ou nous pouvons apprendre à écouter et à comprendre ce qui s'est passé. Et nous pourrons, de là, faire en sorte que nous cessions d'être la cause du problème.

Redisons les choses autrement. Je crois que, quoi que fassent les gouvernements du Canada, en bien ou en mal, les peuples autochtones vont voir leur force et leur influence s'accroître. La question pour nous tous est de savoir si nous voulons jouer notre rôle de citoyens, comme signataires des traités. Ou si nous allons nous enferrer dans nos petites habitudes, quitte à les masquer de pitié ou d'ignorance, ou à nous abriter derrière des difficultés techniques, juridiques ou budgétaires, et ainsi manquer encore une fois à nos obligations en tant que citoyens du Canada.

10

Une nouvelle élite

À quoi ressemble ce grand retour autochtone ?
Il y a d'abord une simple question de nombre. Il y a plus de quatre siècles de cela, ce sont 2 millions d'Autochtones qui ont accueilli en leur sein des groupuscules d'Européens désorientés. Le roman de Joseph Boyden *Dans le grand cercle du monde* dépeint fort bien cette époque. Il a fallu un bon deux cent cinquante ans aux nouveaux venus pour que leurs effectifs égalent ceux des Autochtones et qu'ils se familiarisent avec le territoire. Pendant deux cent cinquante ou trois cent cinquante ans – selon où vous vous trouviez au Canada –, les Autochtones ont maintenu leurs effectifs et sont demeurés des collaborateurs dominants ou actifs. La plupart des Canadiens connaissent les noms de quelques grands chefs autochtones : Joseph Brant ; Tecumseh ; John Norton, qui en 1812 a conduit la troupe des Six Nations à Queenston Heights pour renverser le cours de la bataille contre les Américains ; Cuthbert Grant, le capitaine général des Métis. Dans les quelques dernières années qui ont précédé leur déclin brutal, on compte : Gabriel Dumont, Gros Ours, Louis Riel, Crowfoot, Poundmaker. Puis il y a ceux qui sont connus dans des cercles restreints. Un seul exemple : Charles Edenshaw, le grand artiste haïda et chef héréditaire de la fin du XIXe siècle. Mais il y a eu des centaines et des centaines d'autres figures importantes dont les noms ont été gommés de l'histoire et de la mythologie canadienne d'inspiration européenne.

Le fait est que, pendant des siècles, les Autochtones ont témoigné d'une générosité sans bornes et accueilli les nouveaux venus dans leurs cercles. Puis, assaillis de difficultés, ils ont connu une baisse dramatique d'effectifs. Aujourd'hui, en un siècle à peine, cette population a dépassé de nouveau le million d'individus. Avec le taux de croissance démographique le plus élevé au Canada, les Autochtones sont sur le point de redevenir les 2 millions qu'ils étaient au moment de la rencontre.

Cela risque fort bien de présenter un défi administratif pour tous les gouvernements. Il faut d'ailleurs les entendre gémir sur la difficulté de desservir les gens qui vivent dans le Nord, dans de petites communautés isolées. Mais ne voulons-nous pas qu'il y ait des Canadiens qui vivent partout au Canada ? Y a-t-il une politique en place qui dit que nous devrions tous vivre dans les villes du Sud ? Moi qui pensais que nous tenions à peupler notre pays… C'est l'un des fondements de notre politique d'immigration. Pourquoi y voir un problème simplement parce que ce sont les Autochtones qui augmentent en nombre ?

Réponse : ce n'est justement pas un problème. C'est une chance qui s'offre à nous. Quand on pense à tout ce qu'on a fait pour encourager la disparition de ces peuples, on assiste ici en fait à un triomphe civilisationnel.

Deux millions : cela paraît peu sur une population de 35 millions. Mais les Autochtones constituent aujourd'hui l'un des plus grands groupes culturels du pays. Combinons ces effectifs avec leur rôle historique, les pouvoirs que leur donnent les traités, leur position juridique et constitutionnelle et la maîtrise qu'ils ont de vastes territoires riches en ressources. Songez qu'ils constituent la majorité, ou la presque majorité, ou le second groupe en importance, dans les trois territoires du Nord ainsi qu'au Labrador, dans la moitié nord du Québec, de l'Ontario, du Manitoba, de la Saskatchewan, de l'Alberta et de la Colombie-Britannique. Pensez qu'ils constituent l'argument le

Thayendanegea (1743-1807), aussi appelé « Joseph Brant », Mohawk. Linguiste, grand chef de guerre, homme d'État, écrivain, fondateur de la réserve des Six Nations sur la rivière Grand dans le sud de l'Ontario. Tableau de Gilbert Stuart (1755-1828) réalisé en 1786. Huile sur toile, 30 x 25 po, N0199.1961. Don de Stephen C. Clark, Fenimore Art Museum, Cooperstown (État de New York). Photographie de Richard Walker.

plus convaincant qui soit pour affirmer la légitimité canadienne dans l'Arctique. Pensez aux victoires successives qu'ils remportent devant les tribunaux, ce qui leur permet de modifier en leur faveur la donne historique.

Ces effectifs et ces victoires judiciaires s'arriment désormais à la montée d'une nouvelle élite. Aujourd'hui, plus de 30 000 jeunes Autochtones font des études postsecondaires. On ne l'aurait jamais cru il y a cinquante ans. Oui, le pourcentage est inférieur à la moyenne nationale. Mais le taux de croissance est de loin supérieur. C'est la ruée vers les diplômes.

D'où une nouvelle élite remarquable. J'ai bien dit « élite ». Des jeunes gens intelligents, coriaces, à la pensée agile, qui ont raison de vouloir en découdre. Ils me rappellent la garde montante du Québec des années 1960. Ces diplômés comptent parmi eux des professeurs qui essaiment dans tout le pays. Il me revient en mémoire une poignée d'entre eux que j'ai rencontrés : Niigaan James Sinclair à l'Université du Manitoba, Hayden King à l'Université Ryerson, Brock Pitawanakwat à l'Université de Sudbury, Lorena Fontaine à l'Université de Winnipeg, Michael Doxtater à McGill, Bob Watts à Queen's. Ils sont ingénieurs, médecins, enseignants, infirmiers, experts-conseils, administrateurs, et il y en a même, oui, qui font de la politique. En 2013, Michael DeGagné est devenu le premier intellectuel autochtone à accéder au rectorat d'une université à charte au Canada : l'Université Nipissing à North Bay.

Au cœur de cette mutation se dessine un phénomène particulièrement émouvant. Pendant presque un siècle, le pouvoir destructeur du racisme a conduit de nombreux jeunes Métis à se fondre dans la population blanche afin d'en recueillir la faveur. Ces choix ne pouvaient pas être aisés, mais ils résultaient d'un effort concerté de la part des colons pour amoindrir le peuple métis. Aujourd'hui, le nombre de Métis s'accroît rapidement, en grande partie parce que les jeunes gens – une génération nouvelle – assument désormais leurs origines.

Ce n'est pas aussi facile que ça en a l'air. Ils viennent de familles qui ont dû se soumettre à cette épreuve pénible de devoir se redéfinir publiquement à titre de non-Autochtones, souvent parce qu'il fallait manger. J'ai parlé avec certains de ces jeunes gens, des étudiants pour la plupart. Ils en sont à l'âge où tous les choix paraissent difficiles ou malaisés. Mais ces étudiants se réimaginent du tout au tout. C'est le genre de décision qui peut vous fortifier l'épine dorsale pour la vie. Ces jeunes constituent un autre élément de la nouvelle élite autochtone.

Qu'on songe aussi aux grands artistes. Bill Reid, Alanis Obomsawin, Jim Hart, Georges Sioui, Robert Davidson, Susan Point, Tomson Highway, Joseph Boyden, Kent Monkman, Thomas King, Richard Wagamese, Judas Ullulaq, Zacharia Kunuk, Kenojuak Ashevak, Marie Annharte Baker, Gerald McMaster, Drew Hayden Taylor, Louise Halfe, Jane Ash Poitras, Jeannette Armstrong, Norval Morrisseau, et des dizaines d'autres. Que l'on pense à ces nouvelles personnalités publiques que sont Wab Kinew ou A Tribe Called Red.

En 1927, le gouvernement faisait adopter un amendement interdisant aux « Indiens » de retenir les services d'un avocat (article 141 de la Loi sur les Indiens). Aujourd'hui, il y a plus d'un millier d'avocats autochtones et plus de trente juges. Ajoutons à cela ces fascinants historiens du droit qui ont inspiré de nombreuses contestations judiciaires : Sakej Henderson n'en est qu'un exemple parmi d'autres. Je dois mentionner ici le nombre croissant de philosophes qui avancent diverses versions d'une vision du monde différente, spatiale ou circulaire, non

A Tribe Called Red – Ian Campeau (membre de la Première Nation de Nipissing), Bear Thomas et Dan General (tous deux Cayugas) – prend fait et cause pour la jeunesse urbaine, mêlant chants de pow-wow, percussions et musique électronique. Photographie de Pat Bolduc, avec l'aimable autorisation de A Tribe Called Red.

De droite à gauche : Melissa Daniels (de la Première Nation athabasca chipewyan), admise au barreau de l'Alberta par Danielle Dalton (Métis), juge de la cour provinciale et membre du conseil d'administration de l'Association canadienne des juges des cours provinciales, en la présence d'un témoin, sa tante Jude Daniels, elle-même avocate. © *Alberta Sweetgrass* / AMMSA.

linéaire. Quelques grands noms : Leroy Little Bear, Taiaiake Alfred, E. Richard Atleo (Umeek).

Mais pourquoi tant d'avocats ? Parce que les gouvernements et les entreprises ont instrumentalisé la loi pour réduire les premiers peuples au couchant du XIXe siècle et tout au long du XXe. Les Autochtones n'avaient d'autre choix que d'investir le même système judiciaire pour se défendre.

Nombre de ces avocats sont très jeunes. Ils vont probablement assumer divers rôles en plus du droit : dans la fonction publique, en politique ou dans le monde des affaires. Ce qui me ramène à la série historique de victoires judiciaires qui font du Canada un meilleur pays, sans que la plupart des Canadiens s'en rendent compte, alors que nos gouvernements s'enferment dans le déni.

Pourquoi, depuis près de quarante ans maintenant, les Autochtones ont-ils eu gain de cause pratiquement chaque fois qu'ils se sont rendus devant la Cour suprême ? Parce que notre histoire et notre droit sont tels, si on les interprète correctement, qu'on ne peut faire autrement que de redonner vie à nos ententes séculaires pourtant maintes fois bafouées. Si l'on cherche la principale voix constitutionnelle qui valorise l'exactitude historique et la compréhension éthique au Canada au cours des quelques dernières décennies, on ne cherche pas longtemps. Elle nous vient de la communauté autochtone et des arrêts de la Cour suprême sur les enjeux autochtones. Certains s'insurgent contre ce qu'ils considèrent comme une ingérence du judiciaire dans la sphère politique. C'est omettre l'essentiel. Cela se produit parce que la classe politique et la fonction publique non seulement n'ont pas fait leur devoir, elles ont mal agi aussi. La communauté autochtone, pour sa part, a les yeux braqués sur notre histoire, surtout notre histoire judiciaire. La Cour suprême réagit intelligemment à cette réalité.

Cela n'explique pas pourquoi les gouvernements, la profession juridique en général et une bonne part du secteur privé se conduisent encore comme si les jugements de la Cour suprême, par exemple les arrêts Delgamuukw, Guerin et Haïda, au sujet de la consultation, n'avaient jamais été rendus. Ils doivent s'y conformer ou bien les nier. Le fait est que ces arrêts existent et que bien d'autres en ce sens ont été rendus aussi. Nombre de jugements ont réitéré et renforcé l'obligation qu'a le gouvernement de consulter. Nos gouvernants n'auront un jour d'autre choix que de respecter la loi.

J'ai rencontré au cours de ma vie des chefs remarquables. Parmi eux : le chef Guerin des Musqueams ; le chef Guujaaw des Haïdas et le chef Gosnell des Nisga'a ; David Chartrand, président des Métis du Manitoba ; Roberta Jamieson, l'ancienne chef des Six Nations en Ontario ; et Clifford Moar, l'ancien chef de Mashteuiastsh, au lac Saint-Jean.

Que l'on pense simplement aux quelques derniers chefs nationaux : Georges Erasmus, Ovide Mercredi, Matthew Coon Come, Phil Fontaine, Shawn A-in-chut Atleo ; ou à Clément Chartier, président du Ralliement national des Métis ; ou, dans l'Arctique, à Jose Kusugak, John Amagoalik, Mary Simon, Siila Watt-Cloutier, Jack Anawak, Paul Okalil, Eva Aariak. Pensons à ces figures remarquables qui ont changé le cours de l'histoire dans le Nord québécois : Billy Diamond, Ted Moses, Romeo Saganash. Derrière tous ces dirigeants apparaissent de nouveaux visages en grand nombre qui font déjà leur marque dans la vie publique d'une manière ou d'une autre. Une autre poignée de noms nous vient à l'esprit : Clint Davis, qui dirigeait le Conseil canadien pour le commerce autochtone ; J. P. Gladu, qui lui a succédé ; Wade Grant, un conseiller musqueam sur la côte Ouest ; Sandra Inutiq, la commissaire aux langues du Nunavut ; Natan Obed, le directeur du Nunavut Tunngavik ; Kirt Ejesiak, qui siège au conseil exécutif du Conseil circumpolaire inuit ; et Mark Podlasly, qui est actif dans la société civile et dans les affaires.

Cette longue liste de noms – et je n'ai nommé ici que

quelques dirigeants autochtones – montre combien complexe et intéressante est cette nouvelle élite.

La vérité, c'est qu'ils sont aux prises avec des situations politiques et sociales presque impossibles. Mais ils sont eux-mêmes les héritiers de situations qui étaient encore plus désolantes. Ils sont aguerris et parfaitement conscients des défis qui se posent.

11

L'immaturité pérenne de nos gouvernants

Au cœur des événements dramatiques de l'hiver 2012-2013, la Cour fédérale a statué que les Métis et les Indiens non inscrits avaient les mêmes droits que les Indiens inscrits au regard de la Constitution. Cela leur donne désormais droit aux programmes destinés aux Premières Nations, ce qui aura pour effet de placer des centaines de milliers de personnes de plus sous la responsabilité fédérale. Un pur hasard a voulu que ce jugement tombe au milieu de la crise. Mais c'était aussi un autre signe de notre évolution. Et c'était rappeler que les Autochtones avancent désormais en terrain sûr lorsqu'il s'agit de justice : de justice dans le plein sens du terme. L'âpre vérité, c'est que les Autochtones qui tiennent à raviver les accords fondateurs du Canada vont continuer d'avoir gain de cause devant les tribunaux. Autrement dit, au cœur d'une crise nationale bouleversante et complexe, ce jugement indiquait clairement la direction que notre société va prendre. Les gouvernants auraient eu intérêt à célébrer cet arrêt comme un signe de compréhension.

Au lieu de quoi nous avons eu droit à un silence de mort, mise à part la réaction programmée des commentateurs patentés du milieu juridique et de la presse. *Ce jugement fait problème. C'est trop d'argent en ces temps difficiles. Ce jugement ne fait* qu'énoncer un principe : il est évident qu'il n'a pas à être mis en œuvre. Peut-être pourrions-nous l'ignorer.

Autrement dit, on a vu aussitôt reparaître tous les réflexes coutumiers du petit jeu administratif et juridique auxquels se livrent les responsables de nos gouvernements : la stérilité et l'hypocrisie reprenaient du service. Les interprètes et commentateurs stipendiés de la chose publique ont ânonné leur opinion rituelle. Personne en position d'autorité ne semble vouloir admettre que la justice est le seul remède à l'injustice.

Quelques rares donneurs d'opinion osent revoir leurs certitudes. Pourquoi ne pas tout simplement accueillir la réalité du retour en force autochtone ? Pourquoi ne pas accepter que ces victoires judiciaires renferment les éléments qui vont permettre de résoudre le problème de la pauvreté autochtone en créant des assises pour le pouvoir autochtone, qui est en partie un pouvoir économique ? Le problème tient à une question de point de vue. Le point de vue du gouvernement canadien trouve son origine dans l'ère coloniale et impériale. Nos mythologies dominantes ont été façonnées à la même époque. Tous nos gouvernements – fédéral et provinciaux – doivent tout simplement faire litière de cette attitude paternaliste. Les Autochtones ne sont pas pupilles de l'État. Ils n'ont que faire de notre charité. Ce qu'ils veulent, c'est le pouvoir qui leur revient de droit comme le veut notre histoire. Et ce pouvoir comporte des solutions économiques.

Cela veut dire que nos gouvernements doivent cesser de gaspiller notre argent à livrer bataille pour le maintien de systèmes injustes. Ce qu'ils doivent faire, c'est assimiler la réalité et adhérer à l'idée de réconciliation qui, comme l'a dit Taiaiake Alfred, commence par la restitution. Les bonnes intentions ont fait leur temps. Cela suppose une redistribution du pouvoir politique et de la richesse économique. Ce déplacement de la richesse économique est la solution à la pauvreté autochtone.

Incapable de suivre le mouvement, notre gouvernement a

Gabriel Dumont (1837-1906), rebelle de génie, chef politique et militaire des Métis dans la bataille pour leurs droits. © Glenbow Museum, NA-1063-1.

recours à cette stratégie éprouvée qui consiste à gagner du temps. Il écoute encore les mêmes avocats encroûtés dans leurs tactiques défensives et antagoniques. Voilà pourquoi il a décidé d'en appeler de l'arrêt de la Cour fédérale sur le statut des Métis et des Indiens non inscrits. Pourquoi ? Pour humilier un certain groupe de Canadiens ? Pour gaspiller le denier du contribuable ? Parce qu'il ne se résout pas à prêter aux Autochtones la moindre importance dans les fondements organiques du Canada ? Ou est-ce parce qu'il est tout simplement incapable d'admettre ses responsabilités à titre de représentant du peuple : de représentant des peuples signataires des traités ?

Quinze mois plus tard, la Cour d'appel fédérale a confirmé le jugement s'appliquant aux Métis et a statué que, dans le cas des Indiens non inscrits, on trancherait au cas par cas. Nul doute que certains à Ottawa y ont vu un bout de victoire. En réalité, une fois qu'on aura additionné les coûts du cas par cas, le total sera probablement beaucoup plus élevé. Entretemps, on aura perdu une belle occasion de se montrer ouvert et inclusif.

12

Le pouvoir sur la terre

En dépit des tergiversations gouvernementales, ces victoires judiciaires répétées et le progrès – affreusement lent, c'est vrai, mais progrès tout de même – dans les règlements faisant suite aux traités créent une réalité nouvelle dans le pays.

On note la dimension ironique de la situation, qui est d'un comique sombre. Dans nombre de négociations ayant mené aux traités au cours de la seconde moitié du XIXe siècle et au début du XXe, les agents du gouvernement voulaient chasser les Premières Nations des terres arables et les refouler vers les espaces rocailleux et boisés. Les immigrants, eux, voulaient des terres arables. Or, le Canada d'aujourd'hui est plus tributaire des matières premières qu'il ne l'a été depuis cinquante ans : les mines, les hydrocarbures, les forêts. Où se trouvent ces matières premières ? Essentiellement dans les espaces rocailleux et boisés.

Très présents dans ces régions intérieures et nordiques – forts de leurs effectifs et de la loi –, les Autochtones occupent désormais une position stratégique de plus en plus enviable.

S'ils refusaient simplement de coopérer, ils pourraient gripper tout un pan de l'économie canadienne. C'est la vérité. Et certains ont menacé de le faire. Posez-vous la question : que feriez-vous si vous aviez comme eux le souvenir de la trahison et du déni et que vous étiez aujourd'hui à leur place ? Pourquoi diable devraient-ils rester les bras croisés et permettre à leurs richesses de s'écouler vers le sud comme c'est le cas depuis si longtemps ? Ils sont de mieux en mieux placés pour obtenir leur juste part ou dicter le cours des choses. Rappelez-vous les débats de 2012-2014 sur l'oléoduc Northern Gateway. Le pouvoir est en train de changer de mains. Dès que les Premières Nations de Colombie-Britannique ont fait savoir qu'elles n'approuvaient pas le tracé de l'oléoduc d'Enbridge, le gouvernement de la province a compris que les choix réalistes s'offrant à lui étaient limités. En outre, l'idée d'un consensus entre Autochtones et non-Autochtones a pris de la consistance en Colombie-Britannique. Et il existe déjà une convergence de vues entre les Autochtones et le mouvement écologiste. Cette réalité qui émerge petit à petit ne résulte pas de quelque mutation brutale. On en a entrevu les premiers contours dans les ententes sur l'hydroélectricité dans le Nord québécois il y a des décennies de cela. Résultat : on compte parmi les plus grandes entreprises du Nord québécois des sociétés qui appartiennent aux Inuits et aux Cris. Ce sont des entreprises dynamiques et bien dirigées. Par exemple, la société Makivik, au Nunavik (Nord québécois) fait en sorte qu'on trouve de bonnes liaisons aériennes dans l'Arctique par le biais de First Air.

Si vous alliez à la rencontre annuelle du Conseil canadien pour le commerce autochtone, vous y verriez des milliers d'éminents gens d'affaires autochtones. Nombre des grandes entreprises exploitantes de matières premières ont compris cela. Elles négocient de plus en plus souvent avec les Autochtones, et ce, d'une manière nouvelle concernant l'intéressement, le partage des profits, la formation, la création d'emplois. Mais pas toutes, bien sûr. Comme me l'a dit un ami, un ingénieur-conseil autochtone : « Ils sont nombreux à penser que si l'on retarde les choses suffisamment longtemps, le monde reviendra à 1952. » Au Canada, cela m'étonnerait, pour toutes les raisons que j'ai énoncées ici.

« Il existe déjà une convergence de vues entre les Autochtones et le mouvement écologiste. » © Zack Embree.

Évidemment, il est encore très tôt. Et il s'agit d'un nouveau type de relations. Après tout, les dirigeants d'entreprise des secteurs minier et forestier émargent à une forte tradition qui apprécie les attitudes très étroites, très linéaires. Chose souvent utile dans ce genre d'entreprise. Pourquoi? Parce qu'elles ont souvent à affronter la nature dans ce qu'elle a de plus âpre. Ces cadres réussissent donc parce qu'ils ont eux-mêmes la peau dure et les idées fixes.

Mais la capacité de creuser des routes dans les montagnes sauvages, d'extraire du minerai dans des lieux isolés, de faire son chemin dans des terres inhospitalières, ne prépare pas toujours aux relations humaines ou sociétales. Voyez ce qui se passe ailleurs dans le monde. Voyez ce qu'on y a fait depuis cent cinquante ans. L'industrie extractive n'a jamais été l'amie déclarée de la démocratie. Son histoire est brutale, souvent violente. Les habitants du lieu, autochtones ou non, sont en travers de leur route, à moins qu'ils ne soient à leur solde ou qu'on puisse les soudoyer.

On voit émerger, fort heureusement, une nouvelle génération de dirigeants miniers qui ont grandi à l'ère du respect pour l'écologie et les droits des Autochtones. Ils savent que telle est la réalité nouvelle. Combien y en aura-t-il comme eux comparativement à la vieille garde, on l'ignore.

Quoi qu'il en soit, ce sont des gens d'affaires avant tout. La dernière chose qu'ils veulent, c'est voir leurs routes forestières ou minières bloquées par des gens du cru en colère. S'ils sont intelligents, ils préféreront négocier plutôt que de livrer bataille.

Mais à long terme, l'essentiel dans ces négociations, ce sont les quatre éléments que voici. D'abord, il est vrai que les peuples autochtones désirent davantage d'emplois sur les chantiers, le genre d'emploi qui paie bien, qui est habituellement à court terme et manuel, par exemple travailler dans une mine, abattre des arbres, conduire des camions. Ensuite, et c'est plus important de nos jours, qu'en est-il des emplois de gestionnaires, d'avocats et de comptables pour les Autochtones ? Ils veulent leur part des bons emplois en haut de la pyramide, mais on leur fait rarement de la place dans ces sphères à cause de la mentalité des entreprises.

Ces deux premiers éléments sont plus compliqués qu'il n'y paraît à première vue. Les emplois basiques sur les chantiers nécessitent déjà une formation très spécifique ainsi que de l'expérience. Une jeune personne d'une localité isolée du Grand Nord a rarement le loisir de disposer de l'une ou de l'autre. Le remède traditionnel du secteur privé à ce genre de problème était le système des apprentis. Lequel nous vient des guildes du Moyen Âge et a acquis son expression capitaliste dans les villes industrielles du monde occidental vers le milieu du XIXe siècle, quand des progressistes ont convaincu les capitalistes – en recourant à la persuasion sociale et à la réglementation – qu'ils avaient des responsabilités communautaires à long terme. Les entreprises elles-mêmes avaient commencé à comprendre que, si elles voulaient des produits de qualité, elles devaient se mettre à former leurs employés, et engager ceux-ci au plus jeune âge possible.

Ce n'est qu'avec le mouvement de mondialisation des années 1970 que les entreprises se sont mises à dire qu'elles n'avaient plus les moyens de former leurs travailleurs, et que dans ce monde nouveau elles n'avaient plus d'obligations sociales pérennes. Les programmes d'apprentissage se sont rétrécis ou ont été largués dans la plupart des pays, sauf en Allemagne. Chose intéressante, l'Allemagne est le seul pays occidental à être passé à l'ère de la mondialisation sans éprouver de crise aiguë sur le plan de l'emploi. Ailleurs, l'apprentissage que les entreprises assuraient autrefois a été confié aux écoles et aux collèges, ce qui a eu pour effet de miner le rôle éducatif et civique du système d'éducation public. Qui plus est, les entreprises sont parvenues à persuader les gouvernements d'abaisser l'impôt sur les sociétés, compromettant ainsi le soutien financier aux programmes de formation qu'elles attendent aujourd'hui du secteur public. Ce n'est là qu'une explication partielle de la crise dans le milieu de l'éducation, de l'analphabétisme fonctionnel croissant et de la confusion dans les systèmes scolaires publics. Mais c'est une explication qui se tient.

Au Canada s'ajoute le fait que notre économie est tributaire de l'exploitation des matières premières et que les entreprises sont implantées dans des régions nordiques ou isolées, peu peuplées, où l'on trouve des Autochtones en grand nombre. Manifestement, un programme d'apprentissage pourrait y jouer un rôle important. Mais pour que cela fonctionne, il faudrait de sérieuses consultations avec les communautés locales. Et cela exigerait, au départ, une masse critique d'Autochtones dans les postes de gestion de moyen et de haut niveau.

Même s'il y avait des emplois en gestion et sur les chantiers en nombre acceptable, et de bons programmes d'apprentissage pour faire en sorte que ça marche, il s'agirait encore d'emplois dans une industrie dont la mentalité est celle d'un prédateur nomade. De même, et c'est peut-être plus important, les Autochtones veulent aussi leur part des profits.

C'est le troisième élément, la propriété. C'est là où résident le pouvoir et l'argent à long terme. Or cette exploitation se fait sur leur territoire à eux.

Quatrièmement, c'est grâce à la participation à la propriété qu'ils vont gagner l'influence qui leur permettra d'implanter des modèles d'affaires différents. À quoi cela pourrait-il bien ressembler ? Eh bien, prenons l'exemple de l'archipel Haida Gwaii – les îles de la Reine-Charlotte, sur la côte du Pacifique. La société Weyerhaeuser y abattait la forêt naturelle à un rythme effréné. Elle avait pour objectif de récolter toutes ces essences précieuses en moins de dix ans. Les Haïdas préconisaient pour leur part une approche durable, échelonnée à long terme. Ils se voyaient et se voient toujours comme une partie intégrante de Haida Gwaii ; ils comptent rester sur leur archipel et s'attendent à ce que leurs descendants en fassent autant. Leur plan ne consistait pas à optimiser leurs profits à court terme pour décamper ensuite. Quant aux travailleurs forestiers du lieu, ils avaient toujours fait cause commune avec l'employeur – peu importe qui possédait l'entreprise – contre les Haïdas. Ce qui changea la donne du tout au tout, ce fut la publication d'un rapport crédible démontrant que la Weyerhaeuser comptait en effet nettoyer la forêt en dix ans, pour ensuite déménager. Les travailleurs forestiers en furent vivement troublés. Ils en discutèrent entre eux et comprirent tout à coup qu'ils avaient davantage en commun avec les Premières Nations qu'avec l'employeur. Ils voulaient eux aussi rester à Haida Gwaii, ils voulaient que leurs enfants y demeurent également. Ainsi, ils décidèrent de changer de camp, de soutenir les Haïdas contre leur propre employeur. Comme les Haïdas, ils souhaitaient une approche plus intelligente, ce qui voulait dire une approche différente.

Les gouvernements commencent tout juste à comprendre

de quoi il en retourne, et encore ce n'est pas sûr. Ils sont depuis toujours les loyaux serviteurs des extracteurs de matières premières, cédant les droits de la Couronne avec une sollicitude allègre. On a vu ces dernières années s'intensifier ce régime de favoritisme. Quoi qu'il en soit, ils sont lents à se sevrer de cette complaisance et encore plus lents à voir plus loin que le bout de leur nez. Parfois, les entreprises montrent plus d'agilité intellectuelle que les gouvernements et les bureaucraties.

Gordon Campbell a pris le pouvoir en Colombie-Britannique en 2001 avec le dessein avoué de stopper les avancées autochtones. Il allait tenir un référendum qui aurait pour effet d'éviscérer l'entente avec les Nisga'a. Il a alors reçu la visite de gens d'affaires influents qui lui ont expliqué qu'ils ne voulaient pas de cet affrontement. Il a donc dilué son projet référendaire et s'est en fait montré coopératif lorsqu'il s'est agi des négociations entourant les traités, attitude révolutionnaire pour un premier ministre de Colombie-Britannique. Des années plus tard, on peut voir de légers signes qui montrent ce qui est possible. Par exemple, en mars 2013, Victoria a annoncé que le bras policier de deux ministères – les Forêts et l'Environnement – allait partager son autorité avec la nation haïda à Haida Gwaii. L'effectif du gouvernement chargé de faire observer la loi sur l'archipel comprend désormais un fonctionnaire nommé par les Haïdas. Et ce groupe sera essentiellement autonome. Peter Lantin, président du Conseil de la nation haïda, dit les choses ainsi : « Les valeurs haïdas sont inscrites dans les opérations quotidiennes de gestion des forêts et des cours d'eau. » Mais ce n'est là qu'une petite initiative. Il faut qu'elle fasse des émules partout au pays.

À la décharge du monde des affaires et du gouvernement, il faut dire aussi que les esprits ont évolué de manière générale. La situation des peuples autochtones sur plusieurs continents est désormais sujet de conversation courante. La relation entre l'environnement, les peuples autochtones et l'extraction des matières premières est à l'ordre du jour partout dans le monde. Les entreprises sont de plus en plus nerveuses à l'idée d'être prises en flagrant délit. Dans mes voyages, j'entends ce que disent les gens sur le Canada un peu partout dans le monde. Je l'entends dans tous les milieux. Nous jouissions d'une réputation enviable autrefois. Aujourd'hui, c'est la critique qui l'emporte dans les jugements sur notre pays. Notre crédit n'a jamais été aussi mauvais. Une bonne partie de tout cela est attribuable à notre gestion des sables pétrolifères, des mines, des forêts, de l'environnement et de la situation des peuples autochtones.

Allez-y, étranglez-vous d'indignation. Si ça peut vous faire du bien, ne vous gênez pas et dénoncez ces Européens qui ont commodément oublié leur propre passé récent et sont maintenant mal à l'aise devant les vieilles méthodes d'exploitation qui les inspiraient autrefois. Vous verrez bien ce que ça donne. Il est vrai qu'il y a des prises de position qui suintent d'hypocrisie. Il est vrai que notre traitement des Autochtones ne peut se comparer aux guerres, aux violences, aux massacres, à l'esclavage qu'on a pratiqué aux États-Unis, au Mexique, en Amérique centrale, en Amérique du Sud, dans les Caraïbes et même en Australie. Mais ces comparaisons ne nous honorent guère. Il est vrai que presque tout ce qui s'est fait là-bas avait l'appui enthousiaste des parents et des grands-parents de ces Européens sincères et bien intentionnés d'aujourd'hui. Il est également vrai que les horreurs qu'on entend aujourd'hui sur l'activité minière en Amérique latine sont attribuables à la vénalité des gouvernements locaux. Mais cela ne change rien à rien. S'attribuer un prix de vertu relève de l'auto-illusion. Le fait est qu'il y a des gens partout dans le monde qui n'aiment pas les nouvelles du Canada.

Peut-être que ces étrangers savent peu de choses sur nous et notre réalité. Peut-être qu'ils sont en effet intéressés et hypocrites. Mais ça n'a aucune importance. La situation des peuples autochtones est réelle. Notre incapacité de faire face à cette situation avec une humilité et une volonté sincères fait tort à la réputation du Canada à l'échelle de la planète.

Les pays ont besoin d'avoir bonne réputation dans tous les domaines d'activité, qu'il s'agisse de diplomatie, d'affaires ou d'investissements. Nous ne pouvons nous permettre de faire du tort à la nôtre de cette manière.

13

Le droit d'être divisés

Lors des événements retentissants de 2012-2013, on en connaît qui semblaient se réjouir des divisions profondes parmi les Premières Nations. Ils entendaient les thèses qui s'affrontaient au sein de l'Assemblée des Premières Nations, ils voyaient certains chefs participer aux rencontres avec le gouvernement, d'autres qui les boycottaient. Quelques-uns avaient même l'air de profiter de la situation pour faire campagne pour les prochaines élections à l'APN. Des observateurs semblaient penser que le chef national était affaibli par ces dissensions internes, par la fronde des jeunes descendus dans la rue aussi, l'expansion remarquable du mouvement Idle No More et toute l'attention que mobilisait le jeûne hydrique entrepris par le chef Spence et l'ancien Raymond Robinson sur l'île Victoria, dans la rivière des Outaouais, au pied de la Cité parlementaire.

Si c'est ainsi que vous imaginez le mouvement des Premières Nations – une seule voix parlant au nom d'un groupe monolithique – alors oui, on peut dire qu'il est divisé. Mais il n'a rien de monolithique et n'a jamais aspiré à cela non plus. Tout au long de son histoire, il a justement tiré sa force de ses cultures multiples et de la diversité de ses points de vue. Est-ce que cela facilite la vie du chef national ? Absolument pas. Vous n'avez qu'à poser la question à Phil Fontaine, pour ne nommer qu'un des chefs nationaux remarquables de ces dernières années. C'est une des fonctions politiques les plus exigeantes au

Le chef Spence avec ses soutiens. © Fred Chartrand / La Presse canadienne.

Canada : pas facile de diriger le mouvement des Premières Nations, et pas facile non plus de faire affaire avec les divers gouvernements du Canada.

Ce qui est, de l'avis du stratège politique moyen, une désunion paralysante peut aussi être vu comme un avantage fortifiant. Après tout, les Canadiens en général sont politiquement, et même philosophiquement, divisés. Des gens vivent dans la même rue qui ont des vues diamétralement opposées sur au moins trois partis politiques et divers enjeux précis. Mais n'est-ce pas la norme dans une société en santé ? Seule une dictature exige l'assentiment de tous. Seuls les groupes faibles s'accrochent à une solidarité artificielle pour rester en vie.

Allons un peu plus loin : la multiplicité des stratégies et des idées chez les Premières Nations est un signe de leur force croissante. Prenez leurs nouveaux chefs. Le chef national Shawn A-in-chut Atleo est un élément impressionnant de la nouvelle vague. Oui, il incarne une tendance qui a fait en sorte qu'il a été élu aisément pour un second mandat. Oui, il y a d'autres jeunes chefs qui ont d'autres idées. Oui, il existe des points de vue rivaux. Oui, Atleo a dû démissionner. Où est le mal ? Le monde autochtone foisonne d'idées. Oui, il y a des divergences entre diverses Premières Nations et diverses régions. Mon Dieu ! On se croirait en pleine politique canadienne. La richesse des idées n'est-elle pas la marque d'une force ?

Oui, il y a de sérieuses divergences d'opinions, par exemple à propos de la loi sur l'éducation des Autochtones de 2014. J'y reviendrai plus loin. Mais ces divergences ont commencé par un accord. Presque tout le monde s'entendait pour dire que le gouvernement fédéral cherchait à dicter ses conditions et à s'accrocher à son pouvoir. Les divergences portaient sur la question de savoir s'il valait mieux commencer par tout accepter ou tout refuser, décision qui aurait été suivie dans un cas comme dans l'autre d'une négociation ardue.

Un autre exemple : au cours de l'hiver 2012-2013, on lisait dans la presse que le mouvement Idle No More était en train de déborder l'APN sur sa gauche radicale et affaiblissait par conséquent le chef national dans ses pourparlers avec le premier ministre. Mais l'on pouvait aussi bien faire valoir que si le gouvernement recourait à sa bonne vieille stratégie qui consiste à diviser pour conquérir, et parvenait ainsi à discréditer les chefs de l'APN, alors il aurait pavé la voie à une direction plus radicale. L'ensemble des chefs autochtones se serait ému de telles manipulations et les aurait dénoncées avec colère.

C'est peut-être bien ce qui est en train d'arriver. Le milieu des affaires n'aurait-il pas cru que le gouvernement avait mal géré la situation ? Les Canadiens dans leur ensemble n'auraient-ils pas été de plus en plus troublés et gênés par cela ? Ainsi auraient-ils fini par châtier ces politiciens qui auraient été impuissants à donner une conclusion favorable à cette affaire ?

14

Prendre la rue

Qu'en est-il d'Idle No More ? Annonce-t-il un tournant historique ?
Il n'a pas échappé à nombre d'entre nous que, de tous les Canadiens, les jeunes Autochtones ont été les seuls à prendre la rue pour dénoncer les projets de loi omnibus de 2012. Tous les autres semblaient paralysés par la crainte : les ONG, les syndicats, les divers mouvements politiques. Ces gens craignaient-ils pour leur emploi ? Pour le statut juridique de leur organisation ? Pour leur financement ? Pour leur respectabilité à titre d'acteurs de la classe moyenne ? Seuls les Autochtones, disent certains, n'ont rien à perdre.

Est-ce vrai ? On pourrait aborder la question tout à fait autrement. La résolution des Autochtones est peut-être une autre manifestation de leur puissance et de leur assurance croissantes. Après tout, en descendant dans la rue, ils ont pris l'initiative. Ce n'est pas très à la mode ces jours-ci, mais la volonté de descendre dans la rue traduit leur attachement à la démocratie. Et la démocratie canadienne, comme tant d'autres, est née pour une large part dans la rue, au mitan du XIXe siècle.

Il ne faut peut-être pas s'étonner de voir tant de jeunes reprendre la rue comme aux belles heures des années 1930 : nombreux sont les citoyens dans le monde entier qui ne se reconnaissent plus dans les rouages de la démocratie, phénomène à mettre comme d'autres au compte de la mondialisation.

Les femmes et les jeunes sont une composante essentielle du réveil autochtone. On les voit ici mener la manifestation qui s'est déroulée à Ottawa le 21 décembre 2012. © Nadya Kwandibens.

Rien à voir avec les manifestations des années 1960, 1970 et 1990, toutes nées de contestations dont les visées étaient nettes et spécifiques. Ce dont nous sommes témoins maintenant, c'est une protestation aux vues larges dans des pays où la logique régnante de l'efficience assimile les fonds voués au bien public à une sorte de gaspillage. Les rues agitées ont toujours été de ce monde, mais si vous vous arrêtez à la Grèce, à l'Espagne et même au mouvement Occupy, on constate que quelque chose de plus fondamental est en cours. Ces manifestants ne sont pas organisés selon des lignes idéologiques claires. Ils ne descendent pas dans la rue parce qu'ils sont membres de quelque syndicat ou parti. On dirait qu'ils ne veulent plus du tout de la démocratie telle qu'elle se pratique maintenant. Ils sont de plus en nombreux à tourner le dos au processus électoral en place. La forme contemporaine du débat politique ne les intéresse plus. Le respect pour les élus s'évapore. On ne veut plus de cette fausse démocratie plébiscitaire. Si ce mouvement prend de l'ampleur, Dieu sait où cela nous conduira, peut-être au pire, peut-être à des améliorations surprenantes.

Le Canada, dans tout ce mouvement, fait étonnamment bande à part. Nous avons depuis longtemps chez nous une militance civique très active qui s'exprime par le bénévolat, et la jeunesse y concourt massivement. Saines assises non partisanes pour la démocratie, penserait-on, et pourtant non, on dirait même que c'est le contraire.

Peut-être que le fait d'œuvrer sur le terrain aliène davantage les jeunes gens de la politique traditionnelle, étant donné qu'ils sont au quotidien témoins de ce qu'ils considèrent être un échec politique : les gouvernants ne savent plus réagir à la réalité de la vie des gens, comment faire en sorte qu'ils vivent mieux ensemble et dans le monde réel et, pire encore, ils sont simplement incapables de comprendre ce qu'est une société, ce qu'elle peut être, comment elle peut fleurir dans sa réalité matérielle. À la place, ils valorisent des théories de l'économie et de l'efficience administrative dans lesquelles les citoyens ne se reconnaissent pas, où l'on semble accorder peu de valeur à l'idée de société ou d'appartenance à un lieu.

En surface, le Canada a une économie plus florissante et se voit moins éprouvé par le chômage que d'autres pays occidentaux. Mais encore là, cela semble avoir peu d'effet sur l'écart croissant entre riches et pauvres, sauf dans la mesure où nos systèmes d'éducation et de santé publique demeurent assez stables et font peu de place au secteur privé. De nombreux pays ont un bon système public d'éducation et de soins de santé, mais un petit nombre d'entre eux, dont le Canada, sont plus avantagés parce qu'un secteur privé robuste favorise, on peut le dire, l'ascension des castes, ce qui a pour effet d'accentuer l'écart entre riches et pauvres.

Signe qu'il y a problème dans notre économie apparemment prospère, c'est qu'elle ne suscite pas d'optimisme chez les jeunes, leur inspirant confiance pour leur avenir professionnel.

Et presque personne ne pense que si notre économie se porte bien, c'est grâce à la compétence de nos gouvernants ou à la gestion gouvernementale.

Nous savons l'immense chance que nous avons. Notre pays est bien pourvu en matières premières, particulièrement en gaz et en pétrole. Ça, c'est avoir de la chance. D'accord, nous sommes peut-être habiles à en tirer parti. Mais il n'y a pas de lien naturel entre cette richesse et son partage. La longue tradition antidémocratique, antiécologique et anti-justice sociale du secteur extractif dans le monde entier nous rappelle que, même dans une démocratie, il faut une réglementation rigoureuse, et pourtant, on a le sentiment que notre gouvernement est toujours plus frileux et servile dans ce domaine. Cela accroît la méfiance généralisée à l'égard de l'État. Disons-le, il y a un lien entre la complaisance du gouvernement à l'égard de cette industrie et le déclin dans le nombre d'emplois stables, à temps plein, assortis de bons avantages sociaux, pour les jeunes dans toute l'économie.

Par contre, nous bénéficions d'une infusion soutenue d'énergie humaine qui nous vient de notre système bien huilé d'immigration et de citoyenneté. Et dans les années 1990, alors que le monde déréglementait à gogo le secteur financier et que nos propres banques, avec le soutien des conservateurs, exigeaient à grands cris que le Canada déréglemente aussi, le gouvernement centriste libéral à Ottawa se faisait tirer l'oreille. Il a fini par dire non aux banques. Et lorsque la crise est advenue, nous avons été épargnés.

Notre situation économique est-elle plus compliquée que ça ? Nul doute que oui. Mais voici l'essence de notre force et ce qui l'explique : nous avons un sol riche, un système d'immigration et des services sociaux relativement égalitaires et inclusifs, et une réglementation financière marquée au sceau de la prudence, ce qui n'est pas le cas dans les régimes néoconservateurs.

La première évidence à signaler ici est que les Autochtones sont défavorisés dans presque tous ces domaines. C'est-à-dire qu'ils sont défavorisés par les lois, les règlements, le financement et le préjudice institutionnalisé.

La seconde est que le Canada a été jusqu'à présent le théâtre d'un éventail beaucoup plus vaste de mouvements de protestation dans les rues que la plupart des pays.

On pourrait avancer que Idle No More, Occupy et le mouvement étudiant québécois opposent tous un démenti croissant au jeu politique tel que nous le connaissons au Canada. Ils signalent le refus de l'arrivisme politique et de la corruption qui l'accompagne, mais aussi un rejet de la complaisance croissante à l'égard du déterminisme social – soit le retour en force du système de classes – qui semble être le compagnon naturel de l'arrivisme. Il convient de noter que, dans le cadre du phénomène canadien, le mouvement Occupy de Wall Street a pris son origine dans la revue *Adbusters* de Vancouver.

Mais à quoi est-ce qu'on dit non au juste ? Il faut sans cesse se poser la question. Par exemple, on a de moins en moins foi dans ce qu'on pourrait appeler le managérialisme : cette approche de l'intervention sociale qui était censée nous maintenir tous sur la bonne voie, nous ainsi que nos programmes. Manifestement, on est loin du compte. En fait, on n'a réussi qu'à mettre de l'avant une forme humiliante de déterminisme utilitaire tout en sapant la raison d'être citoyenne. Pourquoi ? Parce que cette technique limite notre action à des formes superficielles mais complexes d'organisation où nous nous embrouillons et perdons la faculté que nous avons de répliquer.

Tout cela s'ajoute au rejet de bien d'autres choses, pas seulement de quelques idées ou d'un parti politique quelconque. En fait, on tourne le dos à un système qui nous domine depuis plus d'un demi-siècle et fait fond sur des postulats de plus en plus utilitaires sur le fonctionnement de la société : pas vraiment une société, justement, plutôt un ramassis désordonné d'individus exclusivement préoccupés par leurs petits intérêts. Dès qu'une élite gouvernante ne voit dans la société qu'une combinaison d'intérêts privés et d'utilitarisme, vous pouvez être certains que l'on essaiera d'empêcher les citoyens de voir à quel point leur situation est dégradante en recourant aux basses tactiques du populisme et du nationalisme.

Le populisme devient alors essentiel : du pain et des jeux ; le sport qu'on détourne du plaisir et de l'exercice pour en faire l'expression du patriotisme ; la rhétorique militaire. Mais l'instrument le plus efficace du populisme, c'est la peur. Une peur confuse de l'*Autre*. Les autorités qui vous rappellent constamment que vous risquez d'être assassiné, violé, tabassé, dynamité. Seules une vigilance de tous les instants (la peur institutionnalisée du concitoyen) et la crainte du châtiment peuvent vous sauver. La sécurité, pas la citoyenneté. Jamais la revalorisation du bien public.

On finit par ne plus savoir quelles sont notre raison d'être et notre responsabilité. On y perd même le sentiment de notre propre dignité, de la responsabilité citoyenne, du pouvoir civique. Après tout, si l'on se laisse gouverner par une idéologie qui situe une force abstraite comme l'économie ou la race ou une divinité au-dessus du bien public, le sentiment de la responsabilité humaine et de la dignité humaine ne peut qu'en souffrir. En ce sens, nous avons tous été exposés au cours des quelques dernières années à une version limitée du discours aliénant dont on bombarde les Autochtones depuis plus d'un siècle.

Un exemple précis. Nombreux sont ceux qui ont essayé de restreindre le plus possible la signification du mouvement étudiant québécois. *Il s'agissait strictement de frais de scolarité dans une province où les impôts sont élevés et les frais de scolarité minimes. C'était une attaque contre le gouvernement provincial.* Le gouvernement libéral d'alors était tellement engoncé dans son argumentaire managérial, où il n'était question que de coûts relatifs et de « livrables », qu'il n'a jamais pu saisir le message qui montait de la rue. L'opposition – surtout le Parti québécois – a voulu ensuite coopter le mouvement étudiant. Manœuvre d'un cynisme flagrant. Lui-même, lors de son dernier passage au pouvoir, avait justement proposé d'augmenter les frais de scolarité, idée qu'avaient simplement reprise les libéraux. Cette stratégie de cooptation n'a duré que quelques mois après les élections de 2012. Comment aurait-elle pu durer plus longtemps ? Aucun des partis n'avait cherché à comprendre ce que les étudiants disaient. Personne n'essayait de comprendre.

Je vais maintenant revenir à la spécificité d'Idle No More. La plupart des gens, ces personnes occupant des postes d'autorité dans la société, les gens respectables, qui disposent d'une certaine influence et qui y tiennent, aiment la discrétion. Ce n'est pas eux qu'on verra passer devant la caméra ou qui donneront leur opinion au micro. Et les Canadiens se voient souvent ainsi : sérieux mais discrets. Ce qui est curieux, parce que l'histoire de la démocratie canadienne ne s'est pas vraiment souciée du respect des formes. Elle a été façonnée par des idées qui ont été débattues sur la place publique. À un moment donné dans ce processus, les gens finissent toujours par estimer indispensable de descendre dans la rue. Ce fut vrai, pour leur plus grand malheur, de gens comme Papineau et Mackenzie ; ce fut vrai, mais avec bonheur, pour LaFontaine et Baldwin. Cela a été vrai tout au long de notre histoire lorsqu'il s'agissait des grands enjeux du temps. Et l'on pourrait faire valoir que, parce que nous avons passé beaucoup de temps dans la rue, dans des rassemblements publics, dans des assemblées politiques, dans des organisations citoyennes, nous avons évité les pires violences qui ont submergé d'autres pays occidentaux. Je ne peux pas songer à un autre pays plus acquis que le nôtre aux mouvements en marge des structures politiques officielles. Une bonne part des progrès que nous avons réalisés dans notre pays nous est venue de ce genre de militance civique.

Songez au mouvement écologique : David Schindler pour les pluies acides, David Suzuki, Maurice Strong. Pensez à la naissance de la vision canadienne en matière de politique étrangère : Henri Bourassa, J. W. Dafoe. Aux droits des femmes : Nellie McClung et des dizaines d'autres. À l'abolition de la peine de mort. À l'accueil que nous avons fait à des multitudes de réfugiés. Et la liste est fort longue. Toutes ces réformes sont nées à l'air libre. Elles nous venaient de la rue.

La pratique élevée du bénévolat au Canada est habituellement considérée comme une expression de notre personnalité sérieuse et discrète. En réalité, cette militance citoyenne tient en partie à la conviction que des changements sont possibles si les citoyens s'engagent et trouvent des moyens inorthodoxes de mener la charge.

Il y a un autre aspect intéressant ici. Les leaders autochtones – qu'il s'agisse de l'APN ou d'Idle No More ou de ces voix dispersées et indépendantes – manifestent une compréhension claire de la démocratie parlementaire, peut-être plus claire que celle qu'en ont les ONG et les politologues. Ils savent qu'il faut être prêt à descendre dans la rue et à y rester si votre cause en vaut la peine.

La création d'Idle No More a été impulsée par certains articles contenus dans deux projets de loi omnibus : le C-38 et le C-45, qui proposaient des dizaines et des dizaines de modifications à une foule de lois. L'enjeu le plus important pour les Autochtones dans le C-38 avait trait à l'affaiblissement généralisé des règlements régissant l'utilisation des cours d'eau du Canada. Ils y voyaient le signal d'une agression en règle contre l'environnement. Autrement dit, après un demi-siècle de consensus où l'on avait compris qu'il fallait assainir les rivières et les lacs pollués par l'activité industrielle et urbaine, le gouvernement que vous avez élu tentait de renverser la vapeur et d'autoriser de nouveau la pollution. Mais les Autochtones y voyaient aussi une nouvelle manœuvre

Les quatre femmes qui ont lancé le mouvement Idle No More : Sheelah McLean, Nina Wilson, Sylvia McAdam et Jessica Gordon, toutes originaires de la Saskatchewan. © www.idlenomore.ca.

habile visant à anémier ou à contourner les droits et responsabilités des Premières Nations.

L'autre enjeu émanant du C-38 avait à voir avec la dilution de la Loi sur les pêches. Loi qui, à l'origine, avait pour objet de protéger les habitats du poisson et par conséquent le poisson lui-même. Le projet de loi omnibus supprimait la protection des habitats ; il ne traitait que du poisson, et ce, dans une perspective essentiellement commerciale. Ce qui revenait à subvertir la raison d'être de la loi. L'intention originelle était positive et proactive : si vous protégez l'habitat du poisson, vous favorisez l'éclosion d'une population de poissons en santé. Vous établissez une norme pour relever la santé des lacs et des rivières, qui assurent votre approvisionnement en eau potable et abritent toute une diversité de plantes et d'insectes, de la vie en général. La santé des animaux en dépend. La nôtre aussi, tous autant que nous sommes. Si l'on réduit la loi à une seule créature – le poisson –, on lui donne un caractère négatif et défensif. En termes juridiques, le crime doit être commis avant que l'on puisse se plaindre. Il vous faut vous présenter, pour ainsi dire, devant la cour avec une pile de poissons infectés – et pourrissants. Le mal est déjà fait. Autrement dit, la notion de politique proactive où nous assumons à long terme nos responsabilités collectives, qui sont au cœur aussi de toute approche écologique intelligente, se réduit à un vieux modèle utilitaire : minimaliste et réactif. Cette approche a déjà provoqué une crise dans les populations de poissons partout ailleurs dans le monde. Dans ce modèle, les entreprises avaient à leur service un vice-président aux affaires environnementales et sociales, l'indispensable avocat qui avait pour tâche de contrer les poursuites en cas d'incident comme un déversement toxique. Il convient de rappeler aussi que, avant qu'elle ne soit éviscérée, notre Loi sur les pêches faisait l'admiration de bien d'autres pays.

Dans le cas du C-45, le problème tenait à l'affaiblissement des règles concernant la location des terres sur les réserves. Les Premières Nations sont convaincues que cette modification au mode d'exploitation du territoire vise à saper leur emprise sur leurs terres telle qu'elle leur a été concédée, dans une large mesure, dans le cadre des traités. Au nom du choix et de la possibilité de gagner quelques sous à court terme, cette disposition vise à créer une constellation de concessions – détenues en mode coopératif ou plus ou moins privé – sur les terres régies par les traités, et ainsi à amoindrir l'influence des Premières Nations sur des secteurs riches en matières premières. On y arrive en permettant à des particuliers de soustraire effectivement des terres à l'autorité communale par le biais de la location. Les sociétés privées pourraient tirer parti de ce patchwork. Et, bien sûr, cela se ferait avant même que l'on ait résolu la question centrale des négociations entourant les traités. En termes historiques, on tenterait encore une fois de créer des structures juridiques autorisant un nouveau grignotement du territoire autochtone, enrobé cette fois dans la terminologie marchande : *Tout le monde devrait avoir le droit de gagner de l'argent en louant sa terre.*

Autrement dit, cette modification aux règles régissant l'utilisation du territoire est considérée comme une nouvelle version de la crise des certificats fonciers des Métis du Manitoba, où les terres promises aux Métis dans les années 1870, après le gouvernement provisoire de Louis Riel, leur furent concédées avec tant de lenteur que la société locale s'en trouva affaiblie, ce qui contraignit les Métis à brader leurs terres au profit des colons de l'Ontario. La ressemblance avec le C-45 d'aujourd'hui ? Imaginez que vous appartenez à une communauté habitant une réserve isolée. Il n'y a pas d'argent. La situation va s'améliorer seulement si l'on arrive à négocier un traité définitif. Mais rien n'annonce un dénouement en ce sens. Les négociations traînent depuis des années, des décennies même. Tout à coup, l'une des parties à la table – le gouvernement – se sert de son pouvoir pour modifier les règles du jeu. Il compromet la négociation en allégeant les lois qui régissent la possession des terres. Vous comprenez que la nouvelle donne vous permettrait de louer le bout de terre qui est à vous. Or, vous êtes pauvre. Qui d'entre nous résisterait à la tentation ?

Vous vous rendez compte, évidemment, que la manœuvre du gouvernement est malhonnête. Il trahit l'honneur de la Couronne, d'abord en étirant les négociations, ce qui a pour effet de pérenniser la pauvreté ; ensuite en semant la confusion dans le système de possession foncière afin d'affaiblir la position de négociation de la communauté. Est-ce là un conflit d'intérêts profondément contraire à l'éthique de la part de ceux qui sont au pouvoir ? Absolument. Un manque de respect à l'égard des citoyens ? Oui. Une tentative visant à vicier les négociations entourant les traités ? Bien sûr. Un manquement à l'honneur de la Couronne ? C'est cela.

Pourquoi ? Eh bien, les autorités canadiennes ont, de toujours, aspiré à réduire la taille du territoire détenu par les peuples autochtones et, en cas d'échec, à affaiblir leur emprise sur ces terres. Ce désir émane en partie de la conception générique du pouvoir. Mais la terre autochtone a toujours représenté aussi une richesse potentielle convoitée par d'autres : terres agricoles, terres à bois, droits de passage. Cela n'a jamais changé. Là où des bandes indigènes sont maîtresses des lieux, des ressources minières se cachent peut-être. Avec ces nouvelles règles sur la propriété foncière qui en fragmentent la possession, on éloigne un certain groupe de cette richesse – les Autochtones – et l'on favorise la vieille alliance entre les sociétés extractrices de matières premières et les partis politiques.

Comme toujours, les actes du gouvernement sont maquillés de verbiage juridique. Et, bien sûr, il y a déjà eu d'autres projets de loi omnibus au cours des cinquante dernières années. Mais rien comme ceci – du moins, pas au Canada. On ne devrait donc pas s'étonner de voir ces gens qui ont été grandement défavorisés pendant plus d'un siècle et qui regagnent en ce moment le terrain perdu réagir avec colère à ce retour en force de l'avidité des gouvernements canadiens d'antan.

Les Autochtones ont un souvenir net de ce genre de trahison de la part des autorités. Nous, les autres, sommes moins conscients, moins disposés à croire ou à comprendre que c'est au bien public qu'on s'en prend ici. Nous sommes plus naïfs. Faut-il donc se surprendre de voir les Autochtones prendre la tête du mouvement de protestation public dans ces dossiers ?

15

Les lois omnibus

Le Canada est censé être une démocratie parlementaire. Au cœur de ce système, le pouvoir émane du Parlement dans la mesure où celui-ci accorde ou retire sa confiance au gouvernement. Mais le Parlement dispose d'un autre pouvoir tout aussi important, à savoir l'obligation d'étudier toute initiative ou modification législative, un cas à la fois.

Dans la plupart des cas, cet examen revêt beaucoup plus d'importance que l'adoption même de la loi. Bien sûr, un projet de loi reste velléité tant qu'il n'a pas été voté. Le vote est l'aboutissement de la démocratie parlementaire. Avant, il y a débat. Le vote clôt le débat. Mais c'est le débat qui motive le vote.

Pourquoi un cas à la fois ? Pour que les mandataires du peuple puissent porter toute leur attention sur l'objet de chaque mesure, chose particulièrement importante. C'est ici qu'on voit à l'œuvre l'intelligence de la démocratie. Les ordres ne viennent pas simplement d'en haut, comme dans un régime autoritaire. Au contraire, l'action du gouvernement est scrutée dans ses moindres détails. Voilà pourquoi le sujet de chaque projet de loi fait l'objet d'un examen attentif, article par article. Il y faut du temps. Démarche lente, qui doit l'être. La célérité, sauf en cas de crise d'une extrême gravité, n'est pas la marque de la démocratie, sûrement pas de la démocratie parlementaire. Il faut en effet beaucoup de temps pour discuter d'idées, d'intentions, du pour et du contre, et propager tout cela dans le domaine public pour que les citoyens en entendent parler et aient le temps d'y réfléchir à leur tour et de s'exprimer, à leur rythme à eux.

Nous savons tous que ces pouvoirs du Parlement – accorder ou retirer sa confiance au gouvernement, examiner les lois et décider de leur sort – ont été affaiblis au cours des dernières décennies avec la montée de partis politiques aux structures très développées. Le vrai pouvoir a glissé ni plus ni moins vers le cabinet du premier ministre et la bureaucratie. C'est plus ou moins le cas dans toutes les démocraties parlementaires du monde.

Les observateurs du pouvoir et ses praticiens ont par conséquent graduellement amoindri l'importance du débat et de la discussion. Plus précisément, ils n'ont plus que mépris pour cette parole qui nous permet de dire ce que nous comptons faire et l'ont réduite à son expression péremptoire, à l'assertion, à la formule. Et ils en sont venus à reprocher avec insistance au Parlement et aux parlementaires de faire perdre leur temps aux experts qui, eux, ne veulent qu'une chose : faire marcher l'État. Autrement dit, ceux qui croient avoir pour fonction d'être efficients et de récompenser l'efficience condamnent l'inefficience du Parlement. Argument anodin qui vous rappellera peut-être vaguement quelque chose. C'est, bien sûr, la version dernier cri du corporatisme mussolinien. Tout ce qui compte, c'est que les trains arrivent à l'heure, comme on disait. On répudie ainsi la démocratie fonctionnelle en faveur d'une mécanique dispensatrice de services. À laquelle on donnera un peu de lustre en restaurant le culte du chef héroïque, c'est-à-dire, de nos jours, en exaltant des chefs aux allures de vedette. Si toutefois la parure héroïque ne leur sied guère, ils peuvent se rabattre sur les rouages du gouvernement plébiscitaire et, comme je l'ai dit un plus haut, sur l'exploitation éhontée du populisme et du nationalisme.

Un gouvernement démocratique se résume à deux choses. D'abord, le pouvoir parlementaire incarne le pouvoir du peuple, qui s'exprime par la bouche d'un gouvernement nanti de la confiance de la Chambre. Ensuite, l'idée de donner ou de retirer la confiance du Parlement fonctionne peut-être différemment aujourd'hui à cause de la structuration des partis politiques, mais le principe de la confiance demeure une caractéristique immuable de la démocratie parlementaire. Pour voir ce principe s'exercer pleinement, il suffit d'élire un gouvernement minoritaire. Les premiers ministres et leurs gardes rapprochées détestent les parlements où ils sont en minorité, tout comme les technocrates d'ailleurs, qu'ils soient dans le secteur public ou privé. Chose curieuse, la plupart des donneurs d'opinions professionnels partagent cette aversion. Tous n'en ont que pour l'idée corporatiste ou mussolinienne de l'efficience. Ce qu'on retient de cela, c'est que la faculté d'examiner les projets de loi lentement, un par un, est probablement encore plus importante de nos jours à l'ère de la technocratie; c'est-à-dire une ère où les experts n'admettent aucune contradiction de la part des profanes. D'où cette obsession que nous avons maintenant d'analyser les rouages du pouvoir.

Nous vivons donc à une ère où les idéologues invoquent la mythologie dominante de l'efficience afin de bousculer le Parlement, comme s'ils agissaient dans l'intérêt public. Comment? En économisant le temps et par conséquent l'argent. Comment? En ne perdant plus de temps à débattre. De paroles. D'idées. D'études. Le contribuable impatient supplante le citoyen responsable, comme si l'intérêt personnel primait l'obligation qu'ont les citoyens et leurs élus de protéger et de faire progresser le bien public.

Pourtant, une discussion parlementaire transparente sur un projet de loi ne conduit pas nécessairement à la défaite du gouvernement à la Chambre si le vote est défavorable. Mais ces débats ont pour effet de sensibiliser le public. Et cela peut placer le gouvernement dans une situation intenable. Certains diront que cela n'est plus vrai non plus, parce que plus personne ne suit les débats parlementaires. En fait, tout dépend du débat, de la façon dont il est mené et rapporté dans la presse. S'il est pris au sérieux, oui, les choses peuvent bouger. Et même quand le débat semble passer inaperçu, les idées finissent quand même par émerger dans la lumière. On pourrait dire que le débat sort les idées des ornières que leur tracent les experts et les affranchit des péroraisons banales de ces idéologues. Le débat expose les idées et fait reculer l'expertise obscurantiste.

On ne peut jamais vraiment prédire la suite des choses : comment le public va faire siennes certaines idées et en rejeter d'autres ; c'est lui qui décide quelle idée va vivre ou mourir. Il pourrait décider aussi de punir les gouvernants qui n'ont pas su voir son déplaisir. Cette transparence fait partie de l'esprit citoyen et s'inscrit dans les conséquences obliques de la démocratie parlementaire.

Le système de gouvernement plébiscitaire ou référendaire est fort différent. C'est le modèle napoléonien ou héroïque, où le gouvernement épouse une version manichéenne du pouvoir. Ce qui l'amène toujours à marginaliser les autres institutions concurrentes, le Parlement par exemple. Cela signifie aussi que le pouvoir doit primer l'autorité, qui est le domaine réservé du chef de l'État, ou dans le cas du Canada, l'autorité de la Couronne – c'est-à-dire du peuple – qui réside en la personne du gouverneur général. Autrement dit, dans un système de gouvernement plébiscitaire, le citoyen ne vote plus qu'aux élections générales – pour ou contre –, après quoi il attend quatre ou cinq ans, laissant à ceux qui sont au pouvoir un mandat tous azimuts. C'est une forme de démocratie directe, si l'on veut. Soit l'exact contraire de la démocratie parlementaire ou indirecte.

Redisons les choses autrement : la démocratie directe sans contre-pouvoir fort n'est pas la démocratie. Voilà pourquoi le système de gouvernement américain limite le pouvoir du président en lui opposant trois – quatre, à l'origine – contrepoids : le Sénat, la Chambre des représentants et la Cour suprême. Les gouvernements des États étaient également autrefois des contrepoids. Aujourd'hui, ils ont simplement des responsabilités différentes.

La comparaison avec les États-Unis est juste parce que l'utilisation effrénée des projets de loi omnibus par les gouvernements canadiens, dont on fait des mécanismes fourre-tout, s'inspire directement des usages du Congrès américain. Les projets de loi omnibus canadiens prennent maintenant la forme de « lois d'exécution du budget », comme s'ils émanaient logiquement du budget. En fait, une bonne part du contenu de ces lois n'a rien de budgétaire ou ne l'est que marginalement. Ce sont des questions de politique gouvernementale. Et il n'existe aucun thème commun ou intégré.

Pire, l'examen détaillé du contenu de la loi est l'apanage du comité des finances, alors que les sujets à l'examen peuvent concerner l'environnement ou les transports ou n'importe quoi. Ce sont des questions très différentes qui requièrent des lois distinctes du Parlement pour permettre un vrai débat et un examen en bonne et due forme par le comité compétent : autrement dit, un débat cohérent sur les diverses idées présentes dans chaque loi.

La notion d'un vaste pot-pourri d'idées forfaitisé dans une loi budgétaire nous vient directement de l'approche budgétaire du Congrès américain. Ses budgets sont de véritables bazars. Mais il y a une bonne raison à cela ici. C'est que le budget américain résulte de batailles âprement livrées au Congrès et dans les comités du Congrès qui tiennent les cordons de la bourse gouvernementale. Il peut en résulter des compromis cyniques : les députés et les sénateurs marchandent leur appui en échange d'un pont ici ou d'un aéroport là. La loi budgétaire peut regorger de contradictions et fleurer la basse politique. Mais c'est quand même le résultat d'un débat très abouti et d'examens réalisés en comité parlementaire. C'est l'œuvre d'une démarche démocratique pondérée.

La mouture canadienne est totalement différente. Il s'agit essentiellement de supprimer tout contrepoids possible, de réduire le débat à sa plus simple expression. L'examen en comité s'en trouve handicapé. Les projets de loi omnibus canadiens sont des matraques : le gouvernement impose sa volonté de telle manière que le Parlement ne fait plus que de la figuration et que l'on court-circuite tout débat public. La fonction démocratique cesse d'exister dans sa réalité. Il ne subsiste plus qu'un vote pour la forme. Une parodie de la démocratie parlementaire.

Ainsi, la forme que prend aujourd'hui le projet de loi omnibus canadien n'appartient pas à la démocratie parlementaire. Elle relève plutôt du système référendaire ou plébiscitaire.

Est-ce à dire qu'il ne saurait y avoir de projets de loi omnibus dans un régime parlementaire ? Bien sûr que non. Un petit projet de loi omnibus présentant un train de mesures cohérent a sa place dans la tradition parlementaire. Un projet de loi omnibus massif et fourre-tout déguisé en loi d'exécution du budget relève du système plébiscitaire. Avec les projets de loi C-38 et C-45, nous sommes clairement du côté du plébiscite napoléonien.

Il y a une troisième manière de voir les choses.

Certains vous diront qu'il n'y a pas de quoi s'énerver. Non seulement le débat parlementaire est sans importance, mais le fait est que le projet de loi omnibus fait partie de nos habitudes depuis presque cinquante ans ; qu'il a même été inventé par

Pierre Trudeau avec sa Loi modifiant le droit pénal de 1968. Depuis, tous les gouvernements ont eu recours au mécanisme omnibus pour accélérer les choses intelligemment et y voir clair dans un processus parlementaire devenu obscur.

C'est là une fausse représentation intentionnelle. Un mensonge, si vous préférez.

La vérité, c'est que de tout temps les gouvernements ont utilisé la méthode du forfait législatif, probablement depuis 1888, lorsque deux accords ferroviaires ont été conjugués. La raison en était évidente : le projet de loi omnibus avait pour objet de fondre des propositions législatives ayant un thème commun. La loi Trudeau de 1968 visait à réformer le droit criminel, avec entre autres pour objectif d'élargir les droits de la personne et de protéger la vie privée. En 1971, il y a eu une refonte importante des ministères. En 1982, ce fut la loi sur le secteur énergétique.

En 1988, le président libéral de la Chambre a donné son aval à la Loi sur le libre-échange, statuant qu'un projet de loi omnibus doit avoir un principe fondamental ou une seule raison d'être qui relie toutes les propositions législatives et rend ainsi le projet de loi intelligible pour les fins parlementaires. Pourquoi préciser que le président d'alors était libéral ? Parce que le gouvernement était conservateur, ce qui illustre le caractère neutre de la décision du président.

Même dans le cadre de ce principe, le Parlement s'est souvent montré mal à l'aise avec ces limites imposées au droit qu'a le peuple d'entendre ses mandataires débattre d'une loi. Donc, en 1982, la Chambre a contraint le gouvernement à fragmenter son projet de loi omnibus en huit lois distinctes.

Ce ne sont pas là des arguties techniques. Ce sont des questions fondamentales pour la démocratie. Et l'on voit ici pourquoi les projets de loi omnibus des quelques dernières années sont radicalement différents de leurs prédécesseurs.

Le mode de gouvernement plébiscitaire ou référendaire

auquel j'ai fait allusion est né à l'origine d'une option parallèle à la démocratie sous Napoléon. Il s'agissait essentiellement de transférer la légitimité gouvernementale du peuple au gouvernement par le biais de votes périodiques massifs. Entre deux votes, nul besoin de débattre. Nul besoin non plus de scruter les tenants et aboutissants des politiques gouvernementales.

Cette méthode fut raffinée par les gouvernements autoritaires tout au long du XIXe siècle jusque dans les années 1930. C'est alors devenu la marque des gouvernements populistes, approche aujourd'hui associée au péronisme en Argentine.

La pertinence de ces considérations dans le contexte canadien ? Le recours croissant au nouveau type de projet de loi omnibus signifie-t-il vraiment quelque chose ?

La réponse à cette question se révèle par simple comparaison. Par exemple, les projets de loi omnibus de la fin des années 1900 et jusque tard au XXe siècle faisaient en moyenne 70 pages. Les versions les plus récentes de ces projets de loi gobe-tout faisaient en moyenne 300 pages. En 2012, le C-38 – où la suppression de la protection pour les habitats des poissons avoisinait l'admissibilité à l'assurance-emploi – faisait 425 pages et comportait 753 articles modifiant 69 lois qui n'avaient aucun rapport entre elles. La même année, le C-45 faisait 457 pages, et ses 516 articles modifiaient 64 lois. Il s'agissait aussi bien de supprimer la protection environnementale des rivières et des lacs que de modifier les retraites des employés du secteur public.

On voit où va la tendance. En douze mois, le Parlement s'est fait tordre le bras pour modifier en profondeur 133 lois presque toutes étrangères les unes aux autres avec l'adoption de deux lois. Il n'y a presque pas eu de débat.

C'était là une négation flagrante de notre système démocratique. Napoléon aurait aimé. Mussolini aurait été jaloux. Perón aurait admiré.

On me pardonnera ce petit cours de science politique élémentaire qui doit vous paraître ennuyeux. Mais ce qui surprend, c'est que, justement, les politologues péchaient par leur silence lors des événements de 2012. Est-ce le cynisme qui les bâillonne ? Ou sont-ils désormais tellement absorbés par leur statut de scientifiques qu'ils canalisent tout leur intellect dans l'étalonnage microscopique du pouvoir : un peu comme la télédiffusion a réduit en apparence la complexité du hockey en fixant toute l'attention sur le déplacement du disque. Ainsi, dans une sorte de version érudite de l'axiome de Wayne Gretzky, qui disait qu'il ne faut pas patiner vers là où se trouve le disque mais vers là où il s'en va, la plupart des universitaires semblent suivre l'événement au lieu de voir ce qui devrait ou pourrait se passer dans le contexte du système. Ou peut-être que la plupart d'entre eux ont tout simplement perdu l'habitude d'intervenir en public, comme si c'était au-dessous de leur dignité. Si c'est le cas, cela s'inscrit dans cette crise de l'université où les universitaires se retirent de tout débat public et, ce faisant, trahissent le principe qui est au cœur de la permanence universitaire, qui a justement pour raison d'être de leur donner l'indépendance qu'il leur faut pour intervenir publiquement sans risque d'être congédiés pour leurs vues.

Certaines ONG ont protesté. Mais pas trop fort. Avec une réserve suspecte. Elles n'ont pas fait grand bruit en tout cas et, chose certaine, elles n'ont guère insisté. Et elles n'ont pas pris la rue, loin de là. La société civile, elle aussi, est devenue un monde de professionnels. Des technocrates au service du bien, mais des technocrates tout de même. Ou craint-on que les nouvelles règles entourant le statut d'organisme de bienfaisance – sans lequel il est difficile de recueillir des dons – constituent en fait une politisation du secteur par le gouvernement ? À savoir que, si elles prennent la parole sur des sujets d'intérêt public, elles risquent de perdre leur statut caritatif ou de se retrouver avec une vérification fiscale chaque année, exercice très coûteux, sans parler du temps précieux que cela fait perdre ? Est-ce vraiment ce qui arrive à ces organisations respectables de la société civile ? Oui, c'est bien cela. A-t-on supprimé la relation d'indépendance entre le pouvoir politique et l'administration publique – le mur pare-feu qui a été si essentiel au fonctionnement de la société canadienne moderne ? La preuve tend à démontrer que oui.

Je dois ajouter que cette notion d'indépendance *(arm's length)* distingue un petit groupe de pays des régimes autoritaires et de ces démocraties plus fragiles qui croient que le pouvoir politique donne le droit de politiser les programmes publics en aidant ses amis et en punissant ses ennemis. Les pays qui croient dans le principe d'indépendance de la société civile ont des citoyens plus actifs, plus disposés à prendre la parole, une démocratie plus robuste, une société plus juste. Si, comme les apparences le montrent, le Canada délaisse le modèle d'indépendance civile pour un système où le pouvoir donne tous les droits, alors nous sommes arrivés à un tournant dangereux.

Ce sont les Autochtones – par le biais du mouvement Idle No More, avec la fronde des jeunes, avec la montée d'une vague de voix nouvelles partout au pays, par le biais aussi des dirigeants de l'APN – qui ont élevé la voix, sont descendus dans la rue, ont pris des risques, saisi toutes les occasions de prendre la parole.

Leur message ? Notre démocratie ne se ressemble plus. Ces changements n'ont pas reçu la sanction démocratique. Le Parlement s'est vu nier son droit de parole, responsabilité fondamentale, c'est-à-dire le droit à un débat normal, dans toute sa plénitude. Et ce, à un degré sans précédent.

Comme je l'ai déjà dit, ce nouveau mouvement d'interventions publiques de la part des Autochtones doit être interprété comme étant un signe de confiance en soi, le signe d'un retour en force, de leur volonté de jouer un rôle de leadership.

Dans de telles situations, nous tous qui ne descendons pas dans la rue, qui ne nous engageons pas d'une manière directe, verbale ou physique, nous commençons par nous voir comme des outsiders, ou de simples observateurs. Peut-être comme des observateurs inquiets. Certains d'entre nous perdent tout intérêt. Nous retournons à nos petites habitudes. D'autres s'en trouvent agacés. Ils se considèrent comme des électrons libres. Quoi qu'ils fassent, quelles que soient leurs habitudes, les actes et les besoins de tous les autres passent après les leurs. Dans un sens, ils ont inversé la notion éthique selon laquelle la société est un lieu où les actes d'un individu ne sauraient faire de tort aux autres. L'idée humaniste générale selon laquelle l'individualisme est affaire de participation au bien public est ainsi réduite par les égocentrés qu'un rien agace à l'idée que rien ne devrait déranger nos petites habitudes. Ces habitudes sacrées varient : il peut s'agir du besoin d'aller faire ses courses en voiture jusqu'au droit absolu de faire avancer ses propres intérêts, même si des concitoyens en souffrent. Dans ce scénario tordu, ceux qui protestent contre les torts qui leur sont faits ou qui sont prêts à faire des sacrifices pour le bien public sont assimilés par les observateurs agacés et narcissiques à des gêneurs qui nuisent au citoyen moyen désireux de mener une vie normale, tranquille.

Ce que nous avons vu dans le sillon du mouvement Idle No More, c'est que de nombreux Canadiens qui ne s'intéressent pas normalement à la question autochtone ont commencé à se sentir interpellés. Ils ont commencé à penser que les mots de la rue les concernaient. Il est vrai qu'ils n'y sont pas descendus, dans la rue. Mais dans les conversations, partout, on pouvait entendre des gens s'émouvoir, essayer de comprendre les arguments qu'on brandissait autour d'eux. Cela pourrait indiquer un véritable pas en avant dans la psyché nationale. Et rappelez-vous que tout cela s'est passé au cours de l'hiver. Pour les Canadiens, il y a quelque chose de particulièrement convaincant à voir des gens prendre la rue en hiver et y rester.

Quand j'ai parlé à ce moment-là avec de jeunes dirigeants autochtones un peu partout au pays – des professeurs, des gens d'affaires, des professionnels, des écrivains, des politiciens –, le mouvement Idle No More les passionnait. Pas nécessairement l'organisation elle-même, qui pourrait se muer en quelque chose d'autre ou en plusieurs autres choses. Et pas nécessairement parce qu'ils croyaient que le mouvement avait toutes les réponses ou pourrait réussir de quelque manière éclatante. Mais parce qu'il montrait le souffle et la profondeur de l'engagement au sein de leurs communautés. Un intérêt des gens ordinaires pour le bien public. Et il exprimait la détermination d'une nouvelle génération à se faire entendre, à prendre part à un débat sérieux sur l'avenir.

Cette génération estime qu'elle va de l'avant. Ses membres refusent d'être déçus. Qu'adviendra-t-il si le Canada, par la voix de ses divers chefs, omet de saisir l'occasion ? D'écouter ? De discuter ? De s'engager, par la voie d'une négociation large et transparente, à trouver une solution, l'idée d'un respect concret et d'un progrès novateur ? Qu'adviendra-t-il si le Canada avalise l'approche omnibus du pouvoir ? Plébiscitaire ? Napoléonienne, en fait ? Eh bien alors, la nouvelle vague de dirigeants autochtones verra la porte se refermer une fois de plus. Leur rancœur se sera enrichie, et bien inutilement d'ailleurs, de nouveaux motifs. Et leur colère, leur déception, leur désespoir s'ajouteront à ce socle fait de cent cinquante ans de trahison, de colère et de déconvenue. Est-ce vraiment cela que les Canadiens veulent ? Confirmer pour les jeunes Autochtones le fait que leur seule relation possible avec la société canadienne doit être inspirée par le ressentiment et l'amertume ? L'obligation des gouvernants est d'éviter une telle situation. S'ils ne font rien, nous allons tous pâtir. Les citoyens ont l'obligation de dire que les questions autochtones occupent une place essentielle dans nos préoccupations publiques, que nous voulons qu'elles soient réglées dans un contexte parfaitement démocratique d'ouverture et de justice, et que nous allons voter en conséquence.

Le mouvement de l'histoire renforce la position des peuples autochtones. C'est là une occasion historique d'agir en êtres humains que nous sommes. Nier une telle bouffée de créativité, ou lui tourner le dos, serait suicidaire pour le Canada.

16

Les atermoyeurs

La crise des projets de loi omnibus a soulevé une question beaucoup plus vaste, question qui taraude le Canada depuis un siècle et demi.

Nos gouvernements ne s'intéressent pas à la question autochtone. Pas vraiment. Pas pleinement. On ne les voit pas en tout cas s'enthousiasmer pour une réconciliation éventuelle, encore moins pour une restitution quelconque. En fait, nous n'avons jamais eu de gouvernement qui se soit efforcé sincèrement de comprendre la véritable idée de réconciliation, encore moins de la concrétiser. Paul Martin fait un peu figure d'exception à la règle, mais il n'a pas été au pouvoir assez longtemps pour devenir le vrai premier ministre d'un vrai gouvernement. Chose certaine, il n'a jamais eu le temps de traduire son accord de Kelowna en une réalité qui se serait imposée à l'imagination canadienne.

Il s'ensuit donc que nos gouvernements, un après l'autre, n'ont pas su trouver le courage de rompre avec le mythe européen définisseur de l'État-nation, avec son clivage urbain-rural, pour faire en sorte que notre « arrière-pays » – les deux tiers nord du Canada – fasse vraiment partie du Canada. Pour qu'on cesse de le traiter comme s'il s'agissait seulement d'une source de matières premières, des possessions coloniales qui vont nous enrichir, nous, gens du Sud. Au cours des quelques dernières années, nos gouvernements n'ont jamais autant parlé de l'enrichissement des gens du Nord, mais seulement à condition d'autoriser les minières du Sud à faire comme bon leur semble là-bas.

Bien sûr, nos gouvernements ont parfois des regains d'enthousiasme pour des projets nordiques. Le Canada a été la force motrice dans la création du Conseil de l'Arctique en 1996. Puis notre intérêt s'est attiédi. Les Scandinaves ont dû en reprendre l'initiative. Nous avons refusé de lui octroyer les crédits qui en auraient fait une force authentique : un corps constitué avec des structures et des politiques. La présidence est tournante. Quand notre tour revient, nous faisons vite savoir que nous ne voulons rien savoir de cette responsabilité, sauf pour ce qui est d'encourager les minières.

Le Canada a également joué un rôle capital dans la création de l'Université de l'Arctique. Puis, au début de ce siècle-ci, quand les autres pays circumpolaires ont embarqué, nous avons constaté avec effarement que nous devrions peut-être assumer la responsabilité de notre idée. Pire, nous aurions peut-être été obligés de montrer notre sérieux en accueillant cette université virtuelle au Canada. Grands dieux ! Il faudrait peut-être bourse délier pour fortifier notre société dans le Nord. Donc, bien évidemment, nous avons reculé à une vitesse supersonique, et la Finlande, pays tellement plus grand et plus riche que le Canada, tout le monde sait cela, en a repris la direction. Les Canadiens qui avaient été au cœur de la fondation de cette université ont déménagé leurs pénates dans le nord de la Finlande, là où les gens savent à quoi ressemble une vraie politique nordique.

Pire encore, le Canada demeure le seul pays circumpolaire sans université dans l'Arctique. J'ai écrit à ce sujet dans *Mon pays métis*. Et je ne me lasserai pas de le répéter. Comment se fait-il que le Canada n'ait pas d'université dans l'Arctique ? Apparemment, nous n'en avons pas les moyens. Le Groenland, oui, lui dont la population se chiffre à 56 840 habitants. L'Islande aussi (population : 324 000 habitants). La Norvège, population : 5 millions d'habitants. Et la Finlande, population : 5,5 millions d'habitants. La Suède également, population : 9,5 millions d'habitants. Le Canada, population : 34 millions d'habitants, pays membre du G7, est trop pauvre. En outre, nous n'avons pas assez de monde dans le Nord pour y justifier la fondation d'une université. Sauf que notre population nordique est l'une des plus considérables de tous les pays circumpolaires.

Il existe un petit programme expérimental aux abords de Yellowknife appelé *Dechinta*. Trente étudiants y suivent tous les ans un cours de douze semaines qui réinvente l'éducation supérieure à partir d'un point de vue autochtone sur le territoire. Il est financé essentiellement par des fondations privées, et non par l'État canadien. Ailleurs, à Iqaluit, des groupes de jeunes Inuits réclament une université arctique. Et si l'on croit la rumeur, le gouvernement du Nunavut commence à s'intéresser à la question.

Qu'est-ce qui nous retient au juste ?

La vraie différence entre le Canada et les autres pays circumpolaires semble tenir au fait que les dirigeants des autres, qui vivent dans le Sud eux aussi, croient que le Nord fait partie intégrante de leur pays. Un détail, me direz-vous, mais qui mérite réflexion…

Pour être juste, il faut mentionner que nous sommes en train d'ériger une station de recherche arctique dans l'Arctique central, à Cambridge Bay (Nunavut). Elle devrait ouvrir ses portes en 2017. C'est un investissement considérable et une belle initiative.

Cependant, il convient également de noter que ce projet a été précédé en 2012 par la fermeture soudaine de la station de recherche Eureka dans l'Arctique supérieur, sur l'île d'Ellesmere. Pourquoi si brutalement ? Pourquoi n'y aura-t-il pas de station de recherche dans l'Arctique pendant cinq ans ? Et Cambridge Bay est à 1 300 kilomètres au sud d'Eureka. Pourquoi délaisser la recherche dans l'Arctique supérieur, par exemple, sur les changements climatiques ? Pourquoi n'aurait-on pas fait d'Eureka l'antenne septentrionale de la nouvelle station de Cambridge Bay ? Pourquoi avoir fermé Eureka avec tant de précipitation ? L'argument des économies à faire n'est guère convaincant. Est-ce parce que la station était animée d'un esprit indépendant et qu'elle s'intéressait aux changements climatiques ?

Il y a une autre question, encore plus importante. Est-ce que la station de Cambridge Bay sera surtout peuplée de scientifiques qui vont y résider à temps plein ? Est-ce qu'on va en faire un foyer de recherche et de réflexion sur le Nord ? Nous en aurions bien besoin. Ou bien en fera-t-on une version plus aboutie de ce que nous avons déjà : un lieu bien équipé pour les chercheurs des universités du Sud, qui en feront leur base pour leurs trois mois de recherche annuels dans le Nord ? Ces scientifiques du Sud contrôlent maintenant la recherche nordique. Ce sont leurs universités qui profitent de cette relation coloniale dans le Nord sur les plans de la réputation et du financement. Et ce sont elles qui entravent le développement d'une approche authentiquement nordique et la création d'une communauté locale de chercheurs, où l'on trouverait des gens du Nord, des approches nordiques, notamment des concepts inuits.

Si la tendance se maintient, l'approche du Sud est là pour rester. Si tel est le cas, ce sera une nouvelle entrave à l'érection d'une communauté intellectuelle pérenne dans le Nord, qui pourrait attirer des étudiants inuits et nordiques ainsi que des étudiants du Sud.

On pourrait parfaitement faire les choses autrement. C'est une question de politique. Et, comme dans toutes les politiques autochtones, c'est une question d'esprit. De récit.

Au cœur d'un tel changement du récit se trouverait le contexte créé par une université dans l'Arctique. Pourquoi investir autant d'argent dans un centre de recherche – ce qui est une bonne idée et la preuve qu'il existe des crédits pour le développement intellectuel dans l'Arctique – sans rien faire pour y bâtir une université ?

Est-ce que la réponse à cette question est : c'est ce que veulent les universités du Sud ? Ou bien : le gouvernement veut limiter ses investissements à la cueillette de renseignements « utiles » ? Serait-ce qu'Ottawa ne veut rien savoir du développement d'une communauté d'apprentissage et de réflexion dans le Nord ?

Si ce sont là des questions légitimes, elles nous ramènent alors à la question centrale de notre engagement resté sans suites dans le Nord : comment se fait-il qu'on s'en désintéresse aussi aisément ? C'est parce que les rêves coloniaux d'antan – si manifestes dans nos structures provinciales et fédérales – sont remis au goût du jour. Dans l'esprit colonial, le Nord est un lieu d'où l'on extrait des richesses, y compris la richesse de la connaissance. Les entreprises et les universités du Sud nous le rappellent constamment, et elles exercent de fortes pressions sur le gouvernement pour faire en sorte qu'il ne pèche pas par romantisme et se mette à traiter les deux tiers nord du Canada autrement que comme des territoires marginaux riches en matières premières. Il y a seulement quatre ou cinq ans de cela, on s'est enthousiasmé à Ottawa pour des investissements sociaux et gouvernementaux ainsi que pour le développement dans l'Arctique. Il y avait plein de projets fort précis. Ils se sont volatilisés lentement, et il n'en reste presque plus rien sauf des projets miniers et ce centre de recherche. Même les rêves militaires ne sont plus que souvenirs. Les premiers éléments à disparaître avaient trait à la fortification de la réalité des gens du Nord comme citoyens du Canada. Pourquoi voudraient-ils qu'on les traite comme des citoyens si on peut leur procurer un emploi dans les mines ?

Suis-je injuste ? Suis-je en train de rêver à quelque projet romantique et nationaliste qui ne comporte pas de création d'emplois ? Est-ce que je ne crois pas moi aussi que les gens du Nord ont le droit de travailler dans les mines et de suivre une formation qui donne accès à ce genre d'emploi ? La réponse raisonnable est toujours la même : on n'a pas à choisir entre être laissé pour compte et accepter un emploi aux conditions qui vous sont imposées par un autre. Il y a ici un horizon plus vaste où interviennent des conditions sociales, des droits, une idée plus large de l'économie qui fait fond sur les gens et l'environnement. Et, bien sûr, il y a la question fondamentale d'une éducation de haute qualité, financée adéquatement. Si on élabore une stratégie qui table sur ces éléments, sans parler de la nécessité de travailler en étroite collaboration avec les citoyens du Nord, on trouvera le moyen de façonner le développement économique approprié.

Permettez-moi de ramener cette idée à son niveau le plus basique. Nous, les gens du Sud, nous voulons voyager en direction est, ouest et sud. Mais pas vers le nord. Nous voulons aller à Paris, à Londres, dans les Antilles, en Floride, à Hawaï, à Bali. Bien. Mais d'une certaine manière, ce sont là rêves de gens qui ne sont pas sûrs d'eux-mêmes. Je suis injuste, direz-vous. Bien sûr, il n'y a rien de mal à visiter des cathédrales et des palais. Et pourquoi ne pas aussi se faire dorer sur une plage au soleil ? Bien. Mais là n'est pas la question. Demandez à la plupart des Canadiens : êtes-vous déjà allé dans l'Arctique ? Un regard paniqué vous répondra. *C'est tellement difficile d'aller là-bas!* Allez en ligne et achetez-vous un billet sur First Air. *Ça coûte les yeux de la tête!* En fait, ce n'est pas plus cher que d'aller en Europe. *Mais mon dieu, où vais-je loger ?* Dans un hôtel coopératif, un motel, un gîte. Été comme hiver, l'Arctique est un des endroits les plus fascinants au monde, l'un des plus surprenants, l'un des plus beaux. Les Inuits sont extrêmement accueillants.

Mais qu'est-ce qui nourrit ces mythes qui éloignent la plupart des Canadiens de la réalité autochtone ? Je crois que c'est la réalité incroyablement puissante de la mentalité coloniale. Cela peut vous paraître un peu court comme raisonnement. Mais est-ce nécessairement injurieux ?

Pas vraiment. Songez aux références que nous brandissons quand nous parlons de nous-mêmes. Nous semblons incapables de transcender le modèle européen – ce modèle où il n'y a pas de composante autochtone. Et où il n'existe pas d'élément nordique où la nature domine tout. Nous semblons incapables de nous penser, nous-mêmes et le Canada, hors du modèle européen où l'urbain est supérieur et où la campagne nourrit la ville. Bien sûr, nous savons qu'il y a là aussi des paysages sauvages, mais ils n'existent que pour une exploitation unilatérale ou pour distraire agréablement le rat des villes. Et ainsi, nous ne pouvons nous résoudre à faire l'effort voulu qui fortifierait les deux tiers de notre pays. Nous n'investissons pas stratégiquement et tangiblement dans les communautés du Nord. C'est sûrement la réalité la plus déprimante au Canada parce que c'est – je le répète – un rappel constant de notre mentalité coloniale.

17

Le leadership

La situation des Autochtones au Canada n'est pas sans complexité. Mais les solutions aux problèmes qui nous concernent tous n'ont rien de très compliqué.

Revenons aux pages liminaires de ce livre. J'y disais qu'il est malhonnête de profiter des divergences de vues entre chefs autochtones, de dire que ce qui les handicape, c'est la multiplicité de leurs points de vue. Prétexte à l'inertie. Marquons donc un temps d'arrêt et prenons un peu de recul. Éloignons-nous un moment du discours de tous les jours concernant les Autochtones. Posons un regard froid et désintéressé sur notre histoire. Imaginez que vous êtes un représentant des Nations Unies ou d'une cour internationale de justice. Situez-vous différemment dans tout ce débat.

Par exemple, imaginez que l'eau potable commence à empoisonner mystérieusement les gens de Walkerton, en Ontario. Catastrophe inimaginable au Canada, démocratie bourgeoise bien gouvernée. Mais poursuivons cette fable rien que pour les besoins de la discussion.

Des gens se mettent à mourir. D'autres se retrouvent handicapés pour la vie. Les autorités nient toute responsabilité. Elles ne bougent pas. Leur incompétence est telle que non seulement elles ont provoqué la crise, mais en niant ses causes probables elles la prolongent aussi et causent davantage de décès. Impossible. Ou plutôt : im-pos-sible !

Quand même, essayons d'imaginer la suite. Le gouvernement fédéral, le gouvernement de l'Ontario, les gens du Canada iront-ils dire que cette crise a été provoquée par des gens malhonnêtes qui buvaient ? Et que, par conséquent, ce problème ne peut être résolu tant qu'on aura ces problèmes de gouvernance et, qui plus est, tant et aussi longtemps que les gens du lieu ne se seront pas mis d'accord sur les causes et les solutions ? Allons-nous dire : « D'abord, les gens de Walkerton doivent se brancher. Nous allons aider ceux qui s'aident eux-mêmes. En fait, nous allons les laisser macérer dans leur jus tant qu'ils ne se seront pas entendus sur les correctifs à prendre. Oh, et l'eau potable, ça coûte très cher, ça, non ? Quoi qu'on fasse, il faut respecter les budgets du gouvernement. Bien sûr, nous comprenons qu'il y a des enfants qui meurent. Mais les budgets sont sacrés. Autre chose : toute action gouvernementale – si nous décidons d'intervenir – sera assujettie aux méthodes éprouvées de deux ministères. Il est vrai que ces méthodes n'ont jamais rien donné. Mais ça, c'est la faute des citoyens, qui semblent incapables de respecter les normes ministérielles en suivant les méthodes ministérielles.

« Étant donné que ces ministères aguerris savent parfaitement ce qu'ils font, même s'ils échouent d'ordinaire, on ne les obligera nullement à agir dans la transparence. Pour le bien de tous les citoyens, tout le problème sera réglé à partir d'en haut, sans consultation ou alors juste pour la forme, comme si les citoyens de Walkerton étaient tous pupilles de l'État. Si leur eau est empoisonnée, ils méritent d'être traités en pupilles de l'État.

« Enfin, tout désaccord émanant de la localité, particulièrement en ce qui a trait aux dirigeants, sera considéré comme une preuve de rétivité et entraînera aussitôt une bataille à mort devant les tribunaux. Les avocats fédéraux et provinciaux vont livrer une guerre sans merci à ces citoyens de Walkerton atteints d'insuffisance rénale. Et pourquoi ? Parce qu'il faut défendre la majesté de l'État. Et parce qu'il faut ménager le denier du contribuable. Voilà pourquoi. »

Maintenant, du calme ; ce n'est qu'une fable, après tout. Ça n'arrivera jamais. Et si les citoyens de Walkerton étaient empoisonnés par leur eau potable, même si c'était la faute des employés de la municipalité, notre gouvernement agirait sans tarder pour remédier au problème. Il ferait en sorte que chacun ait accès à l'eau potable, quoi qu'il en coûte ; et que les personnes affectées reçoivent les meilleurs soins possible. Et s'il y avait la moindre activité criminelle ou négligence, il en saisirait aussitôt les tribunaux. La justice ne se mettrait pas en travers du bien-être des citoyens. Avant tout, assurer la santé des gens et l'accès à l'eau potable. C'est un élément essentiel du bien public. Au même titre que le logement, la prévention de la pauvreté, la faim et les épidémies de suicides ; l'éducation, les services sociaux et ainsi de suite. Omettre d'assurer l'accès à l'eau potable serait un échec manifeste de la civilisation canadienne et, par conséquent, des dirigeants du Canada. Nous perdrions toute confiance en eux.

―――

Pourquoi alors l'inaction fédérale et l'absence de stratégies intégrées et de fonds fédéraux prennent-elles toujours appui sur le fait qu'il subsiste des divergences de vues entre les chefs autochtones et que ceux-ci doivent faire le ménage chez eux avant que le gouvernement ne joue son rôle ?

Rappelons pour commencer que le discours des chefs autochtones présente depuis cent cinquante ans une continuité étonnante. Ils n'ont jamais dévié des grands thèmes de leur argumentaire. Ils expliquent les mêmes choses sur notre relation, sur la manière dont nous pouvons vivre ensemble, sur le sens à donner aux traités. Lisez la lettre de 1910 des chefs de la Colombie-Britannique à Wilfrid Laurier. J'ai annexé leur

Mistahimaskwa, dit « Big Bear » (1825-1888), Cri des plaines. Un des grands orateurs du XIXe siècle et un des principaux penseurs des droits autochtones. Anéanti par les événements de 1885. © Bibliothèque et Archives Canada, 3192491.

texte dans la partie sur « Les mots des autres » à la fin du livre. Vous allez constater que la ligne de pensée autochtone est toujours restée la même.

Bien sûr, il s'est trouvé depuis des chefs autochtones qui ont été honnêtes ou malhonnêtes, intelligents ou déraisonnables, francs ou fourbes. On pourrait dire la même chose des maires de Toronto et de Montréal, de ministres, de premiers ministres provinciaux et fédéraux, ou de sénateurs. Bien sûr, il y a eu des divergences de vues sérieuses entre chefs autochtones, tout comme il y en a à la Chambre des communes ou entre Ottawa et les provinces. Mais cela ne nous a pas empêchés d'assurer un bon système d'éducation à tous les niveaux, l'accès à l'eau potable, à de bons soins de santé, à des réseaux routiers, des centres communautaires, des centres sportifs pour non-Autochtones. L'honneur de la Couronne était en jeu. C'était une question de bien public. Et nous avons financé toutes ces entreprises, quoi qu'il en coûtât. C'était un investissement inestimable dans notre civilisation, notre citoyenneté.

Donc les divergences de vues entre chefs autochtones ne sauraient excuser la négligence immémoriale des gouvernements canadiens. Je le répète : le discours et les revendications des Autochtones ont toujours été conséquents et limpides.

Les chefs autochtones ont eu tendance à éviter les relations antagoniques. Au fil du temps, ils ont essayé de mêler leur mode de vie à celui des nouveaux venus afin de créer des mécanismes qui fonctionnent. Ils ont presque toujours refusé l'affrontement déclaré.

Toutefois, comme nous avons importé des pratiques antagoniques en matière juridique et politique, nous les avons contraints, tout au long du XXe siècle, à jouer ce jeu où l'on départage perdants et gagnants. On voit cependant de nos jours leur logique et leur clarté triompher. Les cours leur donnent gain de cause désormais. Ce qui veut dire que nous devons tous admettre dorénavant le rôle central des traités, et ce, pour une bonne et simple raison : c'est que la création du Canada moderne est dans une large mesure le fruit des relations nées de ces traités.

Ces victoires judiciaires sont porteuses d'un message encore plus fondamental. Elles nous apprennent qu'il existe un leadership autochtone pluriel et très compétent. Ces gens ont bien mûri leurs positions.

Et ils les ont mûries avec une compréhension bien plus claire et bien plus logique des engagements historiques du Canada qu'en ont nos propres gouvernements. Nos gouvernements se sont entêtés à gaspiller notre argent pour essayer de réécrire l'histoire, c'est-à-dire pour nier ces traités et nos autres obligations.

C'est simple : nous souffrons encore du manque de leadership de nos dirigeants politiques et administratifs. Et nous refusons toujours de les juger et de les punir pour avoir échoué dans ces dossiers si importants.

Du côté autochtone, la colère atteint des niveaux dangereux. Plus d'un siècle s'est écoulé. On entend toujours les mêmes arguments. Nos dirigeants, ou bien nient la situation, ou tergiversent, ou alors offrent une aide au compte-gouttes, d'une main condescendante. Et depuis l'arrêt de la Cour suprême concernant les Haïdas sur l'obligation qu'a le gouvernement de consulter, il est évident que nos dirigeants devraient négocier d'une manière ouverte et transparente afin de jouer leur rôle et de tracer la route à suivre.

Mais on dirait que l'actuel premier ministre est incapable, sur le plan émotionnel, de s'engager dans un débat ouvert et transparent sur ces questions. On dirait qu'il ne peut fonctionner que dans un contexte secret, très encadré, et ne fonctionner ensuite que par décrets singulièrement encadrés eux aussi. Parfois, ça marche. Mais le Canada est une confédération bigarrée qui ne peut avancer que si elle admet sa complexité et ses contradictions ouvertement, dans le respect du désordre.

Même si ça peut faire plaisir, on ne gagne rien à mettre un seul homme de gouvernement au pilori. Ce que je décris dans ces pages, c'est un échec généralisé et continu de la part des dirigeants du Canada. Tous, peu importe leur couleur politique, ont échoué en ce qui a trait à une vision à long terme.

Les Autochtones du Canada disposent désormais d'un leadership imposant et puissant qui déborde évidemment de stratégies multiples. Plus les dirigeants canadiens vont refuser le dialogue, plus irrités seront les chefs autochtones. Et pourquoi n'en serait-il pas ainsi ? S'il n'y a pas moyen d'obtenir des résultats positifs par la voie d'une consultation ouverte et intégrale avec ceux qui nous gouvernent, eh bien alors, tout peut arriver. Et même si nos gouvernants feront tout pour blâmer les autres, l'ultime responsable sera le gouvernement du Canada dans toutes ses émanations politiques et administratives.

18

La grande question de notre époque

Les dirigeants politiques ne voient jamais venir les grands coups de balai de l'histoire. C'est qu'ils se sont accoutumés à exercer le pouvoir, à imposer leurs idées, à façonner l'opinion publique, à gérer le quotidien. Puis, tout à coup, toutes leurs belles certitudes se retrouvent pulvérisées. C'est le château de cartes qui s'effondre, c'est le feu de paille. La réalité reprend ses droits. Si ces gouvernants ne sont pas complètement coupés de la réalité hors de leur domaine réservé, ils vont bien finir par se rendre compte que l'histoire se souvient rarement des hommes d'État comme ceux-ci le souhaiteraient. Ils se font prendre dans un remous de marée ou aplatir par un tsunami. L'histoire, avec son emploi de l'inconscient collectif, dicte le souvenir que laissera un gouvernement ou un premier ministre.

La plupart des drames quotidiens s'effacent lentement de notre mémoire. Les détails des politiques financières. Les luttes pour l'équilibre budgétaire. Les accords de commerce grandioses. Le gâchis des acquisitions militaires. La corruption. Les bêtises des sénateurs. Les manipulations du cabinet du premier ministre. Les dégâts ministériels. Ces triomphes et ces catastrophes sont vite passés aux pertes et aux profits de l'histoire.

Ne subsiste alors que le bien public. Si l'on a quelque souvenir des dirigeants et des gouvernements, c'est essentiellement parce qu'ils ont contribué au bien public ou qu'ils l'ont dégradé, pour un grand bonheur ou un grand malheur. L'histoire se montre impitoyable sur ce point. Les théories économiques ou sociales des chefs – le cours qu'ils croient pouvoir imprimer aux choses – ne pèsent pas vraiment à long terme. Ce qui compte à longue échéance, c'est ce qu'ils ont accompli.

Autrement dit, on ne se souvient pas des gouvernements pour leur gestion économique dans le quotidien. On tient cela pour acquis, c'est une compétence basique quand on veut acquérir le droit de gouverner. On se souvient des gouvernements pour la manière dont ils ont amélioré ou dégradé le bien public. Si le gouvernement de M. Harper, par exemple, continue d'affirmer que sa principale qualité est sa gestion de l'économie, il nuira à sa réputation.

Après tout, ce gouvernement a hérité, lorsqu'il a pris le pouvoir, d'une économie en bonne santé relative et d'un excédent budgétaire important. Cet excédent avait été payé par les Canadiens à prix fort. Dans les années 1990, nous avions toléré une décennie de compressions dans des programmes nécessaires. Le nouveau gouvernement Harper a tout de suite gommé l'excédent budgétaire en accordant des baisses d'impôts et de taxes. Les hauts fonctionnaires des Finances l'avaient averti qu'il s'exposait à une crise financière. Les banques centrales du monde entier recommandaient la prudence.

Et pourtant, ce gouvernement qui se disait entre les mains d'experts de la gestion économique a gaspillé cet excédent qui nous avait tant coûté. Il a bradé notre marge de manœuvre. Puis la crise a frappé. Le gouvernement nous a donc replongés dans la dette, intentionnellement ou non. Il a ensuite consacré ses années de pouvoir à nous sortir de la dette qu'il avait créée par sa mauvaise gestion des finances publiques, tout en répétant sans cesse que son gouvernement avait à sa tête des économistes et de bons gestionnaires. La guerre contre la dette a fait en sorte bien sûr qu'on a sabré davantage les programmes.

À leur place, je ne me serais pas tant vanté de mon talent pour une bonne gestion du trésor public. L'histoire verra sans doute en eux le pire assortiment de gestionnaires de l'économie canadienne depuis les années 1930. Après tout, la bonne gestion, c'est saisir la réalité et la gérer. La bonne gestion économique, c'est protéger ses excédents budgétaires, et non les dissiper, particulièrement quand l'époque présente des risques, particulièrement quand le déficit qui en résulte ne sert pas à financer une action nouvelle ou améliorée ou quelque nouveau programme. Nous avons plutôt vécu avec un déficit qu'on aurait pu parfaitement éviter et que le gouvernement a lui-même creusé par sa naïveté ou son incompétence.

Les gouvernements sont jugés par-dessus tout pour ce qu'ils ont fait pour le bien public, à moins qu'ils aient échoué dans l'intendance économique. En ce cas ils sont jugés sur les deux tableaux.

Robert Borden, premier ministre à l'époque de la Première Guerre mondiale, était un homme bien intentionné et âpre à l'ouvrage, mais il a encore mauvaise réputation. Pourquoi ? Parce qu'on a le sentiment qu'il a laissé derrière lui trop de morts et un pays profondément divisé. La réputation de John Diefenbaker, par contre, continue de prendre du mieux parce que, même s'il n'était guère avisé en matière de gestion gouvernementale, on pense encore aujourd'hui que son radicalisme à la mode des Prairies était inspiré par l'égalité et l'inclusion, idées qui correspondent au mouvement de l'histoire canadienne et qui ont aidé le Canada en ce sens. Ses échecs administratifs sont oubliés du fait qu'il a ouvert le pays à de vraies habitudes de justice et d'inclusion, habitudes qui unissent les citoyens. On parle encore aujourd'hui du moment où lui et le pandit Jawaharlal Nehru ont fait front commun contre la Grande-Bretagne – et même contre la monarchie britannique – lors de la conférence du Commonwealth de 1961 pour en exclure l'Afrique du Sud. L'alliance Diefenbaker-Nehru eut pour effet de lancer le mouvement anti-apartheid moderne. Voilà comment l'histoire verse parfois dans la complexité. L'homme qui croyait vénérer la Grande-Bretagne a laissé le souvenir de celui qui l'a humiliée, elle et sa monarchie, au sein du Commonwealth. L'histoire retiendra cela, comme elle a retenu aussi la décision qu'il a prise de rendre le droit de vote aux Autochtones et de supprimer les derniers vestiges du racisme dans notre système d'immigration. Et c'est ce même Diefenbaker qui a jeté les fondements de la Charte des droits qui a fini par être l'œuvre de Pierre Trudeau. Ainsi, Diefenbaker aura sa place dans l'histoire humaniste du Canada, tout comme son prédécesseur et son successeur, Louis Saint-Laurent et Lester Pearson. Même si Saint-Laurent a connu une fin de règne difficile et que le gouvernement de Pearson a été marqué par des turbulences, tous trois ont fait avancer l'idée que nous nous faisons de l'égalitarisme et de l'inclusion.

L'histoire a placé M. Harper au cœur d'une grande question canadienne : la justice pour les peuples autochtones. C'est une question qui va façonner le destin de notre peuple, qui va déterminer comment nous nous voyons et comment les autres vont nous voir.

C'est la grande question de notre époque. Pourquoi ? D'abord, parce que c'est la dernière grande injustice fondamentale au Canada, une injustice qui a été longtemps œuvre de destruction. La juge en chef Beverley McLachlin en a parlé en mai 2014. Elle a dit croire que la Cour se soucierait dorénavant moins de la Charte que des enjeux autochtones : « Nous en sommes aux débuts de cette saga. […] Le Canada, à mon avis, est un projet de réconciliation. Nos réussites ont toujours consisté à admettre nos différences, à en tenir compte et à œuvrer de concert dans le respect. » Et il n'y a pas de réconciliation plus pressante. C'est une question de justice et de dignité.

L'enjeu autochtone aujourd'hui occupe la place de la question québécoise dans les années 1960 et 1970. Et comme les francophones de cette époque-là, les Autochtones d'aujourd'hui sont prêts à lutter pour redresser les torts. Et un nombre croissant de non-Autochtones sont avec eux.

Oui, il y a des questions proprement utilitaires à régler. Il y a des programmes économiques à mettre en œuvre dans les réserves, à l'échelle régionale et nationale. Il y a des centaines de problèmes et de programmes qui sollicitent notre attention. Mais ce n'est pas simplement une crise d'ordre utilitaire ou économique. Comme l'a dit David Arnot, commissaire en chef de la Commission des droits de la personne de la Saskatchewan, « le dialogue propre aux traités faisait fond non sur le troc, mais sur l'accommodement et la confiance ». Nous nous retrouvons devant un enjeu fondamentalement social et culturel qui est d'une importance égale pour nous tous, que nous soyons autochtones ou non. C'est une vaste question de justice. D'équité. D'équilibre social. Les chefs des Premières Nations parlent constamment des traités comme s'ils étaient la clé de voûte de toute la question parce que les traités renferment les éléments de cette relation qui se veut juste.

Jusqu'à présent, M. Harper a fait un pas important : c'est lui qui a adressé les excuses de la nation pour les pensionnats autochtones à la Chambre des communes en 2008 ; il a aussi pris quelques initiatives prudentes. Par exemple, le gouvernement a nommé quelqu'un au Conseil privé qui est le principal conseiller du premier ministre sur les questions autochtones. Il y a eu d'autres initiatives très pointues. Mais les projets de loi omnibus demeurent, projetant leur ombre sinistre sur la question autochtone au Canada. Et si l'analyse des chefs autochtones est exacte, ces projets de loi heurtent de plein fouet les droits des Autochtones, et il y a là un danger. L'histoire y verra un symbole de l'impuissance du Canada à régler la grande question de notre temps.

19

Et si on commençait par le plus facile

Il serait tellement plus aisé de faire avancer les choses si l'on pouvait admettre qu'une bonne part des fondements de ce qui se passe ici viennent d'ici et ont été négociés ici. Dans une large mesure, le problème se situe dans la culture du ministère des Affaires indiennes et chez les avocats du ministère de la Justice. Alors pourquoi ne pas simplement éloigner les employés des Affaires indiennes et leurs amis à la Justice de tout ce qui a trait aux négociations relatives aux traités ?

Pourquoi ne pas décider tout de go que le marchandage mesquin ne saurait tenir lieu de politique nationale ? À la place, nous profiterions du règlement des traités pour transférer des capitaux et des pouvoirs : comme le Québec l'a fait avec l'accord de la baie James et la Paix des Braves. Pourquoi ne pas créer un tribunal indépendant temporaire qui aurait le pouvoir de conclure des accords ? Il fonctionnerait comme une commission royale, sauf qu'il aurait le pouvoir de prendre des engagements financiers au nom du pays, lesquels seraient confirmés par le Parlement. Ce corps constitué aurait pour instruction fondamentale de s'ouvrir aux modèles nouveaux, à des notions qui respectent la compréhension des accords originaux. Il pourrait être nécessaire d'expérimenter en ce qui a trait au droit courant, à la transparence financière et au transfert de richesse et d'autorité. On lui donnerait trois ans pour négocier. On demanderait à un juge de la Cour suprême à la retraite et à un ancien chef national de le présider. Après tout, les juges ont joué un rôle crucial dans les arrêts historiques sur les questions autochtones. Ils connaissent la question pratiquement mieux que quiconque. Et on aurait l'embarras du choix parmi les anciens chefs nationaux : Georges Erasmus, Ovide Mercredi, Phil Fontaine, pour n'en nommer que trois. On y ajouterait peut-être Bernard Landry et Jean Charest, qui ont respectivement négocié la Paix des Braves et le Plan Nord ; l'ancien maire de Toronto, David Crombie ; peut-être Sheila Fraser, l'ancienne vérificatrice générale du Canada. Auxquels s'ajouteraient deux avocats autochtones qui connaissent bien la question.

Si l'on veut vraiment en sortir, le processus ne serait pas si ardu que ça, à la condition que deux questions essentielles soient bien claires. D'abord, qu'il y ait une volonté authentique de s'entendre. Ensuite, que l'on accepte de transférer des pouvoirs et des sommes d'argent substantielles comme éléments de restitution importants. À ces conditions, il en résulterait un Canada autre que celui que nous connaissons aujourd'hui. Pourquoi ? Parce que les écarts fondamentaux avec les peuples autochtones auraient été largement comblés.

Cela paraît si simple. Et pourtant notre gouvernement ne se résout même pas à prendre au sérieux l'épidémie de violence homicide qui frappe les femmes autochtones. Comment alors va-t-il régler la question des traités ? La réponse *est* simple. Je le répète parce qu'il faut tout répéter jusqu'à ce que cela se fasse. Les citoyens doivent reconnaître les choix qui se présentent à eux et prendre des décisions fermes. Voulons-nous régler nos problèmes, oui ou non ? Il faut en faire un enjeu politique.

Sur un plan plus pratique, pourquoi ne pas créer une firme de génie-conseil qui se spécialiserait dans le traitement des eaux potables et usées et les systèmes énergétiques dans les communautés isolées ? Le gouvernement fédéral pourrait jouer un rôle de mobilisation et de financement et détiendrait une part des actions de l'entreprise. Des sociétés autochtones, comme Makivik au Nunavik, pourraient en être actionnaires aussi. Il conviendrait de s'assurer que la majorité des associés actifs et des actionnaires – les ingénieurs et les autres spécialistes – soient autochtones. Et alors, on en aurait fini de l'approche gaspilleuse et largement improvisée des Affaires indiennes, qui saute de pénurie d'eau potable en désastre d'égout, et on établirait un programme systématique pour remédier au manque honteux d'infrastructures.

En recrutant une masse critique d'ingénieurs et d'autres spécialistes, il serait possible de créer de nouveaux modèles adaptés aux conditions locales. Nous pourrions à tout le moins mettre un terme à ce modèle désuet, coûteux et polluant qui consiste à expédier du mazout aux communautés isolées par péniche ou sur la route de glace.

Encore là, nous avons des exemples qui ont fait leurs preuves. Nous maîtrisons les bases de l'éolien, du solaire, de l'hydroélectricité locale et de la production d'énergie par incinération des déchets. Il ne s'agit plus que d'une question de recherche appliquée capable de déboucher sur une stratégie intégrée. Mais nous n'avons toujours pas d'approche systématique nous permettant d'évaluer les besoins de ces communautés et qui pourrait définir les éléments ou les combinaisons d'éléments qui fonctionnent.

Une approche systématique : qu'est-ce que c'est au juste ? Eh bien, je me rappelle avoir débarqué dans une ville de taille moyenne du Nord, dans le Nunavik, au Québec. J'ai été surpris et encouragé de voir qu'il se dressait là une éolienne moderne de grande taille capable de satisfaire une bonne partie des besoins énergétiques de la localité. Apparemment, des dirigeants du lieu, de concert avec quelques esprits éclairés d'Hydro-Québec, avaient fait construire cette éolienne.

Seulement voilà, ses pales étaient immobiles. Pourquoi ? Parce que la culture des grandes sociétés hydroélectriques, la québécoise en l'occurrence, privilégie les solutions de génie pharaoniques. Hydro-Québec ne se souciait pas de maintenir l'éolienne en bon état de marche. Elle ambitionnait plutôt de bâtir une ligne de transmission énergétique qui ferait des centaines de kilomètres de long, sur un terrain difficile, à grands coûts, avec une perte sérieuse d'énergie par kilomètre. C'est ça que ça fait, un vrai homme. Ça fait de grandes choses, pas des petites. Entre-temps, la ville devait continuer d'importer du mazout.

Voilà pourquoi un grand groupe de consultation en génie, avec des capacités de recherche et d'innovation, pourrait générer de nouveaux points de vue et des théories d'action qui ne seraient pas faites pour le Sud, l'urbain et la densité démographique. Il n'y a pas de raison pour que le Canada ne soit pas un chef de file mondial dans le domaine des services s'adressant aux communautés isolées. Il y aurait même de l'argent à faire de ce côté. Et il y a là un rôle directeur pour les Autochtones. Cet arrangement ferait en sorte que les crédits quitteraient les Affaires indiennes et seraient versés dans un programme indépendant, piloté par les Autochtones, conçu pour soustraire un large pan du territoire canadien aux conditions du tiers-monde.

Le logement, maintenant. Ici, une crise n'attend pas l'autre. J'ai vu de mes yeux grand nombre des maisons du Nord. Elles valent parfois mieux qu'avant, mais il s'agit quand même le plus souvent de modèles issus de la banlieue urbaine du Sud et adaptés à des conditions très différentes. Beaucoup ne sont que des rectangles de bois qui ne pourraient même pas servir de première maison à un jeune couple. À qui diable s'adresse-t-on pour passer des marchés et trouver les entrepreneurs qui fabriquent ces habitations ? Quel rôle joue le ministère des Affaires indiennes ici ?

Y a-t-il quelqu'un dans notre pays qui conçoit des modèles appropriés aux lieux auxquels ils sont destinés ? Oui, ici et là, mais pas souvent.

Petit exemple qui illustre l'ampleur du problème. J'ai fait la visite guidée, dans une petite ville du Nord, de trois générations de logements pour Autochtones. Les premiers étaient des masures aux fenêtres minuscules. Les deuxièmes sortaient directement des banlieues ouvrières du Sud canadien : de petites maisons bien faites mais inappropriées dans leurs proportions et dans presque tous les détails pour la vie nordique, et presque irresponsables dans leur conception pour de petites communautés isolées tournées vers la nature. Les troisièmes présentaient certains détails convenables : un coin pour ranger une motoneige, l'isolement était bien fait. Mais l'architecture tenait toujours de quelque infection venue de l'étranger. Les matériaux ignoraient tout de l'apport local. L'espace de vie ne vous disait rien sur la façon dont les gens de là-bas vivent. Un petit détail : pour économiser l'énergie pendant les longs hivers, la plupart des fenêtres ne pouvaient s'ouvrir, ce qui est très malsain dans une maison bondée de monde. Et les quelques-unes qui s'ouvraient – fait révélateur – étaient dotées d'un mécanisme d'ouverture venu du Sud qui se rompait à la première ou à la deuxième tentative par grand froid.

Ce que ces détails nous apprennent – et il y a des milliers d'autres exemples de ce genre –, c'est qu'on n'a jamais opéré d'effort concerté pour réfléchir aux conditions de vie modernes dans les communautés isolées et nordiques. Pour imaginer une vie moderne qui se marie à la culture autochtone et à l'isolement du Nord. Ce n'est pas un problème en soi. C'est au contraire un défi civilisationnel exaltant. Mais non, les quelques exemples de belles initiatives sont traités comme des accidents heureux et non comme des précédents et des indicateurs d'une action future.

Il y a des architectes dans les trois territoires qui font de leur mieux. Il y a des édifices culturels sur la côte est de la Terre de Baffin qui démontrent ce qui est possible et indiqué. Dans le Nord proche, à l'Université Laurentienne de Sudbury, une nouvelle école d'architecture se voue à l'idée du vivre dans le Nord et dans les communautés isolées. Un peu comme la faculté de médecine créée au début de ce siècle à l'Université Laurentienne et à l'Université Lakehead de Thunder Bay, qui s'intéresse particulièrement à la santé dans les localités nordiques isolées. Donc il se fait des choses, oui, mais pas assez vite. Le sous-financement est un autre obstacle. Voyez le budget minuscule de la faculté de médecine du Nord. Si nous étions le moindrement sérieux, ce budget doublerait ou triplerait.

L'une des percées les plus fascinantes en architecture a été réalisée à Venise, en 2014, dans le cadre d'une grande exposition intitulée *Adaptations à l'Arctique*, qui faisait intervenir les vingt-cinq localités du Nunavut et mettait en vedette la manière de construire dans l'Arctique. Bien sûr, il s'agit ici de l'Arctique, non pas du Moyen-Nord.

La prochaine étape consisterait peut-être à créer une coopérative nationale d'architecture et de génie spécialisée dans la vie dans les communautés isolées. On trouverait là aussi de nombreux ingénieurs et architectes autochtones capables d'assumer le leadership. Que l'on fasse appel ici à la Laurentienne, à Lakehead et à l'Université du Nord de la Colombie-Britannique à Prince George, ainsi qu'à d'autres instances de réflexion pour y songer. Il y a aussi des anciens qui ont des idées valables sur les rapports entre la famille et l'espace, qui réfléchissent aux formes, aux matériaux et aux couleurs.

Une partie de cette organisation pourrait se consacrer à la définition et à la déclinaison des principes, de l'esthétique et des besoins relatifs à l'architecture, au génie et à la construction dans des conditions nordiques et isolées.

Autrement dit, on cesserait d'y importer des bungalows modifiés des banlieues du Sud. On cesserait de voir la vie dans le Nord et dans les communautés isolées comme une sorte de mauvais coup du sort, un châtiment ou un ratage ; on cesserait de faire du Brossard et du Mississauga dans la toundra. On commencerait plutôt à y songer comme s'il s'agissait d'un objectif en soi, un objectif nécessaire et heureux couvrant les deux tiers du Canada, avec sa réalité propre.

Dans le cas des services et du logement, on dépense déjà beaucoup. Mais essentiellement on dépense au petit bonheur, sans mettre l'intelligence à contribution, sans idée générale ou grande initiative. Il en résulte une sorte de défaitisme informe. Mais transformez le tout en une série d'initiatives bien pensées, intégrées, et les mêmes sommes iront beaucoup plus loin, tant en ce qui touche aux infrastructures qu'au leadership.

Et à propos des services et du logement, pourquoi ne pas immédiatement créer un groupe, que présideraient Siila Watt-Cloutier et Georges Erasmus, pour lancer un débat public sérieux sur la création d'une université nordique d'ici cinq ans ? Oui, nous avons aujourd'hui des universités à Prince George, Thunder Bay, Sudbury et Saguenay. Mais elles sont toutes situées dans le Nord proche. Bien. Cela ne laisse que la moitié du Canada sans rien... Et j'entends pour ma part une véritable université, avec des campus multiples, un centre intellectuel pour le Nord. Pas seulement un prolongement des universités du Nord proche, pas seulement un centre de formation au service des minières. Une université nordique doit être un lieu où les gens du Nord pourront réfléchir à leur condition en termes nordiques, où les jeunes pourront s'assembler autour de dirigeants cérébraux et inventifs.

Siila Watt-Cloutier, Inuite du Nunavik. Militante écologiste et ancienne présidente internationale du Conseil circumpolaire inuit. © The Pierce Studio, Brunswick (Maine).

Pourquoi ne pas créer aussi un système coopératif de banques et de microfinancement pour les deux tiers nord du Canada ? J'imagine là quelque chose de bien plus proactif que les fonctions de dépôt qui sont largement celles dévolues aux coopératives existantes. Desjardins et la Vancouver Credit Union ont tous deux des programmes florissants qui s'adressent aux petites communautés isolées. Il s'agirait seulement de faire un pas de plus vers une approche de crédit proactive, basée strictement dans les petites localités isolées et vouée aux prêts pour petits investissements.

Il faut aussi créer et financer – oui, financer comme il faut – un programme pour consolider la cinquantaine de langues canadiennes, dont une quarantaine sont aujourd'hui en péril. C'est urgent.

Les langues dans le monde disparaissent à un rythme alarmant. Cela représente une perte sur les plans de la complexité et de la compréhension du monde, et le Canada en est un des pires exemples. Le fédéral ne fait à peu près rien pour maintenir ces langues en vie.

Je vais poser la question à tous ceux et toutes celles qui sont en train de me lire. Assumerez-vous la responsabilité – vous et votre génération – d'avoir laissé disparaître entre quarante et quarante-cinq langues indigènes du lieu qu'on appelle Canada ? Voulez-vous être tenus responsables d'un tel appauvrissement en ce qui a trait à la culture, à la compréhension du monde, à des mots qui ont des racines profondes en ces lieux où nous vivons ? Se faire complice de l'extinction de tant de langues, et de larges pans de la culture qui accompagne chacune, c'est encourager une ignorance d'un genre nouveau.

L'ignorance, c'est beaucoup plus que quelque lacune dans les méthodes de gestion ou la recherche scientifique. Les maux de l'ignorance proviennent d'abord du fait de ne pas comprendre où l'on est et ce que cela signifie.

Le français et l'anglais sont des langues que nous avons prises ailleurs et que nous avons partiellement adaptées à notre usage. Nous sommes parvenus largement à les naturaliser. Mais qu'en est-il de ces cinquante langues et plus qui sont nées ici ? Qui *appartiennent* à ce lieu ? Ce sont, pour ainsi dire, les vraies langues du Canada, des langues qui ont surgi de notre terre. Les langues sont des expressions profondément inconscientes du lieu : de la géographie, du climat. Du type de territoire : aride, montagneux, où coulent des rivières et des lacs. Les gens forgent leur culture par leur expérience des lieux. Il n'y a qu'à voir l'effet de la grande ville sur le langage depuis cent ans pour comprendre ce phénomène.

Les langues autochtones de notre pays appartiennent aux peuples par lesquels elles ont émergé. Mais elles transmettent aussi une compréhension du lieu et des exigences qui nous sont faites à tous. Chaque fois qu'une de ces langues disparaît, même si vous n'en avez jamais entendu parler, c'est comme si se refermait une grande porte d'acier pour toujours sur notre intelligence des lieux. C'est surtout tragique pour ceux qui ont oublié leur langue, mais le fait est que nous perdons tous alors quelque chose d'essentiel.

Il faut en faire d'abord une question de péréquation : c'est dire qu'il faut transférer les crédits nécessaires aux Autochtones pour qu'ils puissent raffermir leurs langues. Mais c'est aussi une question d'intérêt pour nos universités. Une université du Nord pourrait unir ses efforts avec celles du Nord proche pour revivifier et nourrir ces langues et ces cultures. Et je ne songe pas ici à des savants s'emparant de langues moribondes afin de s'en faire une carrière en l'enregistrant avant que ses derniers parlants rendent l'âme, pour vivre ensuite de son cadavre.

Il faut instaurer un programme d'urgence nationale – qui ferait intervenir les ministères provinciaux et territoriaux de l'éducation mais qui serait dirigé par des intellectuels autochtones et des anciens – pour restructurer les programmes des écoles et des universités. Il faut entre autres enseigner ces langues et ces cultures et collaborer à leur enracinement dans les communautés. Ces langues ne sont pas victimes d'un déterminisme darwinien. Elles ont décliné à cause de politiques canadiennes précises qui favorisaient leur disparition. L'affaiblissement programmé de la culture et des langues dans les réserves est en partie responsable des difficultés éducatives et sociales que l'on connaît aujourd'hui.

Voici un autre élément important. Nous devons nous assurer que ces langues et ces cultures fassent partie intégrante de l'éducation générale de tous les citoyens, comme cela se fait lentement avec le cri en Saskatchewan. La voix montante de philosophes autochtones comme Taiaiake Alfred, Richard Atleo et Leroy Little Bear fait aussi partie de ce mouvement, au même titre que l'influence grandissante des écrivains autochtones. Situation qui n'est pas facile, précisément parce qu'il existe tant de langues autochtones. Nous ne sommes pas en Nouvelle-Zélande, où les Maoris ont un rôle national. Il n'y a pas ici de solution nationale possible ni même, dans la plupart des cas, de solution provinciale. Ce qu'on pourrait faire, cependant, c'est mettre de l'avant un principe fondamental où l'on admettrait que les langues et les cultures autochtones ont besoin d'un transfert financier bénéficiant aux peuples visés, ainsi que de l'appui de nos systèmes d'éducation. On pourrait aider chacune d'entre elles à trouver sa place localement ou régionalement. Cela est essentiel à la dignité que nous devons tous aux peuples autochtones. Il s'agit de reconnaître leur contribution historique essentielle, de reconnaître également que ces langues et ces cultures peuvent contribuer puissamment à notre avenir. Il faut aussi admettre que la moitié des Autochtones vivent dans les villes avec d'autres Canadiens et que ces langues peuvent avoir un avenir en milieu urbain. Tout cela s'inscrit dans la nécessité où nous sommes d'échapper à la domination des théories d'inspiration européenne, qui sont tout simplement inopérantes dans notre partie du monde.

Songez à la crise environnementale et à notre incapacité de trouver les mots et les idées pour la maîtriser. En surface, c'est un échec politique. Mais quand on y regarde de plus près, on voit que c'est un échec de la langue et de la culture, un échec conceptuel, un échec de notre imagination. Nous faisons encore trop de cas de ces approches intellectuelles qui ne conviennent pas à notre expérience, des approches ayant été imaginées pour des buts différents, dans un contexte différent.

Ce n'est pas la première fois que nous sommes mis en présence d'un problème aussi fondamental. Jusqu'à la fin du XIXe siècle, les peintres canadiens – ceux qui nous donnent une image de nous-mêmes – étaient entravés par notre asservissement aux conceptions européennes de la couleur, de la forme, du mouvement et, chose peut-être plus importante, de la maîtrise du mouvement. Nous étions obsédés par un regard – une conception esthétique – qui met encore en scène l'humain dominant la nature, l'espace. Ce qu'on disait ici, essentiellement, c'était que la civilisation humaine voyait dans la sédentarisation un signe de réussite. La fixité dans le lieu. La notion même de *mouvement arrêté* était perçue comme une garantie de perpétuité et une idée de beauté. L'art européen – avec ses scènes de foules, ses portraits, ses scènes de la nature – est largement affaire de *nature morte*. La perspective est préférée au désordre. Le lieu ne sert que de toile de fond.

Le fait que nos artistes aient fini par déboucher sur une idée agitée, insaisissable, de la couleur, de la forme et du mouvement a permis aux gens d'ici de s'imaginer dans une civilisation où il n'y a pas moyen d'asservir le lieu. Où la nature est désordre. J'ai écrit là-dessus dans *Réflexions d'un frère siamois*.

Ce que je dis ici à propos du langage n'a rien à voir avec le romantisme ou la culpabilité. Et cela n'a sûrement rien à voir non plus avec l'intérêt d'universitaires désireux de vampiriser des langues agonisantes. L'indifférence apparente de la société canadienne envers ces cinquante langues et plus est un autre reliquat des idées culturelles importées d'une tradition sédentaire, monolithique, qui s'est toujours sentie menacée par les langues minoritaires.

Je ne dis pas que l'heure est venue pour les non-Autochtones de faire la leçon à tout le monde sur la manière de sauver les langues et les cultures autochtones. Nous en avons déjà assez fait comme ça en essayant de les anéantir. La première chose à faire pour nous, c'est de leur donner le champ libre, et il faut entre autres ici faire en sorte que les systèmes et les budgets favorisent ces langues et ces cultures.

Il y a un moyen pour nous d'apporter une contribution très pratique à ce mouvement. Au cours du dernier demi-siècle, le Canada est devenu un chef de file mondial dans le soutien et l'enseignement des langues minoritaires, le français notamment. Nous avons perfectionné l'immersion française, qui fonctionne souvent dans des communautés où le français n'est la première langue de personne. Il y a un demi-siècle de cela, le bilinguisme était presque inconnu chez les anglophones canadiens. Ils comptent maintenant pour la moitié des bilingues du pays. Nos systèmes d'éducation desservant les petites communautés francophones isolées ont également fait leur marque.

Autrement dit, nous avons prouvé que le progrès linguistique en terrain difficile est réalisable. Et nous savons comment y faire. Nous devrions donc savoir comment soutenir les efforts des Autochtones en ce sens.

Enfin, il y a la situation gênante que crée le sous-financement fédéral chronique de l'éducation autochtone. Il faut que ça cesse, point. Nous n'avons pas su agir ici en citoyens qui se veulent responsables et empathiques, et je ne connais pas beaucoup d'échecs plus humiliants que celui-là.

Qu'en est-il du projet de loi sur l'éducation des Premières nations qui est né et a péri aussitôt en 2014 ? Plus on lit le projet de loi C-33, plus les contradictions qu'il renferme sont palpables. Par-dessus tout, on sent le refus du ministère des Affaires indiennes de lâcher prise. Le projet de loi débute sur une note optimiste. Son but est d'établir « *un cadre permettant aux Premières Nations de contrôler leurs systèmes d'éducation primaire et secondaire, pourvoyant à leur financement* [...] ».

Mais quand on y regarde de plus près, on voit que le nouvel organisme responsable – le Comité mixte de professionnels de l'éducation – est mentionné seulement vingt et une fois lorsqu'il s'agit du fonctionnement du système. Le ministre – c'est-à-dire les fonctionnaires du ministère – est mentionné trente-huit fois. Pire, le Comité semble n'être qu'un conseil consultatif assurant la liaison entre le ministère et les Premières Nations. On le confine essentiellement à un rôle d'arbitre. Si l'on mentionne le ministre aussi souvent, c'est parce qu'il détient le vrai pouvoir. Même au sujet de la nomination des membres du Comité, rien ne dit si les membres des Premières Nations auraient une voix prépondérante. Par-dessus tout, le ministère semble donner le *la* en toute chose, si tel est son bon plaisir.

Le Conseil ne doit se réunir que trois ou quatre fois par an. Ce n'est donc même pas une commission scolaire. C'est un organe consultatif. Le ministre est la voix de l'autorité ; traduction : ce sont ces braves bureaucrates des Affaires indiennes qui restent aux commandes.

Le projet de loi affirme haut et clair l'obligation d'enseigner l'anglais ou le français. Il est vrai qu'on parle aussi de crédits pour les langues autochtones, mais les conditions de mise en œuvre demeurent obscures, pour dire les choses poliment.

Tout ce qui concerne les qualifications pédagogiques et les critères de diplomation est basé sur les normes provinciales, non autochtones. Oui, le projet de loi parle des cultures et des langues autochtones. Mais les mécanismes de mesure et de mise en œuvre appartiennent au ministère et aux ministères provinciaux de l'éducation.

L'ancien chef national, Shawn A-in-chut Atleo, s'est battu bec et ongles pour ce programme et les crédits l'accompagnant, tout comme d'autres chefs d'ailleurs. Il a obtenu ce qu'il voulait, exploit en soi remarquable. Mais le ministère s'est accroché à son pouvoir. Et s'il a renoncé à quoi que ce soit de fondamental, c'était en faveur des ministères provinciaux de l'éducation et non des Premières Nations. Ce projet de loi est un autre exemple de la manière dont le gouvernement fédéral cherche à se soustraire à ses obligations en vertu des traités en déléguant ses pouvoirs aux provinces.

Il faut donc tout reprendre à zéro. Essentiellement, la mauvaise foi ici est le fait du ministère et du gouvernement.

On pourrait régler le problème aisément. C'est une simple question de priorité politique. Encore là, les citoyens pourraient décider d'élire ou de défaire les partis politiques qui sont favorables ou défavorables au financement de l'éducation autochtone au même niveau que celle des non-Autochtones, ainsi qu'au transfert des pouvoirs vers une autorité autochtone indépendante.

Six idées simples, presque simplistes. Est-ce que ce programme réglerait tout ? Pas du tout. Je ne me connais pas d'ambition de ce genre-là. Ce ne sont que des exemples de la manière dont les approches négatives, pessimistes et improvisées dans les dossiers autochtones peuvent être aisément converties en solutions innovantes et intégrées. Et toutes ces idées ont été proposées par le passé par les chefs autochtones à divers moments.

Ce que je dis, c'est que les deux ministères principalement responsables des questions autochtones ne dévient pas d'une conduite qui demeure très inquiétante. C'est particulièrement inquiétant parce qu'une fois qu'on a retranché les paroles positives et amiables, leurs initiatives révèlent un désir de pouvoir qui ne faiblit pas et le maintien d'une certaine approche culturelle seule jugée acceptable. Ces deux ministères n'ont sûrement pas fait preuve ici de cette inventivité politique qui a autorisé tant d'innovations au Canada, en tant de domaines, par le passé.

Parallèlement, les autres partis politiques semblent manquer d'idées fraîches de ce côté. Quelques députés, certes, s'intéressent à la question. Mais aucun parti ne semble avoir saisi complètement la réalité du retour en force des Autochtones. Aucun n'a repensé ses priorités de manière à pouvoir agir sur cette grande question de notre temps. Et aucun parti ne s'est hissé au-dessus de la médiocrité utilitaire qui passe pour une pensée politique aujourd'hui dans notre pays de manière à proposer une approche différente. Dans nombre de dossiers, Macdonald et Cartier l'ont fait. Tout comme Wilfrid Laurier. Même Mackenzie King. Diefenbaker aussi. Pearson. Trudeau. À croire que nous sommes désormais allergiques à l'envergure.

La voie vers l'originalité, en matière de direction politique au Canada aujourd'hui, passe par la question autochtone. Attaquons-nous à cette question, et nous aurons réimaginé comment nous pourrons fonctionner comme civilisation. Les systèmes publics au Canada doivent en finir avec la culture de domination, de chipotage, de négativité qui est le fait du ministère des Affaires indiennes et de ses appendices juridiques. Et nous, comme peuple, devons nous éloigner de ce point de vue du Sud, essentiellement colonial, surtout propre à la mentalité de l'industrie extractive, pour nous rapprocher d'une perspective qui voit dans les deux tiers nord du Canada et ses communautés plus ou moins isolées une fin et un mode de vie en soi. Ce que nous croyons être des difficultés impossibles résulte du fait que le pays n'investit pas dans de grands programmes inspirés. Bon nombre des solutions résident dans les communautés autochtones. Et au minimum, nous avons l'obligation fondamentale de les soutenir.

20

Le choix

Nous pouvons choisir. Mais, pour une raison quelconque, aujourd'hui, nous n'y croyons pas. C'est un phénomène observable partout en Occident. Sauf que dans notre pays, une telle frilosité, une telle crainte de l'action novatrice, est particulièrement étrange.

Nous n'avons jamais été aussi riches, du moins notre société prise dans son ensemble. Nous n'avons jamais été aussi scolarisés. Au titre de l'action individuelle, jamais nous n'avons été aussi entreprenants dans tant de domaines : trappeurs, bûcherons et mineurs que nous étions, nous avons acquis la maîtrise de la technologie spatiale et une littérature nobélisable. Et pourtant, jamais notre société n'a autant craint les actions de grande ampleur, d'imagination, du genre de celles qui nous ont fait faire tout ce chemin.

C'est précisément ce genre d'action décisive, d'engagement sociétal si l'on veut, qu'il faut aujourd'hui pour faire face à la réalité autochtone.

Qu'est-ce qui nous empêche – qui vous empêche – de chasser des gens du Parlement, du pouvoir – en votant, tout simplement – parce qu'ils refusent d'agir dans le dossier autochtone ? Qu'est-ce qui nous empêche – ou vous – d'élire des parlementaires qui s'engageraient à agir immédiatement et équitablement sur les questions autochtones et qui en feraient une priorité de leur plan d'action ?

Trois obstacles me viennent à l'esprit.

D'abord, il se pose un problème d'ordre international, ou plutôt occidental. Depuis quarante ans, le discours public qui inspire nos gouvernants dit que nos options sont limitées. Très limitées, même. Pourquoi ? Imposer les entreprises est mal. La dette publique est signe de désordre. Les initiatives publiques sont coûteuses et vouées à l'échec. Il faut laisser le marché tranquille. Entre-temps, décontractez-vous, enrichissez-vous, faites confiance aux grandes forces économiques. Et si elles échouent, eh bien, c'est la faute du bien public. Quoi qu'il en soit, il n'y a pas d'autre option.

C'est le discours qui nous domine depuis plusieurs générations maintenant. On nous a permis de manœuvrer prudemment dans les limites de ces grandes vérités. Donc nous nous employons à réduire la dette publique. Ou nous culpabilisons si nous n'y arrivons pas. Ou nous sommes punis par les instances internationales qui sont conçues pour défendre l'idéologie dominante. Entre-temps, nos lois sont de plus en plus conçues pour récompenser l'action individuelle intéressée au détriment du bien public.

Bien sûr, il est faux de dire que nous n'avons pas beaucoup de choix. Les possibilités s'offrant à nous n'ont jamais été aussi vastes. Pensez-y : nous avons réussi à créer un système d'enseignement public et à poser nos lignes de chemin de fer il y a bien longtemps de cela alors que le trésor public faisait pitié et que nous n'avions pas les infrastructures qu'il fallait. Pourquoi pensons-nous alors que nos options sont si restreintes ? C'est parce que nous avons adhéré à un argumentaire idéologique. Certains partis politiques se font les champions de cette idéologie. Les autres partis sont trop conformistes, apeurés ou inimaginatifs pour modifier le cours des choses. Ainsi, lorsqu'ils arrivent à prendre le pouvoir, ils se contentent de pinailler sur les détails.

L'essence de cette idéologie est de prôner la marginalisation du bien public en faveur de l'intérêt personnel hobbesien : il faut craindre l'autre, ne s'occuper que de soi. Il faut punir davantage, bâtir de nouvelles prisons, encourager l'individualisme, mais sans imposer de freins qui favoriseraient l'équité. Les Canadiens n'ont jamais vraiment adhéré à ce consensus élitaire. Nous nous accrochons aux grandes institutions du bien public même lorsque les élites tentent de les rogner. Leur seul recours est de rogner, et d'enfouir des bombes à retardement dans des projets de loi omnibus, parce qu'elles savent que nous allons voter contre toute action trop manifeste.

Nous n'avons su que résister, pas plus : notre résistance a été citoyenne. On a vu à l'œuvre une sagesse citoyenne prudente qui manœuvrait contre les forces coalisées de la conformité idéologique et administrative. Mais il arrive ce qui doit arriver : graduellement, les gens finissent par se lasser. Les structures du bien public se fragilisent, s'effritent. C'est ce qui se produit quand on se prive d'initiatives enlevantes et de réformes novatrices.

À la place, au nom de la réforme, nous avons droit à l'austérité institutionnalisée à long terme. Des compressions ici. La suppression de quelques sauvegardes là. Une pression constante pour faire moins avec moins.

Mais nos structures ont été inventées avec de l'imagination et de l'allant. On ne pourra les fortifier que si l'on accepte de réimaginer constamment le bien public d'un point de vue éthique. Bien alimentées, elles pourront même faire plus avec moins. C'est cela, le cercle créatif.

La crainte d'imaginer et le remplacement de l'utilité sociale par l'efficience technique encouragent la dessiccation. Puis la peur nous prend. Comme dans un cercle vicieux, on investit moins, on se retrouve avec moins de services, et cela nous conduit à penser que nous n'avons pas les moyens d'avoir ce que nous avons, et ainsi de suite.

Quant à la classe politique, elle est tout étonnée de voir que ses convictions sont incapables de favoriser la croissance ou une prospérité mieux partagée. Incapables d'admettre leur échec, les gouvernants glissent dans une autre crainte, d'un genre qui paralyse toutes les facultés d'autocritique et ne se nourrit que de continuité. Si bien que, nous comme eux, prenons de plus en plus peur.

Pourquoi cela fait-il obstacle au grand retour autochtone ? Parce que ce sentiment généralisé de menace, cette dissipation de la confiance en soi nécessaire à l'évaluation des choix et des actes, mine la capacité que nous avons d'appréhender la moindre question stratégique et d'y voir une occasion de modifier le cours des choses dans un sens qui va changer la société.

Le deuxième obstacle ?

Ces institutions carencées qui dirigent les affaires autochtones au Canada ont des racines profondes, et les personnes qui sont aux commandes et ont le pouvoir d'améliorer les choses – les ministres, les fonctionnaires, les avocats du ministère de la Justice, les partis politiques, de nombreux universitaires, les commentateurs de service – n'arrivent pas à comprendre qu'ils sont en partie la cause même du problème.

Ils sont très rares à vouloir repenser le discours dominant. Leur discours. Ils sont convaincus d'agir dans l'intérêt supérieur de ceux qui, de leur avis, ne peuvent agir par eux-mêmes. Et aussi, bien sûr, dans l'intérêt supérieur du contribuable. Mais s'ils agissaient vraiment dans notre intérêt supérieur à tous – à nous tous, autochtones ou non – la moitié des aqueducs dans les communautés autochtones ne seraient pas de qualité inférieure aux normes canadiennes, quand ils ne sont pas tout simplement contaminés. Comment se fait-il que cette situation perdure ?

Cette idée déformée de l'action responsable tient presque

du délire. Et pourtant, ce sont tous de braves gens. Ou ce pourraient être de braves gens si le récit qui gouverne leur action n'était pas le même. Entre-temps, leur anxiété augmente quand ils se voient de plus en plus déconnectés de leurs « clients ». C'est peut-être la raison pour laquelle les avocats de la Justice sont si belliqueux.

Quoi qu'il en soit, ils se conduisent comme s'ils étaient en guerre contre cette nouvelle élite autochtone, elle qui triomphe devant les tribunaux, avec un discours soutenu et conquérant qui leur vient des écrivains autochtones, des personnalités publiques, des mouvements et d'un nombre croissant de sympathisants non autochtones. Ce discours prenant plus de cohésion et d'ampleur, l'incapacité également croissante des institutions à réagir avec ouverture et générosité d'esprit ne va qu'accroître la tension.

Ce qui fait que cette tension est de plus en plus insoutenable, c'est l'imminence du changement. Les gouvernants ne peuvent rien pour le stopper. Le récit canadien va en venir à refléter le rôle capital des Autochtones. La seule question est de savoir dans quelles conditions.

Troisième obstacle, et le plus important : je ne suis pas du tout convaincu que notre société ait changé d'idée quant à la place des Autochtones au Canada. Nous voulons croire que nous avons changé, oui. Mais regardez dans le miroir devant vous. Voyez à quoi vous ressemblez. À quoi nous ressemblons. Nous sommes confrontés à une situation fondamentale et inacceptable. À des conditions sociales inadmissibles. Le pilier fondateur de notre civilisation est aliéné. Non seulement l'État nie des droits fondamentaux, il faut en plus qu'il les combatte. Et vous et moi permettons que tout ceci perdure.

Nos attitudes n'ont-elles pas changé en profondeur ?

Sommes-nous entravés par un racisme si profondément ancré en nous que nous n'en reconnaissons pas la présence ? Est-ce que l'influence destructrice de l'industrie extractive agit si profondément au cœur de nos systèmes gouvernementaux que nous ne pouvons même pas voir comment elle handicape la faculté que nous avons de nous gouverner nous-mêmes ? Ou s'agit-il d'une peur encore plus profonde : que si nos gouvernants préconisaient plus de justice pour les Autochtones, tout le récit qui leur permet de se lever le matin et de fonctionner s'écroulerait du jour au lendemain ? Que tout le récit de la civilisation européenne éclairant la moitié nord du continent finirait par s'effacer tout à coup ? Que les raisons mêmes de toutes les mesures que nous avons prises par le passé deviendraient confuses ? Que la légitimité de la tenure foncière se volatiliserait ?

Ce troisième obstacle que je décris ici tient aux racines de l'autorité. Il s'agit des mythologies fondamentales qui assurent la légitimité. Ah bien, allez-vous penser, si ce n'est qu'une question de mythologie... Mais s'il ne s'agit en effet *que* de mythologie, comment se fait-il que partout où il s'exerce, le pouvoir s'appuie sur le mythe ? Pourquoi les écrivains constituent-ils le seul groupe social qu'on emprisonne encore et même qu'on assassine par centaines chaque année partout dans le monde ?

Parce que le mythe définit la forme que prend le pouvoir. Il impartit la force légitimatrice qui permet à une société de fonctionner. Écoutons E. Richard Atleo (Umeek) : « Les mythes sont un reflet de la nature de la réalité ainsi qu'une source de sagesse dans la compréhension de celle-ci. »

Qu'il s'agisse de racisme, de corruption incorrigible ou de faux mythe intoxicant, le problème demeure le même. Nous n'avons pas vraiment décidé fondamentalement de modifier l'idée que nous nous faisons de nous-mêmes et de notre société. C'est pourtant le pas que nous devons franchir si nous voulons agir dans le respect de notre vraie personnalité.

Comment supprimer ces obstacles ?

Nous pourrions commencer par respecter notre passé. Nous nous sommes mis d'accord sur l'importance des lois. Qu'elles doivent être obéies. Que la répartition constitutionnelle des pouvoirs a son importance. Ces règles qui ont aujourd'hui cent cinquante ans définissent la manière dont les gouvernements fédéral et provinciaux doivent fonctionner. Les lois fondamentales concernant la propriété privée remontent à il y a des siècles. Nous nous y conformons. Notre système judiciaire a été structuré par LaFontaine et Baldwin de 1848 à 1851. Lorsque les lois cessent à nos yeux de servir la justice, nous les réformons. Mais nous respectons la continuité, la réalité du passé.

La Cour suprême a rendu une série de jugements au cours des trente dernières années qui ont confirmé la position des Autochtones, leurs droits et leurs pouvoirs. Pourquoi permettons-nous aux gouvernements d'en faire abstraction, même s'ils renferment les solutions à une bonne part des problèmes qu'éprouvent les Autochtones ? Même s'ils confirment la réalité de la position autochtone ?

Notre société ne peut pas fonctionner si nous ne retenons que les décisions de justice passées qui font notre affaire. Ce n'est pas ça, la justice. Cela ne reflète pas non plus notre réalité. Nous avons donc l'obligation – tous autant que nous sommes – de le réaffirmer. Pour nous-mêmes. Et pour ceux qui sont au pouvoir.

Il y a un principe fondamental qui anime la relation entre Autochtones et nouveaux venus depuis 1600. « Dans le système politique et juridique autochtone, la notion et la pratique de la réciprocité sont d'une importance cruciale. » Toute cette pratique d'« échange », comme l'écrit l'historienne manitobaine Jean Friesen, présentait des « aspects magiques, sociaux, religieux, politiques, individuels et moraux ». C'était une « obligation mutuelle ». Une « réciprocité équilibrée ».

Équilibre et réciprocité. Une bonne part de ce qui fonctionne dans notre société est basée sur l'équilibre et la réciprocité. La péréquation. La santé publique. Le seul groupe qui n'en profite pas en ce moment est celui qui nous a transmis cette notion de gouvernance. Encore là, en tant que citoyens, il s'agit d'être honnêtes envers nous-mêmes. Nous devons faire en sorte que l'on pratique l'équilibre et la réciprocité dans nos relations avec les Autochtones, comme cela avait été convenu dans les traités.

Cela demeurera impossible tant et aussi longtemps que le ministère des Affaires indiennes existera, du moins dans sa forme actuelle. Il faut retirer à ce ministère le pouvoir qu'il détient sur « les pupilles de l'État ». Quant aux avocats du ministère de la Justice, si l'on veut en finir avec l'atmosphère antagonique, voire violente, qu'ils installent, il suffit de les muter et de les remplacer par des avocats qui s'y entendent en réconciliation et en médiation. On ne manque pas, dans le Canada d'aujourd'hui, d'avocats qui comprennent les enjeux des traités, la nécessité de s'entendre rapidement, et qui sont favorables aux idées de restitution, de réconciliation, d'équilibre et de réciprocité.

Disons-le franchement : les gouvernements fédéral et provinciaux et leurs avocats semblent décidés à agir comme si les arrêts répétés de la Cour suprême n'existaient pas. Mais il y a bien d'autres avocats qui respectent la Cour et comprennent ses jugements.

Retirer au ministère ses pouvoirs et modifier l'attitude du gouvernement ne serait qu'une première étape. Il serait alors possible d'agir. Cela requiert une consultation massive et urgente, soit le genre de consultation qui ne ressemble en rien à la décision d'une entreprise de creuser un trou ou de construire un pipeline.

Pourtant, le gouvernement lui-même admet qu'il n'existe « aucun protocole ou politique de consultation normalisée qui guiderait les provinces et les entreprises en ce qui concerne le niveau de consultation et les formes d'accommodement requis par l'obligation constitutionnelle de consulter ». Pourquoi ? Parce que le gouvernement fédéral lui-même ne possède ni protocole ni politique en ce sens. James Anaya, qui faisait rapport sur la condition autochtone au Canada pour le compte du Conseil des droits de l'homme des Nations Unies en 2014, a écrit : « Le gouvernement semble considérer que les intérêts généraux des Canadiens et ceux des Autochtones ne se confondent pas, qu'ils s'opposent plutôt. »

Pourtant, l'urgence de la situation exige qu'on attaque sur tous les fronts. Songez à la manière dont nous avons retourné la situation en faveur des francophones et de la langue française dans les années 1960 et 1970 grâce à des stratégies multiples : les transferts financiers, les commissions scolaires pour les francophones minoritaires, l'immersion française, les services gouvernementaux bilingues, les politiques publiques relatives au recrutement et aux compétences linguistiques. Nous avons pris des risques. Nous avons inventé des approches à partir de rien. Nous avons investi beaucoup d'argent. Il en est résulté une réussite remarquable. Songez comment nous avons énergisé et pondéré nos politiques en matière d'immigration et de citoyenneté avec le système de points, une pléthore de programmes de soutien, des cours de langue, des programmes de partenariat. Encore là : on a risqué, on a inventé, on a investi. Il en est résulté une approche audacieuse en matière de citoyenneté.

Dans ces deux domaines, nous avons compris qu'il fallait choisir entre agir ou souffrir terriblement de notre inertie. Nous avons donc agi. L'effet a été tout simplement remarquable.

La situation des Autochtones reflète une crise sociale classique mais pose aussi un problème crucial pour l'avenir du pays. En 1988, à Edmonton, Georges Erasmus a été élu pour un second mandat comme chef national. Dans son discours d'investiture, il a déclaré : « Canada, si tu ne t'assois pas avec notre génération de leaders pour rechercher des solutions pacifiques, la prochaine génération pourrait fort bien recourir à un type de violence politique qui sera sûr de te déplaire. » C'était un peu avant Oka.

En réponse à un journaliste de Radio-Canada qui lui demandait ce qu'il entendait par là, Erasmus a ajouté : « Nos peuples sont d'une tradition où l'on prévient l'ennemi. Normalement, nous donnons trois avertissements. Les Premières Nations viennent de donner au Canada le premier avertissement. » Erasmus n'incitait pas à la violence, pas plus que Taiaiake Alfred aujourd'hui alors que nous avons reçu depuis longtemps le troisième avertissement. Il disait simplement ceci : « Le gouvernement canadien ne prend pas nos enjeux au sérieux. » Il fallait donc s'attendre à des conséquences. Le gouvernement ne prend toujours pas ces enjeux au sérieux, même si la direction des événements est claire. Et les conséquences sont plus évidentes que jamais.

Oka, Gustafsen Lake, Ipperwash, Burnt Church, Caledonia. Cinq affrontements hideux, violents et tragiques, de 1990 à 2006. Que nous disent ces incidents ?

D'abord, qu'il ne faut pas se surprendre de ces flambées de violence épisodiques après cent cinquante ans de manquements aux traités, d'acquisitions foncières douteuses de la part des trois paliers de gouvernement et le refus soutenu du fédéral

Le soldat Patrick Cloutier, du 22e régiment, et Brad Larocque, guerrier mohawk et étudiant en sciences économiques à l'Université de la Saskatchewan, le 1er septembre 1990, pendant la crise d'Oka. © Shaney Komulainen / La Presse canadienne.

de négocier de bonne foi sur les questions territoriales et autres. La crise d'Oka remonte en fait à 1718 ; Caledonia, à 1841 ; le dernier chapitre dans l'affaire d'Ipperwash a commencé en 1942. Dans un système malade, les abcès enflent tout à coup et éclatent.

Ensuite, ces cinq incidents traversent tout le Canada du Sud : une grande ville, ses banlieues, de petites villes, des bourgs, des ports de pêche, des forêts isolées. Personne ne peut dire : c'est de leur faute.

Dans tous les cas il y a eu panne sur les plans politique et administratif. Ceux qui avaient l'obligation de diriger, par conséquent d'unir les citoyens, étaient ni plus ni moins aux abonnés absents. Il y a eu deux exceptions. D'abord, une figure résolument héroïque – le ministre québécois John Ciaccia – qui a dû travailler avec le soutien plus qu'hésitant de ses collègues et d'Ottawa. Puis, un chef – le premier ministre ontarien

Mike Harris – qui a manqué à ses responsabilités en agissant comme une force maléfique, en encourageant l'affrontement. Quand c'est un chef élu qui agit de la sorte, *maléfique* est le mot juste.

Est-il permis de croire que les gouvernants d'aujourd'hui comprennent l'obligation qu'ils ont de neutraliser la tension au lieu de laisser les événements jouer le jeu destructeur de forces antagoniques ? Très difficile à dire.

Le fait est qu'on a aujourd'hui une compréhension plus aboutie et plus large des questions autochtones. Sauf que de nombreux dirigeants préfèrent tout miser sur la peur, dressant les citoyens les uns contre les autres dans ce qui, à première vue, semble être des enjeux non autochtones. Mais s'il y a nouvelle explosion, cet état d'alarme pourrait aisément faire le malheur des peuples autochtones.

On note que, dans les cinq cas, la Sûreté du Québec, la Police provinciale de l'Ontario et la GRC n'ont pas été longues à adopter une stratégie paramilitaire. On les a vues se doter aussitôt de matériel militaire et donner dans le mode anti-émeute tous azimuts afin d'intimider, d'apeurer et d'intervenir violemment. Dans chaque cas, elles brûlaient manifestement de *donner une leçon aux Indiens*.

Résultats prévisibles : la rancœur, la sclérose, la violence et des morts. Et une détermination renouvelée de la part des Autochtones à résister à l'intimidation.

La police a-t-elle changé ? On n'en voit guère les signes. Si l'on en juge d'après l'atmosphère de peur grandissante, une série d'incidents impliquant des non-Autochtones, par exemple les violences de la police lors du sommet du G20 à Toronto, l'affaiblissement des droits civiques, la croissance fulgurante des budgets voués à la sécurité, la normalisation de la surveillance généralisée, tout indique le contraire. Pendant la période du mouvement Idle No More, le simple fait que des participants rappellent l'affaire d'Oka a incité la police, les Affaires indiennes et le Service canadien du renseignement de sécurité à échanger des informations comme s'ils se préparaient à une déflagration.

Enfin, dans certains de ces cas, la crise n'a pris fin que lorsque les gouvernements fédéral et provinciaux ont acheté les biens fonciers qui étaient au cœur du différend et en ont tacitement laissé l'usage aux Autochtones. Mais jamais on n'a rendu les terres légalement à la Première Nation lésée. Voilà pourquoi à Oka, à Caledonia et à Ipperwash, la plaie suppure toujours.

Et l'essentiel est là, justement. Nos gouvernements, probablement conseillés en ce sens par les avocats du ministère de la Justice, ne peuvent tout simplement pas se résoudre à rendre des terres. C'est le problème fondamental. C'est la clé de voûte de toute réconciliation, qui n'aura de sens que s'il y a restitution.

Si l'on n'en a que pour les gouvernements, il y a de quoi désespérer de la situation. Je préfère pour ma part porter mon attention sur la vigueur croissante des Autochtones et le pouvoir qui nous reste à nous, citoyens.

« Le Canada est le terrain d'essai d'une noble idée – l'idée selon laquelle des peuples différents peuvent partager des terres, des ressources, des pouvoirs et des rêves tout en respectant leurs différences. » Ainsi débutait l'introduction des commissaires au rapport de 4 000 pages de la Commission royale sur les peuples autochtones, coprésidée par Georges Erasmus et René Dussault. Tout est là. On y trouve le récit qui reflète notre image. « L'histoire du Canada est celle de beaucoup de ces peuples qui, après bien des tentatives et des échecs, s'efforcent encore de vivre côte à côte dans la paix et l'harmonie. »

« Cependant, sans justice, il ne peut y avoir ni paix ni harmonie. »

On voit ici la clarté d'un argumentaire qui fait fond sur le contexte canadien. Ovide Mercredi, ancien chef national : « Ces deux objectifs, à savoir demeurer des peuples distincts tout en appartenant en tant qu'égaux à une grande communauté nationale, un pays par exemple, ne sont pas des rêves inconcevables. » Ou E. Richard Atleo (Umeek) qui écrit sur la manière de promouvoir « l'équilibre et l'harmonie entre les êtres » par l'utilisation des « lois de l'extrémité positive de la polarité ».

Ceux d'entre nous qui n'ont jamais su dépasser le modèle euro-états-unien de l'État-nation restent perplexes devant de telles paroles. Ils n'y ont jamais rien compris. Car on ne retrouve pas ici la logique de l'État central monolithique, voué à imposer sa culture et sa mythologie. Dans leur esprit, il ne peut pas y avoir de véritable État sans cela. D'où toutes les tensions nocives au Canada. Bon nombre de nos dirigeants sont eux-mêmes accrochés au modèle de souveraineté nationale euro-états-unien. Ils s'emploient frénétiquement à fabriquer des mythes simplistes – peuplés de familles royales, de victoires militaires, de héros, de valeurs canadiennes ou québécoises – où l'on plagie en fait les modèles britanniques, français ou américains. Vous direz que ce sont là des notions émargeant à un patriotisme suranné. Mais quand je dis *suranné* ici, j'entends un modèle qui n'a jamais vraiment marché au Canada, un modèle qui conduit au genre de misère patriotique que l'on connaît en Europe et aux États-Unis, où les races sont hiérarchisées, des langues sont interdites, des cultures exclues, où une religion devient officielle, ou alors toutes les religions sont marginalisées pour que la mythologie monolithique de l'État puisse devenir religion d'État. On parle alors, hypocritement, d'un État laïc. Et tout cela est fait au nom d'une mythologie exagérément simplifiée et centralisée.

Mais si c'est ainsi, me demanderez-vous, qu'est-ce qui nous unit dans notre modèle pluriel, non monolithique ? Revenez aux idées dont je me fais l'écho : la paix et l'harmonie, l'équilibre et l'harmonie, la pondération et la réciprocité. Voyez l'élégance du propos : « L'idée selon laquelle des peuples différents peuvent partager des terres, des ressources, des pouvoirs et des rêves tout en respectant leurs différences. » « Cependant, sans justice, il ne peut y avoir ni paix ni harmonie. » Ce qui me rappelle cette expression de la Constitution canadienne qui est toujours d'actualité, *la paix, l'ordre et le bon gouvernement*, où l'ordre se veut affaire de bien public et de justice. J'en parle dans *Mon pays métis*.

Une autre citation. Elle nous vient d'Alexander Morris, lieutenant-gouverneur du Manitoba dans les années 1870 et négociateur en chef des traités : « Je souhaite prendre les Ojibwés par la main et la garder pour toujours dans la mienne. » Nous savons aujourd'hui que ses motifs étaient multiples, voire confus. Mais nous savons aussi que ses paroles furent « reçues et comprises dans leur sens moral aussi bien que littéral ». Et il le savait aussi. C'est la raison pour laquelle il a employé ces mots. Il voulait qu'ils soient compris comme tels. Il se trouvait à engager l'État dans une relation réciproque et pérenne. Peu importe ce que disent les textes juridiques parce que, dans une relation de type oral, la relation juridique *est* orale, justement. Voilà pourquoi la Cour suprême tranche si souvent en faveur des Autochtones.

Une cour de justice ne peut pas récompenser l'hypocrisie ou le mensonge flagrant. Le gouvernement et ses mandataires ont construit le Canada en reprenant constamment les mots des Autochtones et le sens que ceux-ci leur donnaient : le langage des engagements de longue durée pris dans leur sens intégral. Les Autochtones reprenant des forces, les tribunaux rappellent aux gouvernements les termes qu'ils ont employés pour asseoir leur pouvoir.

Cela est bon pour nous tous, et ce, pour une très bonne raison. Dans la mesure où le Canada a été fondé sur des notions autochtones, la porte est grande ouverte à tous pour imaginer notre être dans des termes qui soient à la fois intéressants et appropriés. Et les chefs autochtones, avec leur force croissante, ont déjà apporté une contribution des plus valables. Ils se sont donné les moyens nécessaires pour comprendre non seulement les points de vue autochtones mais aussi la confusion culturelle dans laquelle nous, les autres, sommes plongés. Cela a son importance car nous n'avons pas encore appris à écouter. Je pense que c'est la raison pour laquelle tant d'intellectuels autochtones font des efforts, non seulement pour s'expliquer eux-mêmes, mais aussi pour nous dire comment ils voient le système.

Jim Dumont : « La vision du monde dominante qui nous entoure aujourd'hui et à laquelle nous sommes obligés de réagir est étroite dans sa vision, exclusive et détachée dans ses rapports avec l'ensemble de l'environnement, analytique et déductive dans sa perception et sa pensée, linéaire dans son action, hiérarchique et compétitive dans la gestion de son champ d'activité. » Autrement dit, elle est « déficiente relativement à la plupart des qualités de l'intelligence supérieure ».

Mais attendez ! La crise est dans le monde autochtone, non ? Oui, il y a des problèmes chez les Autochtones, dont bon nombre résultent des politiques et des structures mises en place par le Canada.

Mais n'y a-t-il pas une crise encore plus profonde dans le monde non autochtone ? Sinon, pourquoi avons-nous autant de mal à écouter – à écouter sérieusement – les points de vue qui nous viennent du pilier fondateur de notre civilisation ? Souffrons-nous d'insécurité à ce point ? Avons-nous peur de faire nôtres des idées qui, après tout, ont été au cœur de la fondation et de la survie du Canada ? Ou est-ce parce que nous manquons de sensibilité ? Avons-nous emmuré inconsciemment nos émotions pour nous protéger contre la réalité du lieu ? Ou s'agit-il simplement d'un manque de conscience ? Ou de tout cela ensemble ?

Leroy Little Bear : « Tout individu au sein d'une culture a sa manière à lui d'interpréter le code culturel collectif ; cependant, sa vision du monde tire son origine de sa culture, c'est-à-dire de la philosophie commune de la société, ses valeurs et ses coutumes. Si l'on veut savoir pourquoi les visions du monde autochtones et eurocentriques se heurtent, nous devons comprendre comment la philosophie, les valeurs et les coutumes des cultures autochtones diffèrent de celles des cultures eurocentriques. »

J'ai commencé *Mon pays métis* en disant que le Canada est une civilisation métisse, une civilisation influencée par le modèle métis de la complexité. Le peuple métis a démontré que la complexité pouvait servir de modèle civilisationnel. Son pouvoir et son influence tout au long des XVIIIe et XIXe siècles et son rôle comme intermédiaire politique et économique l'illustrent bien. Voyez l'importance qu'il avait dans le commerce des fourrures ; c'est lui qui a rendu possible ce que les Européens appelaient l'exploration et la négociation des relations, y compris les traités. Nous, non-Autochtones, sommes en quelque sorte une version désordonnée de leur complexité structurée. Leroy Little Bear fait valoir que les cent cinquante dernières années ont défait, mais sans les détruire, des existences distinctes, léguant aux Autochtones des « visions du monde fragmentées ». « Une énigme que chacun doit essayer de tirer au clair », dit-il. On pourrait en dire autant des non-Autochtones. La différence, c'est que les Autochtones ont conscience de la complexité. « La conscience autochtone est devenue un lieu où les désirs et les valeurs se chevauchaient, se combattaient, se fragmentaient et se concurrençaient. » Le défi consiste aujourd'hui à profiter de cette complexité. L'élite autochtone reprenant ses forces, ses membres retrouvent dans cette fragmentation échevelée les racines et les formes très différentes de leurs propres origines. Comment ? En utilisant leur « conscience ambidextre ».

Atout majeur ici : l'émergence d'une philosophie autochtone structurée et écrite, d'écoles de philosophie basées dans des universités. C'est un monde foisonnant. On y dit des choses nouvelles. Ces philosophes proposent de nouveaux contours éthiques pour la société. Et leurs arguments prennent racine ici même. Comparez cela aux départements de philosophie conventionnels, enlisés qu'ils sont dans le commentaire microscopique des idées européennes, un monde aride de références coloniales.

Et nous, les non-Autochtones, dans tout cela ? En surface, nous avons dérivé lentement vers une sorte de contentement médiocre où rayonne la vision utilitaire de la société. La politique gouvernementale n'en a plus que pour l'intérêt personnel de chacun et la mécanique de l'administration. Tout le monde restant sur sa faim, nous ne demandons plus qu'à nous étourdir de chauvinisme saugrenu. Étalage cocardier qui nous refoule vers les modèles surannés d'appartenance nationale importés d'Europe.

Les questions philosophiques ont donc leur importance. Quelle image devons-nous avoir de nous-mêmes ? La réponse esquisse une action possible.

Jim Dumont : « Le Cercle, donc, étant primordial, influence notre vision du monde en toute chose. Dans la façon dont le monde évolue – c'est-à-dire comment le monde naturel croît et fonctionne, comment toute chose s'avance vers sa propre destinée tout en changeant d'une phase à l'autre – le Cercle devrait être présent partout où se pose notre regard. »

Cette façon de concevoir la société n'a plus rien de mystérieux pour de nombreux Canadiens. Nous avons appris quelque chose ces dernières années. Ou nous nous en sommes souvenus. Mais nous semblons avoir atteint un point où certains disent : *Ah oui, le cercle, bien sûr, bien sûr,* comme pour dire *Ça va, on a compris, revenons maintenant aux choses sérieuses, par exemple la gestion rationnelle,* comme si nous étions nerveux à l'idée de nous trouver en territoire non linéaire. Certains pensent encore avec conviction que seule l'approche rationnelle, linéaire, renferme toutes les réponses voulues et requiert de notre part une attention et une étude constantes, alors que l'approche circulaire, inclusive, a quelque chose de romantique et de simpliste. Je pourrais aisément plaider que l'exact contraire est vrai.

Voilà pourquoi le grand retour autochtone est si important pour nous tous. Prenons par exemple l'approche du Canada en matière d'immigration et de citoyenneté. Elle ne doit rien à l'idée occidentale rationnelle sur la manière d'organiser l'État-nation et de définir l'appartenance. C'est précisément la raison de son succès. Elle est entièrement le fruit de l'idée circulaire de l'appartenance, le résultat presque inconscient de cet accueil particulier fait aux immigrants depuis trois siècles par les peuples autochtones. Quand ça va mal – par exemple, dans le cas du programme des travailleurs migrants –, c'est toujours parce qu'on a voulu rationaliser, européaniser ou américaniser le système.

Le risque de l'égarement est accentué aujourd'hui par l'atmosphère croissante de peur en Occident, avivée par les divers services de sécurité et par la résurgence des nationalismes à l'ancienne. Ceux qui instrumentalisent la peur ne peuvent voir qu'une menace dans l'approche canadienne à l'immigration et à la citoyenneté, qui est décontractée, ouverte et joyeusement confuse. Car si notre système fonctionne, leur culte de la peur risquerait de passer de mode.

Mais est-ce que cela les préoccupe vraiment ? Je ne manque jamais de remarquer l'hostilité que rencontre notre approche chaque fois que j'assiste à une rencontre internationale d'experts qui parlent de sécurité et d'immigration, par exemple. Ils n'en ont, semble-t-il, que pour les migrants, l'identitaire, les différences inconciliables entre les ethnies et les religions. Ils ne veulent pas entendre parler d'immigrants qui se transforment avec une aisance relative en citoyens engagés et collaborent avec d'autres dans la bonne humeur, sans se soucier des clivages ethniques et religieux.

C'est ici qu'on voit la force de l'approche conceptuelle autochtone de l'appartenance. Leroy Little Bear : « La fonction des valeurs et des coutumes autochtones consiste à nourrir les relations qui maintiennent l'intégrité de la création. » Ce qui est l'exact contraire de l'approche déconstructive que préconise l'Occident.

Dans les années 1960 et 1970, un petit groupe d'Occidentaux, dont Rachel Carson, Barbara Ward et Maurice Strong, ont fait de l'environnementalisme un mouvement international. Des expressions comme *développement durable* et *biodiversité* ont alors fait leur apparition. Le rôle de Maurice Strong était celui de l'organisateur qui transcende les frontières culturelles, politiques aussi bien qu'intellectuelles. Il a organisé la conférence environnementale de l'ONU de 1972 à Stockholm, puis le Programme des Nations Unies pour l'environnement, et enfin le Sommet de la Terre de Rio de 1992. Il a collaboré étroitement avec les peuples autochtones du Canada, qui l'ont profondément influencé. Tout avait commencé pour lui en 1945, quand il avait quitté l'école dans le sud du Manitoba, à l'âge de seize ans, pour aller travailler dans la communauté inuite de Chesterfield Inlet, qu'on appelle aujourd'hui Igluligaarjuk, au Nunavut.

Pourquoi en parler ? Parce que le mouvement environnemental semble aujourd'hui entravé dans sa marche par les structures intellectuelles occidentales, qui ont marginalisé les grandes questions comme le réchauffement de la planète avec un méli-mélo de faits et une volonté désespérée d'analyser ces questions à partir d'un point de vue utilitaire, linéaire. Toute approche conceptuelle ou holiste est ridiculisée ou réprimée. Mais on ne peut changer d'orientation dans les grands dossiers que par une approche conceptuelle, holiste. Leroy Little Bear :

« Toute chose est animée, douée d'un esprit et en mouvement constant. Dans ce domaine constitué d'énergie et d'esprit, les relations entre toutes les entités sont d'une importance primordiale, et l'espace y est un référent plus important que le temps. »

Il y a quelques années de cela, dire ces choses vous aurait valu de passer pour fou. On peut voir aujourd'hui qu'il s'agit d'une philosophie qui permet à la biodiversité de prendre tout son sens, ainsi que l'idée de durabilité. Et l'on peut ajouter à cela ces idées que sont l'équilibre et l'harmonie.

E. Richard Atleo (Umeek) explique que les conceptions occidentales de la démocratie omettent toute une série d'éléments essentiels présents dans la philosophie autochtone. Pourquoi avons-nous tant de mal à prendre au sérieux l'idée de durabilité ? C'est parce que nos conceptions sous-jacentes de progrès et de droits individuels n'en veulent pas. La continuité n'est pas une idée démocratique occidentale. Mais c'est un principe autochtone. Atleo : « Le principe démocratique de la continuité, qui tient compte de cette question fondamentale qu'est le droit qu'ont les diverses formes de vie de conserver leur mode de vie, n'a pas droit de cité dans les constitutions du monde occidental. »

Autrement dit, la résurgence autochtone amène avec elle de nombreuses idées et des approches conceptuelles qui présentent un grand avantage pour nous tous.

Le 8 mars 2013, pour la deuxième fois dans une année encore jeune, les tribunaux se sont prononcés sur une question autochtone, et plus particulièrement sur la question métisse. Cette fois, c'était à la Cour suprême, et celle-ci a statué sur la question du droit des Métis du Manitoba à la terre. Encore une fois, la Cour a donné clairement gain de cause aux Métis. Depuis les années 1870, les Métis plaidaient que le gouverne-

Il aura fallu presque cent cinquante ans, mais en 2013 la Cour suprême a tranché en faveur des revendications territoriales des Métis, un combat entamé par Louis Riel (1844-1885). © Glenbow Museum, NA-504-3.

ment fédéral avait mal agi et avait été injuste envers eux. Et maintenant, enfin, la Cour suprême déclarait sans ambages que les Métis du Manitoba s'étaient fait escroquer leurs terres par le gouvernement du Canada. C'est-à-dire par vous et moi. Que le gouvernement du Canada avait trahi l'honneur de la Couronne. Et la Couronne, c'est nous. Vous et moi.

Il y aura donc restitution. Ainsi le veut le cours inévitable des événements. C'est le mouvement qui s'annonce.

Mais l'éternelle question demeure. Allons-nous encore une fois – vous et moi – tergiverser, traîner les pieds, pinailler ? Allons-nous permettre au gouvernement et à ses avocats – nos avocats – d'agir ainsi ? Ou allons-nous adhérer dans l'enthousiasme à cette idée de restitution et saisir là l'occasion de redresser un tort et ainsi de remettre le pays dans le droit chemin ?

Le même mois où cette décision de la Cour a été rendue, le budget fédéral créait un Fonds pour l'emploi des Premières Nations s'adressant à la jeunesse autochtone. Les Premières Nations n'avaient pas du tout été consultées. La description de ce programme de formation à l'emploi parlait de « participation à une formation obligatoire », de « respect des exigences » et ainsi de suite. Cela fleurait la bienfaisance traditionnelle, hiérarchique et autoritaire. On pouvait difficilement parler ici d'approche respectueuse. Et il n'y avait justement rien de respectueux à traiter ainsi des citoyens, en particulier vu l'obligation qu'a le gouvernement de consulter au préalable, comme cela avait été dit clairement dans l'arrêt Haïda. Tout le mouvement à l'origine des pensionnats autochtones scandait des termes comme *obligatoire* et *exigences,* tout cela dans l'intérêt supérieur de *ces Indiens.*

Quelques mois plus tard, le projet de loi sur l'éducation des Premières Nations était déposé à la Chambre. Il a fini par provoquer la démission du chef national Shawn A-in-chut Atleo, après quoi ce projet de loi est mort de sa belle mort.

Au beau milieu de toute cette confusion d'initiatives contra-

Le 22 septembre 2013, à Vancouver, plus de 50 000 manifestants ont défilé sous la pluie pour apporter leur soutien aux Premières Nations. © Pauline Petit / Reconciliation Canada.

dictoires, la Commission de vérité et réconciliation a débarqué à Vancouver. Sous une pluie diluvienne typique de la côte du Pacifique, plus de 50 000 citoyens ont défilé dans la ville pour marquer leur appui à la cause autochtone.

Le 25 juin 2014, le Conseil municipal de Vancouver a reconnu à l'unanimité le fait que la ville repose sur un territoire autochtone qui n'a jamais été cédé. Ce n'était pas simplement une marque de politesse ou une formalité. C'était un geste de respect à l'égard des Musqueams, des Squamish et des Tsleil-Wautuths. « Ces territoires n'ont jamais été cédés par voie de traité, par suite d'une guerre ou d'une abdication », disait le texte de la motion. Au-delà de la réconciliation, la décision de Vancouver marque le début d'une forme de restitution. La Ville va adopter des « protocoles appropriés » pour transiger avec les Autochtones. Qu'est que ça signifie ? Eh bien, cela pourrait annoncer les premières mesures visant à reconceptualiser l'espace public de telle manière que les mœurs autochtones reprennent leur juste place dans notre façon de faire les choses.

Le lendemain, le 26 juin, la Cour suprême a rendu son jugement dans la cause de la nation tsilhqot'in contre la Colombie-Britannique. La Cour a statué que la terre était entièrement assujettie à un titre foncier autochtone en règle. C'était là une confirmation éclatante du retour en force du pouvoir et de l'influence des Autochtones. On confirmait ainsi l'évolution du dernier demi-siècle, on changeait la nature de toutes les négociations de traité subsistantes et on imposait la nécessité pour les entreprises de transiger avec les Autochtones comme s'ils étaient les vrais propriétaires. Journée historique pour les peuples autochtones, et aussi pour nous tous. C'était l'un des arrêts les plus importants de l'ère contemporaine.

Le ministre de la Justice de la Colombie-Britannique a aussitôt publié un communiqué dont le ton était presque positif : « L'arrêt confère plus de certitude aux processus et critères applicables aux relations entre la province et les Premières Nations. » Son homologue fédéral a eu recours à l'esquive traditionnelle : le gouvernement allait étudier « les questions complexes et importantes » dont traitait l'arrêt. Et tout de suite, le ministre a essayé d'enfoncer un coin entre Autochtones et non-Autochtones en réclamant des « règlements qui prennent en compte les intérêts de tous les Canadiens ». Nulle mention de la nécessité de redresser des torts. Nulle mention non plus du droit à la justice des peuples autochtones. Tout était réduit à un argument utilitaire mettant en jeu des intérêts ; c'est-à-dire des intérêts personnels, où les intérêts de 33 millions de personnes apparemment égoïstes doivent peser contre ceux de moins de 2 millions de personnes apparemment égoïstes elles aussi. Approche humiliante pour les 35 millions que nous sommes. Ce que cela veut dire, c'est que le gouvernement ne peut se résoudre à admettre ce qui se passe aujourd'hui. Mais qui se passe quand même.

Dans la déclaration que les Tsilquot'ins ont publiée après que l'arrêt a été rendu, j'ai remarqué ces mots qui décrivaient l'approche gouvernementale : « Une vision appauvrie du titre foncier ». Et ceux du Grand Chef Phillip, de l'Union des chefs indiens de la Colombie-Britannique : « La Cour suprême du Canada a complètement répudié la position très appauvrie et profondément préjudiciable des gouvernements de la Colombie-Britannique et du Canada. »

Appauvrie ! Moi je ne veux pas d'une politique appauvrie sur les plans éthique, intellectuel et culturel. C'est l'honneur de la Couronne qui serait appauvri ici.

C'est une question de respect de soi. Mais c'est aussi une question de politique. Taiaiake Alfred : « La politique est la force qui canalise les puissances sociales, culturelles et économiques et leur donne un sens tangible dans notre quotidien. Refuser le combat politique, c'est comme tourner le dos à un fauve rugissant de colère et déterminé à vous mettre en pièces. »

On a entrevu un léger signe d'évolution lors des élections québécoises de 2014. Dans la circonscription nordique d'Ungava, des Inuits et d'autres Autochtones ont opéré un effort concerté pour défaire le parti qui avait toujours détenu le siège. Les Autochtones détenaient la clé du vote, et ils ont réussi à imposer leur vouloir. Cela pourrait se faire aussi dans de nombreuses circonscriptions non urbaines, au niveau tant provincial que fédéral. On pourrait en dire autant de nombreux sièges des villes de l'Ouest, étant donné que la moitié des Autochtones vivent désormais en ville. Ajoutons à cela le vote de non-Autochtones qui comprennent que c'est là la grande question de notre temps. Pris en bloc, ces votes pourraient constituer la balance du pouvoir au Parlement et dans plusieurs assemblées législatives provinciales. Il s'agit donc de faire savoir sans ambages aux partis et aux candidats que cette question pèsera lourd la prochaine fois que nous voterons.

On parle beaucoup aujourd'hui de l'importance de l'authenticité dans ce que les gens et les sociétés font. Nous sommes de plus en plus nombreux à croire que nous devons repenser notre récit, réexaminer nos mythes.

Ce qui se passe aujourd'hui dans le monde autochtone n'est justement qu'une question d'authenticité. Leur authenticité. La nôtre. Leur authenticité et la nôtre, partagée d'une certaine manière. Nous tous, peuples autochtones, francophones et anglophones des origines, ou gens issus des vagues successives d'immigration, jusqu'au citoyen nouvellement assermenté, nous devons examiner notre agir.

Il y a beaucoup plus en jeu ici que le legs d'un gouvernement ou la réputation d'un premier ministre. Un échec dans ce domaine nous affaiblirait tous, tout comme la pendaison de Louis Riel a maculé pour toujours le souvenir de John A. Macdonald et entache notre identité collective.

Mais si nous nous engageons dans la voie de la réconciliation et de la restitution, nous aurons fait un pas marquant dans la construction d'une nouvelle identité pour nous-mêmes et notre pays. Il s'agit d'être fidèles à nous-mêmes, de faire ce qui est juste et possible ici. Cette conscience, ce sentiment d'identité, consolideront la faculté que nous avons de vivre ensemble, dans un espace de justice.

Les mots des autres

1763

La Proclamation royale

Ces extraits de la Proclamation royale balisent la compréhension que nous avons aujourd'hui des « droits des Indiens ». Ceux-ci se voient garantis ici par le nouvel ordre impérial, les Britanniques ayant supplanté les Français. Les assurances et les engagements n'autorisent aucun doute. Bien sûr, le roi affirme régner sur des terres que ni lui, ni ses armées, ni ses administrateurs n'ont conquises ou même vues. De fait, ils n'accéderont pas à ces terres, et les gouverneront encore moins, avant encore cent ans au moins, et ce sera grâce aux lumières et à l'initiative de ces mêmes « Indiens » que le roi prétend protéger. Ainsi va la superbe des empires. J'ai mis en italique les passages les plus marquants.

Proclamation par le roi George

[…] Attendu qu'il est juste, raisonnable et essentiel pour Notre intérêt et la sécurité de Nos Colonies *de prendre des mesures pour assurer aux nations ou tribus indiennes qui sont en relation avec Nous et qui vivent sous Notre protection, la possession entière et paisible des parties de Nos possessions et territoires qui n'ont été ni concédées ni achetées et ont été réservées pour ces tribus ou quelques-unes d'entre elles comme territoires de chasse*, Nous déclarons par conséquent, de l'avis de Notre Conseil privé, que c'est Notre volonté et Notre plaisir et *Nous enjoignons à tout gouverneur et à tout commandant en chef de Nos colonies de Québec, de la Floride orientale et de la Floride occidentale, de n'accorder sous aucun prétexte des permis d'arpentage ni aucun titre de propriété sur les terres situées au-delà des limites de leur gouvernement respectif, conformément à la délimitation contenue dans leur commission.* Nous enjoignons pour la même raison à tout gouverneur et à tout commandant en chef de toutes Nos autres colonies ou de Nos autres plantations en Amérique de n'accorder, présentement et jusqu'à ce que Nous ayons fait connaître Nos intentions futures, aucun permis d'arpentage ni aucun titre de propriété sur les terres situées au-delà de la tête ou source de toutes les rivières qui vont de l'ouest et du nord-ouest se jeter dans l'océan Atlantique ni sur celles qui n'ont été ni cédées ni achetées par Nous, tel que susmentionné, et ont été réservées pour les Indiens susdits ou quelques-uns d'entre eux.

Nous déclarons de plus que c'est Notre plaisir royal ainsi que Notre volonté de réserver pour le présent, sous Notre souveraineté, Notre protection et Notre autorité, pour l'usage desdits Indiens, toutes les terres et tous les territoires non compris dans les limites de Nos trois gouvernements ni dans les limites du territoire concédé à la Compagnie de la baie d'Hudson, ainsi que toutes les terres et tous les territoires situés à l'ouest des sources des rivières qui de l'ouest et du nord-ouest vont se jeter dans la mer ; *Nous défendons aussi strictement par la présente à tous Nos sujets, sous peine de s'attirer Notre déplaisir, d'acheter ou de posséder aucune terre ci-dessus réservée, ou d'y former aucun établissement, sans avoir au préalable obtenu Notre permission spéciale et une licence à ce sujet.*

Et Nous enjoignons et ordonnons strictement à tous ceux qui, en connaissance de cause ou par inadvertance, se sont établis sur des terres situées dans les limites des contrées décrites ci-dessus ou sur toute autre terre, qui n'ayant pas été cédée ou achetée par Nous, se trouve également réservée pour lesdits Indiens, de quitter immédiatement leurs établissements.

Attendu qu'il s'est commis des fraudes et des abus dans les achats de terres des Indiens au préjudice de Nos intérêts et au grand mécontentement de ces derniers, et afin d'empêcher qu'il ne se commette de telles irrégularités à l'avenir et de convaincre les Indiens de Notre esprit de justice et de Notre résolution bien arrêtée de faire disparaître tout sujet de mécontentement, Nous déclarons, de l'avis de Notre Conseil privé, qu'il est strictement défendu à qui que ce soit d'acheter des Indiens des terres qui leur sont réservées dans les parties de Nos Colonies où Nous avons cru à propos de permettre des établissements ; cependant si quelques-uns des Indiens, un jour ou l'autre, devenaient enclins à se départir desdites terres, elles ne pourront être achetées que pour Nous, en Notre nom, à une réunion publique ou à une assemblée desdits Indiens, qui devra être convoquée à cette fin par le gouverneur ou le commandant en chef de la colonie, dans laquelle elles se trouvent situées ; en outre, si ces terres sont situées dans les limites de territoires administrés par leurs propriétaires, elles ne seront alors achetées que pour l'usage et au nom des propriétaires, conformément aux directions et aux instructions que Nous croirons ou qu'ils croiront à propos de donner à ce sujet ; de plus Nous déclarons et signifions, de l'avis de Notre Conseil privé, que Nous accordons à tous Nos sujets le privilège de commerce ouvert et libre, à condition que tous ceux qui auront l'intention de commercer avec lesdits Indiens se munissent de licence à cette fin, du gouverneur ou du commandant en chef de celle de Nos colonies dans laquelle ils résident, et qu'ils fournissent des garanties d'observer les règlements que Nous croirons en tout temps à propos d'imposer Nous-mêmes ou par l'intermédiaire de Nos commissaires nommés à cette fin, en vue d'assurer le progrès dudit commerce. [...]

Donnée à Notre Cour, à Saint-James, le 7e jour d'octobre 1763, la troisième année de Notre Règne.

DIEU GARDE LE ROI.

1783

Joseph Brant (Thayendanegea) à Sir Frederick Haldimand, gouverneur du Québec

Joseph Brant, chef mohawk, avait de grandes qualités et par conséquent quelques faiblesses aussi. Passé maître dans l'art de la « petite guerre », il s'était illustré contre l'armée continentale américaine avant d'aller s'établir avec son peuple sur la Grande Rivière, au sud de l'Ontario actuel. Les Six Nations y sont toujours. Brant était un polyglotte sans égal, un chef charismatique, un grand orateur et un diplomate de talent. Il avait également la plume éloquente. Il reproche ici à l'homme qui incarne l'Europe en terre canadienne d'avoir manqué à sa parole. Son intervention lui permit d'obtenir toute une série de concessions et d'offres de terres au Canada.

Notons que le mot Asharekowa *signifie « Grande Épée » ou « Grand Couteau »; c'est, autrement dit, une marque de respect réservée à un chef militaire. Fils d'une civilisation où comptent les relations familiales, le grand soldat Brant donne au grand soldat et gouverneur Haldimand le titre de* Frère. *Ici encore, j'ai mis en italique les passages les plus marquants.*

Frère Asharekowa et Mandataires du Roi, les sachems et chefs de guerre des Six Nations d'Indiens unies et leurs alliés ont entendu dire que le Roi, leur Père, avait fait la paix avec ses enfants, les Américains ; et quand ils ont appris cela, ils se sont rendu compte qu'ils avaient été oubliés et qu'on ne les avait nullement mentionnés dans ladite Paix, et c'est pourquoi ils m'envoient aujourd'hui à vous pour m'enquérir de la vérité vraie, pour savoir s'il est vrai qu'il en a été ainsi, à savoir qu'ils ne prennent aucune part à la Paix intervenue entre le Roi et les Américains. Nous avons été grandement chagrinés quand nous avons entendu la nouvelle, et cela occasionne un grand mécontentement et une vive surprise chez nos gens, et c'est pourquoi nous vous prions de nous dire la vérité vraie qui est dans votre cœur, et de rappeler au Roi l'accueil que nous avons fait à ses gens quand ils nous ont vus pour la première fois, et ce que nous avons fait depuis pour Lui et Ses sujets.

Frère, Nous, Mohawks, avons été la première Nation indienne à vous avoir pris par la main comme des amis et des frères, et à vous avoir invités à vivre parmi nous, nous qui vous avons traités avec bonté dès que vous avez débarqué chez nous. Nous étions alors un grand peuple […] ayant conquis toutes les nations indiennes qui nous environnaient, et vous aussi d'une certaine manière quand vous n'étiez qu'une poignée, après quoi vous avez crû en nombre et nous sommes restés vos amis et alliés, nous joignant à vous de temps à autre pour combattre vos ennemis.

Enfin nous vous avons aidé à conquérir tout le Canada, et comme nous nous étions joints à vous avec résolution et loyauté, vous nous avez renouvelé l'assurance que vous alliez nous protéger et nous défendre, nous, nos terres et nos possessions contre toute tentative d'empiétement, nous procurant ainsi la jouissance d'un commerce juste et florissant avec votre peuple, et que nous allions nous asseoir contents à l'ombre de l'arbre de la Paix, goûtant la faveur et l'amitié *d'une grande nation liée à nous par traité*, et capable de nous protéger contre le reste du monde. C'est pourquoi *nous avons maintenu de notre côté des attaches ininterrompues avec vous, dans la confiance et l'attente de la réciproque, afin d'établir une amitié ainsi qu'une alliance perpétuelles entre nous. Nous demeurions infailliblement résolus à respecter nos traités anciens avec la Couronne d'Angleterre et à adhérer totalement à notre alliance au péril de nos vies*, de nos familles et de nos biens, et le reste des Six Nations ayant vu notre fermeté et notre loyauté, à nous les Mohawks, ont suivi notre exemple et épousé la cause du Roi jusqu'à l'instant présent.

C'est pourquoi, Frère, je suis envoyé par tous les alliés indiens du Roi pour obtenir une réponse décisive de votre part, et pour savoir s'ils ont une place dans le traité avec les Américains, comme ce devrait être le cas de fidèles alliés, ou non, et pour savoir si les terres que le Grand Être là-haut a données à nos ancêtres et à leurs descendants, où Il les a placés dès les débuts et où reposent les os de nos fronts, pour savoir, donc, si ces terres leur demeureront, ou si le sang de leurs petits-enfants doit se mêler à leurs os, comme en auront décidé nos alliés pour lesquels nous avons si souvent versé notre sang.

21 mai 1783

1869

Louis Riel

Déclaration des habitants de la terre de Rupert et du Nord-Ouest

Oui, il y a un Riel martyr, broyé par une situation impossible. Mais le même homme a été sacré père du Manitoba. Sa pensée politique était intéressante dans la mesure où il aspirait à conjuguer la réalité métisse avec des conceptions occidentales comme les droits du citoyen et le conservatisme catholique. Combinaison qui allait s'avérer insoutenable, mais telles étaient les cartes que la destinée lui avait mises en main. Le Riel maître de lui-même était aussi un grand stratège politique.

Voici la déclaration d'indépendance qui allait un jour donner naissance à la province du Manitoba. C'était également le coup d'envoi d'une longue négociation.

On notera ici la pondération des droits et des responsabilités qui a fait la marque de Burke, l'invocation des droits de l'homme à la manière européenne et américaine, la différence que l'on souligne entre commerce et citoyenneté, l'explication des sources de la légitimité constitutionnelle et le rappel du fait que les Métis assuraient depuis longtemps la défense militaire du Nord-Ouest.

Il est admis que, dans toute société, l'autorité publique est inviolable. Et il est reconnu qu'une population qui n'a aucune sorte de gouvernement est maîtresse d'adopter une forme de gouvernement plutôt qu'une autre, d'accepter ou de refuser celle qui est proposée. Conformément au premier principe, le peuple de la terre de Rupert et du Nord-Ouest supportait et respectait l'autorité qu'il dut accepter, à cause des circonstances particulières qui avaient entouré son berceau.

Une Compagnie d'Aventuriers, connue sous le nom d'Honorable Compagnie de la Baie d'Hudson, et revêtue de certains pouvoirs par Sa Majesté le roi Charles II, vint s'établir dans la terre de Rupert et dans le Nord-Ouest, pour y faire la traite. Cette Compagnie avait besoin d'une constitution; mais comme il s'agissait de commerce, cette constitution s'y rapportait surtout. Cependant, comme il n'y avait alors aucun gouvernement qui s'occupât des intérêts du peuple déjà établi dans le pays, besoin lui fut de recourir pour les affaires judiciaires aux officiers de cette Compagnie : de là l'origine du gouvernement qui, s'étant modifié un peu avec les circonstances, a régi le pays jusqu'à cette époque. Ce gouvernement ainsi admis était loin de répondre aux besoins de la population actuelle qui, à force d'énergie et de dévouement, s'est accrue et s'est élevée au point de mériter, à cause de son nombre, de sa civilisation et de son commerce, une place parmi les Colonies.

Toujours mû par les principes émis plus haut, le peuple de la terre de Rupert et du Nord-Ouest supportait généreusement le susdit gouvernement et lui obéissait fidèlement, lorsque, contre le droit des gens, en mars 1869, ce gouvernement abandonna et transporta au Canada, par des transactions qu'il n'a pas même daigné communiquer à son peuple, tous les droits qu'il avait et qu'il prétendait avoir dans le pays.

Il est aussi admis qu'un peuple peut adopter la forme de gouvernement qui lui plaît, quand la puissance à laquelle il était soumis l'abandonne ou l'assujettit contre son gré à une puissance étrangère ; et que de plus, en l'assujettissant ainsi, elle ne transfère aucun droit à la puissance à laquelle elle le soumet.

Nous, les Représentants élus par le peuple, réunis en Conseil au Fort Garry, après avoir invoqué le Dieu des nations, appuyés sur ces principes fondamentaux de morale, déclarons solennellement au nom de nos constituants et en nos propres noms, devant Dieu et devant les hommes :

1º Que du jour où le gouvernement, que nous avions toujours respecté, nous a abandonnés en transférant à une puissance étrangère l'autorité sacrée qui lui avait été confiée, nous devenons libres et dégagés de toute obéissance à son égard : et que LA SEULE AUTORITÉ LÉGITIME AUJOURD'HUI DANS LA TERRE DE RUPERT ET DU NORD-OUEST EST L'AUTORITÉ PROVISOIREMENT ACCORDÉE PAR LE PEUPLE À NOUS SES REPRÉSENTANTS, ce vingt-quatrième jour de novembre mil huit cent soixante-neuf.

2º Que nous refusons de reconnaître l'autorité du Canada qui prétend avoir le droit de venir nous imposer une forme de gouvernement despotique, encore plus contraire à nos droits et nos intérêts que le gouvernement auquel nous nous étions soumis par nécessité jusqu'à ces derniers temps.

3º Que le 1er novembre dernier, en déléguant une expédition chargée de reconduire au-delà des bornes de notre pays le Sieur William McDougall et ses compagnons, avançant sur nos terres, au nom du Canada, malgré une défense à lui intimée par nous et sans même une notification préalable de sa part, pour venir gouverner en despote, nous n'avons fait qu'agir conformément au droit sacré que tout citoyen a de s'opposer énergiquement à l'asservissement de sa patrie.

4º Que nous continuerons à nous opposer de toutes nos forces à l'entrée du gouvernement du Canada dans notre pays, sous la forme énoncée, et en cas de persistance de sa part à venir nous troubler avec la force armée, nous protestons d'avance contre ces actes injustes, et le déclarons responsable devant Dieu et devant les peuples des malheurs incalculables qui seraient la suite de son ambition. Qu'il sache qu'avant de voir asservir notre patrie, nous saurons tirer parti des moyens de défense que la Providence nous a mis entre les mains ; et que ce n'est pas pour la voir envahir par des étrangers que nous l'avons tant de fois défendue au prix de notre sang, contre les hordes de barbares, devenus aujourd'hui nos amis et nos alliés.

5º Que cependant la puissance du Canada nous trouvera toujours prêts à entrer avec elle dans des négociations favorables à son agrandissement et à notre prospérité.

À l'appui de ces déclarations et pour la conservation de la paix, des propriétés et des personnes, comptant sur la Divine Providence, nous engageons par serment nos vies, nos fortunes et notre honneur.

Donnée au Fort Garry, ce huitième jour de décembre mil huit cent soixante-neuf.

John Bruce, président
Louis Riel, secrétaire

1870

Le chef Joseph Onasakenrat

Oka, lac des Deux-Montagnes

Depuis 1718, les Iroquois luttent, protestent, plaident devant les tribunaux pour récupérer leurs terres d'Oka. Contre qui ? Les autorités de la Nouvelle-France, ces Messieurs de Saint-Sulpice, le gouvernement colonial britannique, les gouvernements du Canada, du Québec, les municipalités locales.

Tout le monde connaît la crise d'Oka de 1990. Mais cette épreuve de force dure depuis près de trois siècles.

En 1870, un jeune chef brillant de vingt-cinq ans, Joseph Onasakenrat, a écrit au gouverneur général du Canada, Lord Lisgar, appelé ici Sir John Young.

Rappelez-vous que ce petit cimetière sacré devenu célèbre en 1990 est encore entre les mains des colonisateurs, en l'occurrence le gouvernement canadien.

Ce texte et ces trois siècles, que prouvent-ils ? D'abord que, même quand les chefs autochtones invoquent nos propres règles de conduite – constitutionnelles, juridiques, religieuses – pour démontrer qu'ils sont dans leur droit, nous faisons systématique-

ment la sourde oreille. Ensuite, que notre loi à nous, c'est de nous approprier les terres autochtones. Nous ne pouvons nous résoudre à les leur rendre.

PROVINCE DE QUÉBEC
DISTRICT DE TERREBONNE
À Son Excellence Sir John Young, baronnet, Chevalier Commandeur de l'Ordre du Bain, Chevalier Commandeur de l'Ordre de Saint-Michel et Saint-Georges, gouverneur général de la Puissance du Canada.

PLAISE À VOTRE EXCELLENCE,
L'humble requête des chefs et autres sauvages du village d'Oka, dans la seigneurie du Lac-des-Deux-Montagnes, district de Terrebonne, province de Québec, expose respectueusement :

Que vos requérants sont les descendants des tribus ou nations de sauvages avec lesquelles le gouvernement anglais a conclu un traité, comme alliés, et qui ont vécu longtemps sous sa bienveillante protection antérieurement à et depuis la Proclamation royale de feu Sa Majesté George III, de glorieuse mémoire, datée du 1er jour d'octobre 1763.

Qu'ils sont les possesseurs de certaines terres dont est composée cette quatrième partie du globe (l'Amérique) qu'ils considèrent comme leur Chanaan – terre promise – et qui a reçu le nom de « Canada » depuis la prétendue découverte de Jacques Cartier, et cela : 1° parce que ces terres sont, pour eux, le don du Créateur du ciel et de la terre ; 2° par droit de conquête, comme alliés de l'Angleterre depuis que les Anglais ont repris le pays aux aventuriers et usurpateurs français en deux occasions, en 1629 et en 1759 ; 3° par la sanction et confirmation à eux accordées de ces propriétés par la Proclamation royale de feu Sa Majesté George III, de glorieuse mémoire, en 1763, proclamation dont copie fidèle sur parchemin a été remise à vos requérants par les soins de leur chef et ami, Sir William Johnson, baronnet, depuis décédé.

Que les ancêtres de vos requérants furent ensuite chassés de leurs possessions et limités à des localités isolées, sur divers points du Canada, entre autres la seigneurie susdite du Lac-des-Deux-Montagnes, où l'on prétend faussement que 10 000 piastres ont été dépensées chaque année, pour leur entretien, profit et avantage, par les prêtres du Séminaire de Saint-Sulpice de Montréal, comme agents du séminaire de ce nom, faubourg Saint-Germain, Paris – ordre religieux étranger sous la garde duquel on leur a fait croire qu'ils seraient bientôt heureux et arrachés à la vie sauvage pour prendre rang parmi les nations civilisées. (Voir le journal *La Minerve* du 30 septembre 1868.)

Que vos requérants, confiants dans ces fausses assurances, ont été dupés par les prêtres du Séminaire de Saint-Sulpice, qui ont fait valoir leurs prétendus droits à ladite seigneurie du Lac-des-Deux-Montagnes (en particulier) et ont obtenu une reconnaissance de ces droits par les formalités hâtives d'une loi qui se trouve au chapitre 42 des statuts refondus du Bas-Canada, le tout au grand préjudice et détriment de vos requérants. Que vos requérants, au lieu d'avoir l'assistance, l'éducation, en un mot les soins spirituels et temporels prétendus, ont toujours été les vils esclaves et les martyrs des prêtres de Saint-Sulpice, leurs seigneurs prétendus, qui en ont fait arrêter plusieurs par un magistrat de police de Montréal (M. C. J. Coursol) et les ont fait incarcérer dans la prison du district de Terrebonne où ils ont passé, dans la misère, plusieurs jours du rude hiver de 1869, jusqu'à ce qu'ils aient été libérés par la sentence d'un honorable juge de la Cour supérieure. De plus, au mois de septembre, une femme sauvage fut si cruellement assaillie et battue, avec un manche à balai, par M. Tallet, prêtre desservant du séminaire du Lac, que sa santé est languissante depuis cette époque, tandis que le prêtre coupable reste impuni, et que le surintendant des affaires des sauvages et le commissaire des terres des sauvages pour le Bas-Canada, informés de toutes ces iniquités, n'ont pas jugé à propos d'intervenir et ont commandé aux sauvages de se soumettre aux prêtres.

Que vos requérants ont dernièrement placé entre les mains de Son Excellence le Gouverneur en Chef plusieurs requêtes et documents à l'appui de leurs réclamations, lesquels seront produits conformément à l'usage parlementaire.

Que vos requérants font humblement observer : 1º Que le fait qu'ils sont devenus membres de l'église chrétienne (méthodiste wesléyenne) et, par suite, devenus libres en Jésus-Christ les délie de toute servitude envers aucun homme ou corporation. Pour leur part, ils sont prêts à braver les infidèles au nom de la vérité évangélique.

2º Que vos requérants sont les plus loyaux et fidèles sujets de Sa Majesté dans ce royaume ; que l'Évangile leur enseigne à « craindre Dieu et honorer le roi » (1 Saint Pierre, 2 : 17) et qu'à l'âge de la majorité, sains d'esprit et de corps, ils ne sont inférieurs à aucune race dans la Puissance, et sont capables de protéger leurs personnes et leurs biens sans aucune des entraves qu'on peut vouloir leur imposer par des lois analogues à celles que contiennent les statuts refondus susmentionnés.

3º Que les prêtres du Séminaire de Saint-Sulpice ont juré allégeance au pape et sont membres d'une corporation étrangère, le Séminaire de Saint-Sulpice, du faubourg Saint-Germain, Paris, et comme tel, n'ont droit à obtenir de la législature canadienne aucune autorité religieuse ou civile dans le royaume de Sa Majesté, jusqu'à ce qu'ils aient été relevés de l'*impossibilité évangélique* de servir deux maîtres à la fois.

C'est pourquoi vos requérants demandent respectueusement que Votre Excellence prenne leur requête en considération, et ordonne que toutes les terres formant ladite seigneurie du Lac-des-Deux-Montagnes, réservées exclusivement pour les Sauvages, leur soient de droit rendues. Et que les prêtres ou missionnaires de Saint-Sulpice reçoivent l'ordre de quitter le village sauvage d'Oka, Lac-des-Deux-Montagnes, dans le plus court délai, et au risque d'encourir les pénalités prescrites à cet égard par la loi des statuts refondus du Bas-Canada, chapitre 14.

Et les requérants, comme c'est leur devoir, ne cesseront de prier.

(Signé) Chef JOSEPH ONASAKENRAT (Le Cygne),
et 75 autres signatures.
Lac des Deux-Montagnes, le 7 février 1870

1884

L'interdiction du potlatch

Débat à la Chambre des communes

De 1884 à 1951, la cérémonie du potlatch fut décrétée hors la loi par un amendement à la Loi sur les Indiens. Le potlatch était un événement spirituel ainsi qu'un moment important dans la vie sociale. C'était aussi le moment où un chef redistribuait la richesse en faisant de généreux cadeaux. Au début, cette interdiction ne fut appliquée que par intermittence. Puis, en 1913, le poète Duncan Campbell Scott fut nommé surintendant général adjoint des Affaires indiennes. Il était déterminé, lui, à faire respecter l'interdiction. La cause célèbre dans « l'assassinat » de la coutume du potlatch prit naissance au début de 1922, à Alert Bay, une île kwakiutl au large de la côte nord-est de l'île de Vancouver. Au lendemain d'une grande célébration organisée par le chef Dan Crammer, les inculpations se mirent à pleuvoir. Plus de cinquante personnes furent reconnues coupables. Plus de vingt, dont des femmes, furent écrouées. Une humiliation terrible.

Mais qu'y avait-il dans le potlatch qui irritait tant le gouvernement et le Parlement ? Après tout, personne ne réclamait l'interdiction des célébrations et cérémonies européennes où l'on gaspillait des fortunes en fêtes et en présents. Les noces et les bals des Euro-Canadiens étaient tenus pour des rites marquant la réussite. Plus on fêtait, mieux c'était. Et cette ostentation de style européen ne répondait à aucune motivation d'ordre philosophique ou juridique. Après tout, la plupart des gens se contentaient d'un petit mariage tranquille en présence de quelques témoins.

En quoi le potlatch pouvait-il bien indigner les dirigeants canadiens ? C'était peut-être parce qu'on attachait une signification profonde à une générosité qui n'avait pas de racines européennes. Après tout, il ne s'agissait pas ici de charité chrétienne. Aucun sentiment de culpabilité n'y était associé. L'idée que puisse exister un ordre du monde aussi différent ne pouvait que troubler les missionnaires chrétiens. Et la coutume minait sûrement aussi l'autorité des agents indiens du lieu. Sans doute souffraient-ils de la comparaison avec ces chefs indiens si prodigues de leurs richesses ?

La mise au ban du potlatch est particulièrement digne de mention du fait que l'on cherchait ainsi à humilier les chefs autochtones eux-mêmes aussi bien qu'à dénigrer la conception autochtone de l'autorité.

Je me rappelle avoir pris place dans la spacieuse et accueillante cuisine de la fille de Dan Crammer, Gloria Webster, qui a vue sur l'océan à Alert Bay. Elle était alors membre du conseil d'administration du Musée des civilisations ; on recherchait son conseil à l'échelon national. Bien sûr, on sentait encore sa colère. Son père avait été emprisonné pour des raisons politiques. Mais le gouvernement n'avait pas réussi à supprimer la culture kwakiutl.

On remarquera ceci de particulier dans l'échange entre le premier ministre, John A. Macdonald, et le chef de l'Opposition, Edward Blake : les allusions sexuelles. Les fantasmes érotiques des gentilshommes victoriens ont toujours de quoi étonner. Macdonald fulmine contre la débauche, les orgies sexuelles, l'échangisme. Il parle de « grande débauche ». S'il ne s'agissait pas de gens qui allaient bientôt souffrir de l'action gouvernementale, on se tordrait de rire. Qu'il n'y ait pas eu un atome de vérité dans leurs propos ne change rien à l'affaire. Comme dans le roman victorien et les récits de voyage de l'époque, ces graves gentlemen, grands chrétiens aux sentiments refoulés et si prompts à châtier autrui, semblent prendre plaisir à s'imaginer que les « sauvages » mènent une vie libre. Leurs propos annoncent aussi l'exploitation sexuelle qui allait marquer les pensionnats autochtones.

Ce débat à la Chambre des communes illustre le racisme affabulateur qui a conduit à l'interdiction du potlatch.

Deuxième lecture, 24 mars 1884
SIR JOHN A. MACDONALD

Cet article décrète que la célébration du « potlatch » constitue un délit. Cette fête sauvage est une débauche de la pire espèce ; et les agents du département ainsi que tous les ecclésiastiques sont unanimes à affirmer qu'il est absolument nécessaire d'abolir cet usage. L'année dernière, l'ancien gouverneur général a lancé, sur l'avis de ses ministres, une proclamation avertissant les sauvages de ne pas célébrer cette fête. Dans ces réunions, ils donnent leurs fusils et tous leurs biens dans une espèce de rivalité, et ils vont jusqu'à donner leurs femmes ; de fait, comme je l'ai dit, c'est une grande débauche.

Troisième lecture, 7 avril 1884
SIR JOHN A. MACDONALD

Ceci est un nouvel article qui a pour but de faire disparaître la fête sauvage connue sous le nom de « potlatch », qui cause beaucoup de misère et de démoralisation dans la Colombie-Britannique. Les représentations faites au gouvernement à ce sujet, non seulement par l'agent des sauvages, mais encore par le clergé, sont très éloquentes. Ils disent qu'il est tout à fait inutile, surtout sur l'île de Vancouver, où le « potlatch » est surtout en vogue, de tenter d'introduire des habitudes d'ordre tant que cette pratique existera. Les sauvages se rassemblent et se livrent à une espèce de rite mystérieux, ils y restent pendant des semaines et des mois parfois, tant qu'ils peuvent trouver quelque chose à manger, et se livrent à toutes espèces d'orgies. Il est triste de lire les récits lamentables faits par le clergé de la Colombie-Britannique, qui insiste pour que des mesures législatives soient prises à ce sujet. Le clergé avait suggéré qu'il serait opportun que le gouverneur général lançât une proclamation pour faire comprendre aux sauvages les funestes effets de cette pratique malheureuse, et bien que cette proclamation ait produit un certain effet, cependant le résultat a été loin d'être ce qu'on avait espéré, de sorte qu'il est proposé d'insérer cet article. J'ai ici un certain nombre de déclarations de la part des missionnaires catholiques et protestants qui démontrent les principaux effets de cette coutume, mais je n'ai pas besoin de retenir la Chambre pour les lire.

M. BLAKE
Je crois que tous ceux qui ont lu la description de cette fête n'auront aucun doute sur les effets démoralisateurs qu'elle produit sous divers rapports. J'ai entendu parler d'hommes apparemment haut placés parmi les sauvages, sous le rapport des finances et de l'influence commerciale ; quelques-uns d'entre eux avaient, je crois, amassé des fortunes assez considérables, qui ont toutes été dissipées par l'exercice d'une folle générosité qui semble être encouragée par ces réunions. Mais la pratique est très ancienne et très invétérée parmi eux ; et sans vouloir le moins du monde prétendre que le temps n'est pas arrivé

d'adopter un article comme celui-ci, il me semble que l'on devrait user de beaucoup de précaution en essayant d'arrêter tout d'un coup, par le dur procédé d'une loi criminelle, les us et coutumes bien connus de ces tribus. En conséquence, je recommanderai instamment à l'honorable monsieur, relativement au minimum du châtiment fixé à deux mois d'emprisonnement, de modifier cet article, de façon à ce que pendant les deux premières années un châtiment presque nominal puisse être infligé pour la première offense, si les autorités le jugent à propos. Le but que l'on veut atteindre est de convaincre graduellement les sauvages que cette pratique est contraire à la loi ; et par la sévérité du procès, et l'imposition d'une peine légère pour la première offense, avec l'avertissement qu'un châtiment plus sévère pourrait être infligé la prochaine fois, je crois que l'on parviendrait à réprimer cette pratique. Mais la nécessité d'infliger un châtiment de deux mois d'emprisonnement pourrait produire des résultats désastreux.

1910

Supplique adressée à Sir Wilfrid Laurier, premier ministre de la Puissance du Canada, par les chefs des Shuswaps, Okanagans et Couteaux de la Colombie-Britannique

On remarquera ici la subtilité et l'intelligence du plaidoyer des chefs. Bien qu'ils paraissent complimenter le premier ministre, ils tressent en fait un récit qui définit clairement leur position et leurs droits à titre de véritables possesseurs de leurs terres. Ce sont eux qui ont invité les Européens à s'installer chez eux. Ils ont confiance dans le premier ministre Laurier dans une certaine mesure parce que c'est un « vrai Blanc », c'est-à-dire un Canadien français. Ceux-ci sont arrivés les premiers chez eux et se sont conduits dignement. Un demi-siècle plus tard sont arrivés les Canadiens anglais, et ceux-là ont mal agi. Ce sont les « autres Blancs ». On se rappellera que le mot Père *signifie simplement qu'ils lui font l'honneur de le traiter comme un ancien dans leur propre famille. Il n'est donc qu'un père parmi d'autres.*

J'ai mis quelques passages en italique pour illustrer la clarté de leur exposé, qui est parfois ironique. Il importe de lire ce récit intégralement. Comme vous verrez, les chefs avancent une vision de la civilisation qui se veut équilibrée et inclusive.

Encore plus important, vous allez trouver ici, dans cette fine analyse datant de plus d'un siècle, précisément les mêmes arguments qu'on fait valoir aujourd'hui.

Les signataires étaient le chef John Tetlenitsa de la nation nlaka'pamux, le chef Petit Louis de la nation secwépemc et le chef John Chilahitsa de la nation syilx.

Cher Monsieur et Père,
Nous profitons de votre visite à Kamloops pour vous adresser ces quelques mots. Nous vous souhaitons la bienvenue, et *nous sommes heureux de vous avoir rencontré dans notre pays.* Nous désirons vous intéresser à notre sort, et vous faire comprendre un peu mieux les conditions dans lesquelles nous vivons. Nous attendons beaucoup de vous en votre qualité de chef de la grande nation canadienne et sommes certains que vous allez voir à ce qu'on nous traite équitablement et honorablement. Notre confiance en vous a augmenté récemment, depuis que nous avons remarqué la nouvelle attitude de votre gouvernement à l'égard du *mouvement en faveur des droits des Indiens en ce pays,* et nous espérons qu'avec votre concours les torts qui nous ont été faits seront enfin redressés. *Nous vous parlons avec plus de liberté parce que vous appartenez à la race blanche qui a été la première que nous avons côtoyée,* et que nous appelons dans notre langue les « vrais Blancs ».

Il y aura cent ans de cela dans un an, ils ont débarqué chez nous à Kamloops et y ont bâti un poste de traite. Depuis que les autres Blancs sont arrivés dans notre contrée en 1858, nous les différencions des premiers Blancs étant donné que leurs manières étaient tellement différentes, et nous disons des premiers qu'ils sont les « vrais Blancs » (il s'agissait des trafiquants de fourrures des compagnies du Nord-Ouest et de la Baie d'Hudson. Comme la grande majorité des employés de ces compagnies parlaient français, ce n'est que plus tard que nous nous sommes mis à employer ce terme pour désigner toute la race française). Pour nous, les « vrais Blancs » étaient de braves gens. Nous pouvions compter sur leur parole, nous leur faisions confiance et nous les respections. Ils ne se mêlaient pas de nos affaires, et ils respectaient en tous points nos organisations tribales, nos lois et nos coutumes. Ils ne cherchaient pas à nous imposer leur conception des choses à notre détriment. Ils ne nous empêchaient nullement de pêcher, de chasser, etc. Jamais ils n'ont voulu nous voler notre pays ou se l'approprier, ou nous dépouiller de nos moyens de subsistance. Ils reconnaissaient en nous les maîtres du pays et traitaient nos chefs comme des hommes. *Ils avaient été les premiers à nous rencontrer dans ce pays. Nous ne leur avons jamais demandé de venir ici, mais néanmoins, nous les avons traités avec bonté, nous leur avons accordé notre hospitalité et les avons aidés du mieux que nous pouvions. Ils se conduisaient chez nous en invités.*

Nous les avons traités comme tels, puis nous avons attendu pour voir ce qu'ils feraient.

Quand nous avons vu qu'ils ne voulaient aucun mal, nous avons noué avec eux des liens d'amitié durables. C'est pour cette raison que « nous avons de l'amour pour les Français encore aujourd'hui ». Nous attendons donc de bonnes choses du Canada.

Quand ils ont débarqué chez nous, il n'y avait que des Indiens ici. Ils ont vu que les gens de chaque tribu régnaient en maîtres chacun sur son territoire, et que nous avions des frontières tribales connues et reconnues de tous. Le pays de chaque tribu ressemblait en toute chose à une très grande ferme ou ranch (qui appartenait à tous les membres de la tribu) d'où ils tiraient de quoi se nourrir et se vêtir, etc., le poisson qu'ils trouvaient en abondance pour se nourrir, l'herbe et les plantes dont se nourrissaient leurs chevaux et où le gibier vivait, et qui fournissaient les matériaux dont ils fabriquaient des choses, par exemple la pierre dont ils tiraient leurs pipes, leurs ustensiles et leurs outils, ou encore les arbres qui leur donnaient le bois pour se chauffer, bâtir des maisons et fabriquer des ustensiles, ou alors les plantes, racines, graines, noix et baies qui foisonnaient ici et que l'on cueillait en saison tout comme on le ferait avec les récoltes sur un ranch, et qui nous alimentaient ; les minéraux, les coquillages et autres, dont on se servait pour nos ornements et les plantes, ou l'eau qui était gratuite pour tous. Ainsi, pour ce qui concerne le feu, l'eau, la nourriture, le vêtement et toutes les nécessités de la vie, nous trouvions tout en abondance sur les terres de chaque tribu, et tous avaient un droit d'accès égal à tout ce dont ils avaient besoin. Vous allez voir que le ranch était pour chaque tribu la même chose que sa vie, et sans cela, les gens n'auraient pas pu vivre.

Il y a seulement cinquante-deux ans de cela, les autres Blancs sont arrivés dans notre pays. Ils nous ont trouvés tels que nous avaient vus les premiers ou « vrais Blancs », sauf que nous avions de plus grands troupeaux de chevaux, nous avions du bétail, et en de nombreux endroits nous cultivions la terre. Ils nous ont vus heureux, sains de corps, forts et nombreux. Chaque tribu vivait encore dans sa propre « maison », autrement dit, dans son propre « ranch ». Personne n'attentait à nos droits ou ne contestait la possession de nos propres « maisons » et « ranchs », c'est-à-dire nos maisons et notre vie. Nous nous sommes montrés hospitaliers et avons aidé ces Blancs-là aussi, car n'avions-nous pas appris des premiers Blancs qu'il n'y avait aucun mal à attendre d'eux ? C'est seulement quand certains d'entre eux ont tué des nôtres que nous nous sommes vengés. Puis nous avons pensé qu'il y en avait des mauvais parmi eux, mais que sûrement, dans leur ensemble, ils devaient avoir bon cœur. En plus, ils étaient le peuple de la reine. Et nous avions déjà entendu de fort bonnes choses au sujet de la reine de la part des « vrais Blancs ». Nous nous attendions à ce que ses sujets ne nous fassent aucun mal, et qu'au contraire ils améliorent notre sort en nous transmettant leur savoir, et que cela nous permettrait de faire certaines choses extraordinaires dont ils étaient capables. [...] Ils ont vite compris que le pays était bon, et certains ont alors décidé d'y établir une colonie. Ils ont commencé par s'emparer de certaines terres ici et là. Ils nous disaient qu'ils ne voulaient exploiter ces terres que pour quelques années, après quoi ils nous les rendraient en meilleur état ; entre-temps, ils nous donneraient des produits qu'ils cultiveraient pour nous dédommager du prêt de nos terres. *C'est ainsi qu'ils ont commencé à entrer dans nos « maisons » et à vivre sur nos « ranchs ». Chez nous, quand une personne entre dans notre maison, elle devient notre invité, et nous devons la traiter en tant que tel tant et aussi longtemps qu'elle ne montre aucune intention hostile. De même, nous nous attendons à ce qu'elle nous traite de la même façon en échange du bon traitement qu'elle reçoit de nous. Certains de nos chefs ont dit alors : « Ces gens désirent s'allier à nous dans notre pays. Nous devons donc les traiter en frères et vivre avec eux comme si nous formions une seule famille. Nous partagerons encore tout ce que nous avons équitablement – moitié moitié – pour ce qui s'agit des terres, de l'eau, du bois debout, etc. Ce qui est à nous sera à eux, et ce qu'ils auront nous appartiendra. Nous allons nous entraider afin de devenir un peuple grand et bon. »*

Les Blancs ont installé leur gouvernement à Victoria, ou peut-être est-ce la reine qui en a décidé ainsi. C'est ce qu'on nous a dit. Leurs chefs résidaient là. *À l'époque, ils ne niaient pas que les tribus possédaient tout le pays et tout ce qu'on y trouvait.* Ils nous disaient d'ailleurs que c'était le cas. Nous, les Indiens, étions optimistes. Nous faisions confiance aux Blancs et nous avons attendu patiemment que leurs chefs déclarent leurs intentions à notre égard et concernant nos terres. Nous savions ce qu'on avait fait dans les États voisins, et nous nous souvenions qu'on nous avait dit que la reine voulait beaucoup de bien aux Indiens et que ses lois, que ses chefs faisaient respecter ici, étaient toujours justes et meilleures que les lois américaines.

Puis les chefs (les fonctionnaires du gouvernement, etc.) ont commencé à nous rendre visite et à entamer des pourparlers avec les nôtres. Ils nous ont assuré que nous n'avions rien à craindre, que les lois de la reine s'imposeraient dans notre pays et que les Indiens n'avaient que du bien à en attendre. Ils nous ont dit que l'on établirait une très grande réserve pour nous (les tribus du sud de l'intérieur) et que, concernant les terres tribales en marge de cette réserve, le gouvernement nous les achèterait pour favoriser la colonisation blanche. Ils nous donné à croire que cela se ferait bientôt, et nous ont assuré qu'entre-temps, le temps pour eux de créer cette réserve et pour nous de nous y établir, nous aurions toute liberté pour nous déplacer et camper, et que nous jouirions des mêmes libertés que nous possédions depuis la nuit des temps pour chasser, pêcher, faire paître nos animaux et cueillir les aliments que nous voulions ; et aussi que toutes les pistes, la terre, l'eau, le bois debout, etc., demeureraient libres d'accès comme avant. Nos chefs ont accepté ces propositions, et nous avons attendu que les traités soient conclus et que tout soit arrangé. Nous n'avions jamais connu de chefs blancs qui manquaient à leur parole, donc nous leur avons fait confiance. Pendant ce temps, la colonisation blanche s'est poursuivie. Nos chefs nous retenaient. Ils disaient : « Ne faites rien contre les Blancs. Il y a quelque chose que nous ne comprenons pas et qui les retarde de tenir leur promesse. Ils vont finir par tenir parole. »

Qu'avons-nous reçu pour notre bonne foi, notre amitié et notre patience ? Graduellement, lorsque les Blancs de ce pays sont devenus de plus en plus puissants, et nous de moins en moins puissants, ils ont modifié petit à petit leur conduite à notre égard et ils se sont mis à nous imposer des limites. Leur gouvernement ou leurs chefs ont profité à tous les détours de notre amitié, de notre faiblesse et de notre ignorance pour s'imposer chez nous de toutes les manières possibles. Ils nous traitent comme des sujets alors qu'aucun accord n'a été conclu en ce sens, et ils nous imposent leurs lois sans notre consentement, qu'elles soient bonnes pour nous ou non. Ils disent qu'ils ont barre sur nous. Ils ont avili les vieilles lois et coutumes (même si elles étaient bonnes) qui nous gouvernaient. Ils se moquent de nos chefs et les écartent sans ménagement. Les différends mineurs que nous avons entre nous, qui ne les regardent en rien et que nous pouvons fort bien régler entre nous, ils en saisissent leurs tribunaux. Ils ont une loi pour l'homme blanc qui a du bien, une autre pour l'homme blanc qui n'a rien, et une autre encore pour l'Indien. Ils ont abattu (ou c'est tout comme) les piquets de toutes les tribus indiennes. Ils disent qu'il n'y a pas de frontières, sauf celles qu'ils tracent eux-mêmes. Ils se sont emparé de tout le pays indien et disent qu'il leur appartient désormais. C'est tout comme s'ils prenaient notre « maison » ou notre « ranch », c'est-à-dire la vie de chaque tribu indienne, pour en faire leur possession. Ils ne nous ont jamais consultés en ces matières, ils n'ont conclu aucun accord en ce sens avec nous, et ils n'ont jamais signé de « papiers » non plus. Ils « ont volé nos terres et tout ce qu'il y a dessus » et ils continuent de les exploiter comme si elles « leur » appartenaient. Ils nous traitent comme si nous étions moins que des enfants et ne nous permettent jamais de « donner notre avis ». Ils disent que les Indiens sont des ignares, qu'ils n'ont rien, et pourtant, leur pouvoir et leur richesse leur viennent de nos possessions. Quant aux lois de la reine qui, croyions-nous, garantissaient nos droits, le gouvernement de la Colombie-Britannique les foule aux pieds. Voilà comment nos invités nous ont traités, nous qui les avions accueillis en frères dans notre maison.

Après un temps, quand ils ont vu que notre patience risquait de s'épuiser et que nous pourrions leur causer des ennuis si nous pensions que toutes les terres allaient être prises par les Blancs, ils ont mis de côté de nombreuses petites réserves un peu partout dans le pays. C'était leur idée, non la nôtre, et nous n'avons jamais accepté ces réserves en contrepartie de quoi que ce soit, et nous n'avons jamais non plus signé quelque papier que ce soit ou conclu de traité en ce sens. Ils s'imaginaient que nous allions nous satisfaire de cela, mais satisfaits nous ne l'avons jamais été, et nous ne le serons pas tant que nos droits ne seront pas rétablis. Nous pensions que la création de ces réserves était le prélude de quelque entreprise qu'ils avaient imaginée pour notre bien, et qu'ils continueraient dans cette voie jusqu'au jour où ils auraient fait plus que tenir leurs promesses, mais nous avons eu beau attendre et attendre, nous avons été déçus. Nous avons toujours ressenti l'injustice qui nous avait été faite, mais nous ne savions pas comment obtenir réparation. Nous savions qu'il était inutile de faire la guerre. Que pouvions-nous faire ? Même notre gouvernement à Ottawa, à qui le gouvernement de la Colombie-Britannique avait confié notre sort, ne nous a éclairés en rien. Nous ne disposions pas d'amis puissants. […] Pendant un certain temps, nous n'avons pas ressenti avec acuité le vol de nos terres, etc. Comme le pays était peu peuplé, nous jouissions encore d'une grande liberté pour chasser, pêcher, faire paître nos troupeaux, et tout le reste, sur l'ensemble du territoire. Cependant, à cause de l'accroissement de la colonisation et du reste, ces dernières années, la situation a changé, et nous sommes de plus en plus confinés à nos réserves qui, dans la plupart des cas, sont inhospitalières et impropres à assurer notre subsistance. Si l'on demeure injuste envers nous, nous allons souffrir, et la plupart d'entre nous serons réduits à la mendicité ou condamnés à des salaires de misère. Nous avons aussi appris dernièrement que le gouvernement de la Colombie-Britannique prétend être le propriétaire absolu de nos réserves, ce qui signifie que nous sommes pratiquement sans terre. Ces réserves ne nous sont que prêtées en loyer viager, ou selon le bon plaisir du gouvernement de la Colombie-Britannique. Nous sommes donc privés de foyer dans notre propre pays.

Dans une requête signée par quatorze de nos chefs et adressée à votre ministère des Affaires indiennes en juillet 1908, nous avons fait état des obstacles que nous cause l'insuffisance de la plupart de nos réserves, certaines étant dépourvues de bonnes terres, d'autres n'ayant pas d'eau pour l'irrigation, etc., et ce, à cause des bornes entourant les pâturages pour le bétail ou des clôtures que les Blancs ont installées autour des soi-disant terres domaniales ; à cause des limites sévères que le gouvernement nous a imposées récemment concernant la chasse et la pêche ; à cause de la disparition du saumon provoquée par la surpêche pratiquée par les Blancs, et d'autres problèmes nous concernant. En de nombreux lieux, il nous est interdit de camper, de voyager, de cueillir des racines, de nous procurer du bois et de l'eau comme jadis. Nos gens sont mis à l'amende et jetés en prison pour avoir enfreint les lois sur la chasse et la pêche et pour avoir consommé du gibier et du poisson, alors qu'on nous avait garanti que nous pourrions toujours nous en nourrir. Petit à petit, on s'est mis à nous considérer comme des intrus sur une large partie de notre territoire. [...] Nous ne gardons nulle rancune envers la race blanche dans son ensemble ou les colons, mais nous voulons avoir comme eux la chance de gagner notre vie. Nous les accueillons dans notre pays. Dans la plupart des cas, ce n'est pas de leur faute. Ils ont pris des terres, les ont bonifiées et ils ont payé de bonne foi pour les acquérir. C'est leur gouvernement qu'il faut blâmer pour les injustices dont nous sommes accablés. Mais il est aussi de leur devoir de faire en sorte que leur gouvernement se montre équitable envers nous et nous mette en mains un accord qui soit juste. Nous condamnons la conduite du gouvernement de la Colombie-Britannique à l'égard des tribus indiennes de ce pays et la déclarons parfaitement injuste, honteuse et maladroite à tous égards. Nous dénonçons sa politique parce qu'elle est la cause principale de la condition insatisfaisante des Indiens en ce pays, ainsi que de l'animosité et des frictions entre Indiens et Blancs. Tant que nous considérerons qu'on ne nous rend pas justice, l'insatisfaction et l'agitation perdureront parmi nous, et nous allons poursuivre notre lutte pour améliorer notre sort. C'est pour atteindre ce but que nous et d'autres tribus indiennes du pays s'unissent maintenant et vous demandent votre aide et celle de votre gouvernement dans cette lutte pour nos droits. Nous croyons que ce n'est ni le désir ni la politique de votre gouvernement de faire en sorte que ces conditions perdurent. Nous exigeons que soit réglé le litige entourant la possession de nos terres et que des traités soient conclus entre le gouvernement et chacune de nos tribus, de la même manière que cela a été fait avec les tribus indiennes des autres provinces du Canada et dans les régions avoisinantes des États-Unis. Nous désirons que toute question d'importance pour une tribu fasse l'objet d'un traité de telle sorte que nous puissions nous entendre définitivement avec le gouvernement sur toutes les questions du moment qui se posent entre nous et lui. Dans une déclaration faite le mois dernier et signée par vingt-quatre de nos chefs (dont copie a été adressée à votre ministère des Affaires indiennes), nous avons énoncé notre position sur ces questions. Nous espérons maintenant sincèrement que vous allez étudier attentivement tous les arguments que nous avons avancés ici, et que vous admettrez les désavantages qui nous affligent et les perspectives sinistres qui nous attendent si ces questions ne sont pas réglées rapidement. Espérant que votre séjour en ce pays aura été agréable, nous vous souhaitons bon voyage chez vous.

Très sincèrement,
Les chefs des Shuswaps, Okanagans
et des tribus Couteau ou Simpson,
J. A. Teit, secrétaire

Présentée à Kamloops le 25 août 1910

1927

Amendements à la Loi sur les Indiens

Nous voici en présence d'une infamie déclarée. On y énonce les interdictions faites aux « Indiens » par leur gouvernement, c'est-à-dire notre gouvernement, de 1927 à 1951, notamment la possibilité de retenir les services d'un avocat pour se défendre. On voulait ainsi neutraliser cette nouvelle initiative politique qu'était le mouvement en faveur des droits des Indiens. Imaginez-vous que ce texte avilissant a été composé par votre grand-père ou votre arrière-grand-père, corrigé par un autre comme lui, approuvé par un sous-ministre adjoint et un sous-ministre, tous deux arrière-grands-pères de quelqu'un maintenant. Enfin, des centaines de nos grands-pères ont voté ces amendements à la Loi sur les Indiens à la Chambre des communes et au Sénat. Puis, des centaines d'autres ont fait respecter cette loi le jour, rentrant chez eux le soir pour chanter des hymnes à la gloire du Seigneur, réciter le bénédicité et jouer avec leurs enfants, qui devinrent nos parents ou nos grands-parents.

Article 140

Tout Indien ou autre individu qui prend part ou aide à la célébration ou encourage directement ou indirectement quelqu'un à faire la célébration d'une fête, danse ou autre cérémonie indienne, dont l'un des traits ou caractères consiste à donner, à payer ou à remettre de l'argent, des marchandises ou des objets de toute sorte, soit que ce don d'argent, de marchandises ou d'objets ait lieu avant, pendant ou après la célébration, ou qui prend part ou aide à la célébration d'une cérémonie ou d'une danse, dont l'un des traits ou caractères consiste à mutiler ou à blesser le corps, mort ou vivant, d'un être humain ou d'un animal, est coupable de contravention et passible, après déclaration sommaire de culpabilité, d'un emprisonnement de deux à six mois.

Rien dans le présent article ne peut s'interpréter de façon à empêcher la tenue de foires ou d'expositions agricoles, ni le don de prix pour des objets qui y sont exposés.

Dans les provinces du Manitoba, de la Saskatchewan, de l'Alberta ou de la Colombie-Britannique, ou dans les Territoires, tout Indien qui prend part à une danse indienne en dehors des limites de sa propre réserve, ou qui prend part à quelque spectacle, exposition, représentation, *stampede* ou parade en costume aborigène sans le consentement du surintendant général ou de son agent autorisé, et tout individu qui induit ou engage un Indien à prendre part à cette danse, à ce spectacle, à cette exposition, à cette représentation, à ce *stampede* ou à cette parade, ou induit un Indien à quitter sa réserve ou emploie un Indien pour cet objet, que cette danse, ce spectacle, cette exposition, cette représentation, ce *stampede* ou cette parade ait lieu ou non, sont passibles, après déclaration sommaire de culpabilité, d'une amende d'au plus vingt-cinq dollars, ou d'un mois d'emprisonnement, ou des deux peines de l'amende et de l'emprisonnement.

Article 141

Quiconque, sans le consentement du surintendant général exprimé par écrit, reçoit, obtient, sollicite d'un Indien ou lui demande un versement ou une contribution ou la promesse d'un versement ou d'une contribution dans le but de prélever des fonds ou de fournir de l'argent en vue de la poursuite d'une réclamation que la tribu ou bande indienne à laquelle appartient cet Indien, ou dont il est membre, a ou est réputé avoir pour le recouvrement d'une créance ou de deniers au bénéfice de ladite tribu ou bande, est coupable d'une infraction et, sur déclaration sommaire de culpabilité, passible pour chaque pareille infraction d'une amende de 50 à 200 dollars, ou d'emprisonnement pour toute période n'excédant pas deux mois.

1971

Le grand chef David Courchene

Préface à *Wahbung: Our Tomorrows*

> *Ce texte,* Wahbung, *fut la réponse de la Fraternité des Indiens du Manitoba, par la voix de son grand chef, au Livre blanc du gouvernement Trudeau de 1969 (« La politique indienne du gouvernement du Canada »), la dernière fois qu'Ottawa a ouvertement proposé l'assimilation des peuples autochtones. Le Grand Chef Courchene plaide la cause des Autochtones avec une franchise éloquente qui montre pourquoi le récit canadien devait être changé en profondeur. Certaines de ces idées se sont matérialisées depuis, par exemple, l'enchâssement des droits des Autochtones dans la Constitution révisée de 1982. Mais nous savons tous que le vrai changement se fait encore attendre.*

Message du Grand Chef

Nous, le premier peuple de cette terre qu'on appelle maintenant Manitoba, sommes un peuple doué d'une volonté de survie indomptable, et nous voulons survivre en tant que peuple, avec toute sa force et son inventivité.

Nous qui vivons sur cette terre depuis des siècles, nous avons connu maintes époques difficiles, car la terre d'ici n'est pas toujours généreuse, et notre peuple, comme tous les autres peuples, a dû s'adapter à un environnement en constante évolution.

Au cours des cent dernières années, nous avons eu à mener une lutte des plus difficiles, mais ces épreuves n'ont brisé en rien notre esprit ni diminué notre amour pour cette terre, notre attachement à celle-ci. Nous avons survécu en tant que peuple.

Notre attachement signifie que nous devons aussi nous engager à développer ici des sociétés saines pour tous les gens qui vivent sur cette terre. Mais nous ne pourrons faire notre part si nous n'avons pas au préalable les moyens de développer une société saine pour nous-mêmes. Depuis la signature des traités il y a un siècle de cela, on nous a constamment empêchés d'agir.

Trois faits essentiels fondent notre texte et se reflètent dans tous ses aspects.

D'abord, nous sommes résolus à rester un peuple fort, fier et distinct.

Ensuite, nous refusons de voir nos vies dirigées par d'autres qui ne connaissent pas et ne peuvent pas connaître notre mode de vie.

Enfin, nous sommes un peuple du XXe siècle, et non quelque vestige pittoresque et folklorique. Nous sommes capables, compétents, et parfaitement en mesure d'évaluer les conditions d'aujourd'hui et de trouver le moyen de nous y adapter avec bonheur.

Les autres Canadiens doivent accepter ces trois réalités.

Nous vous demandons de nous aider pour le bien de tout le Canada, et parce que vous en avez l'obligation morale à cause des injustices du passé, mais cette aide doit être fondée sur cette compréhension. Si cela peut se faire, nous allons continuer d'œuvrer dans un esprit de coopération.

Ce n'est qu'ainsi que l'espoir peut luire et qu'il pourra y avoir un lendemain, quand vous, les descendants des colons de nos terres, pourrez dire au reste du monde : Écoutez, nous sommes venus ici et nous avons été bien accueillis, mais après, nous vous avons réduits au désespoir ; mais nous sommes aussi des hommes d'honneur et d'intégrité, et nous sommes déterminés à œuvrer avec vous dans un esprit de coopération ; nous vous avons écoutés, nous avons appris, nous vous avons donné notre appui, et aujourd'hui, nous vivons dans l'harmonie avec le premier peuple de cette terre qui nous appelle maintenant ses frères.

Nous espérons que ce lendemain viendra.

1977

Le grand chef John Kelly

Nous sommes tous dans le cercle ojibwé

Témoignage devant la Commission royale (Ontario) sur l'environnement du Nord

Nous sommes cent quatre-vingt-quatorze ans après la lettre de Joseph Brant à Haldimand, soixante-sept ans après la supplique des chefs de la Colombie-Britannique adressée à Laurier, et voici qu'un autre chef autochtone, John Kelly, juge nécessaire, encore une fois, de rappeler l'histoire, les accords bafoués, la possibilité d'avoir une relation saine. Entre-temps, d'un bout à l'autre du pays, des commissaires s'étaient rendus dans toutes les communautés autochtones pour forcer la signature de traités. Intentionnellement ou non, ils avaient donné une fausse image du contenu de ces traités. Puis les traités n'ont pas été respectés.

Des centaines, probablement des milliers d'autres chefs autochtones ont pris la parole au fil des ans, chacun à sa manière. Les classeurs du ministère des Affaires indiennes doivent regorger de telles instances finement raisonnées. À la réception de toute lettre de ce genre, la stratégie canadienne consistait à faire une note au dossier, à le ranger et à cadenasser le classeur. Ou alors on la transmettait aux avocats à la Justice qui entamaient des procédures à n'en plus finir.

Ce qui me frappe ici, c'est la patience de gens comme le chef Kelly. Encore une fois, comme toujours, il prend la peine d'expliquer les obligations et les responsabilités, sur les plans éthique, social et juridique, des Canadiens et de nos gouvernements. Ce qui commence à changer vers la fin des années 1970, ce n'est pas l'attitude des peuples autochtones. Ceux-ci n'ont jamais dévié de leur trajectoire. Mais les gouvernements fédéral et provinciaux commencent à comprendre – très, très lentement – que le problème ne se réglera pas de lui-même.

Le texte intégral du témoignage du grand chef Kelly figure dans l'anthologie From Ink Lake *éditée par Michael Ondaatje.*

M. le Commissaire,

Bienvenue sur le territoire du traité n° 3. Il y a longtemps qu'on n'avait pas vu de commission dans la région. La dernière fois, c'était au début des années 1870. En 1873, ses travaux ont débouché sur le traité n° 3, traité qui n'a jamais été respecté.

Aujourd'hui, cent quatre ans plus tard, nous recevons la visite d'une autre commission, la Commission royale sur l'environnement du Nord. J'aimerais vous en féliciter sincèrement. Je voudrais tant parler de choses heureuses avec vous. Je me réjouirais avec vous de nos grandes réalisations, et nous parlerions avec plaisir des réussites grandioses qui nous attendent. Malheureusement, ce n'est pas possible. Le temps, l'histoire et l'homme blanc n'en ont pas voulu ainsi.

Nous avons retenu les leçons du passé. Nous sommes désormais méfiants à l'égard de ces commissions prometteuses. À cause de son histoire malheureuse, mon peuple estime qu'il doit se montrer prudent et éviter de donner son aval entier à votre enquête. Tant que nous ne connaîtrons pas l'orientation que votre commission aura prise, il nous faudra nous montrer circonspects avant de vous donner notre approbation entière.

Je m'explique. [...] La situation où nous nous trouvons aujourd'hui est née à peu près ainsi. Un Indien était assis sur un tronc d'arbre qui gisait sur le sol, et il s'y sentait fort bien étant donné qu'il avait toute la place qu'il lui fallait. Un homme blanc est arrivé et lui a fait savoir qu'il était en fuite depuis longtemps, qu'il était exténué. Les sbires de l'évêque voulaient le brûler au bûcher et les soldats du roi le pourchassaient avec leurs fusils. Il lui a demandé de lui faire une petite place sur son tronc d'arbre pour se reposer de ses épreuves. L'Indien a accepté volontiers de partager sa place avec l'homme blanc. Mais l'homme blanc voulait s'étendre et lui a demandé de lui faire un peu plus de place. L'Indien a acquiescé. Le voyageur blanc s'est montré satisfait un petit moment, puis il a jugé qu'il lui fallait plus de place. L'Indien a accepté de bon cœur encore une fois. Bien sûr, cet invité n'a jamais eu ni faim ni froid. En bon hôte qu'il était, l'Indien partageait son pemmican et ses fourrures avec ce pauvre étranger harassé. Le temps aidant, il s'est trouvé que l'homme blanc avait accaparé la réserve de vêtements et de nourriture de l'Indien ; celui-ci s'est mis à avoir froid et faim, et il avait du mal à garder son petit bout du tronc d'arbre. Et tout à coup, il ne plaisait plus du tout à l'homme blanc d'avoir à partager le tronc d'arbre avec une créature aussi misérable et mal en point. Son sens de la propriété s'en trouvait profondément offensé. Il a donc ordonné à l'Indien de s'éloigner, mais, charitable comme il était, il lui a proposé d'aller s'asseoir sur une souche plus loin dans le bois. Depuis 1871, les Ojibwés du nord-ouest de l'Ontario sont assis sur cette souche. Depuis quelques années, nous avons commencé à paniquer, parce que l'homme blanc convoite désormais notre souche. D'accord, la souche est petite, et on y est fort mal assis, mais à tout le moins nous avons un coin où nous asseoir, et à l'occasion nous pouvons chasser un peu et mettre une ligne à l'eau pour pêcher.

Voilà ce qui est advenu de la dernière commission qu'on a vue dans notre coin de pays. On nous a volé nos terres et nos ressources. Vous, M. le Commissaire, avez une occasion en or de recommander que l'on nous restitue sans faute une part de ce qui est nôtre.

La première commission est venue ici et a convaincu mes aïeux de signer un traité. À cette époque, notre gouvernement voulait emprunter nos terres comme voie de passage vers les Prairies où ses armées allaient combattre les Métis. On avait aussi besoin de cette route pour les colons et, surtout, pour accéder à des ressources naturelles abondantes. Mon peuple n'a pas été informé des raisons pour lesquelles vous vouliez un traité, et vous ne nous avez pas permis de faire des recherches et de déterminer exactement à quoi correspondait notre intérêt supérieur. Mes aïeux ont signé le traité. Ils ont été trompés sur son contenu. On ne leur a jamais expliqué quelles en seraient les conséquences. On les a convaincus qu'ils n'avaient d'autre choix que de signer. Et comme ils avaient confiance dans la bonne foi et les bonnes intentions de la commission chargée de négocier le traité, mes aïeux y ont apposé leur signature en 1873.

D'après les recherches que nous avons faites, les premiers commissaires du traité étaient de fait animés de toute la bonne foi et des meilleures intentions du monde. Néanmoins, l'histoire dira d'eux qu'ils étaient les pions involontaires d'un jeu qui visait à annihiler les peuples autochtones. Nous vous avertissons, M. le Commissaire, prenez garde d'être vous aussi un autre pion bien intentionné, l'instrument involontaire d'intérêts riches et puissants. Moi et les autres chefs de la bande du traité n° 3 recevons souvent la visite de personnes également bien intentionnées. Mais il est de votre devoir de transcender les bonnes intentions et de comprendre le long processus historique dont nous ne sommes qu'un élément.

Permettez-moi de vous dire ce qui est advenu de nous après que les commissaires du traité sont retournés voir le gouvernement avec les X de mes aïeux sur un traité auquel ils n'avaient rien compris. Les commissaires ont déclaré alors qu'ils avaient obtenu que les Ojibwés cèdent tous leurs droits sur le territoire du traité n° 3. Ils ont expliqué qu'en échange le gouvernement s'estimait essentiellement content. Il était heureux de voir que nous avions cédé nos droits sur ces terres. La terre, c'était tout ce qu'il voulait, après tout. Cependant, le gouvernement n'était pas content des promesses que contenait le traité et, en conséquence, il n'a pas mis beaucoup de zèle à leur donner effet.

Entre-temps, les chefs ojibwés sont rentrés dans leurs terres. Ils ont fait savoir à leur monde qu'ils s'étaient entendus avec les mandataires de la bienveillante reine blanche pour que les Ojibwés n'entravent pas l'accès de l'homme blanc aux terres du traité n° 3 et son passage sur celles-ci. Les chefs ont déclaré que le mandataire du gouvernement avait dit que le mode de vie traditionnel ojibwé ne serait perturbé en rien. Les chefs ont fait état des promesses faites par les négociateurs blancs. Dès ce jour, les Ojibwés ont cessé toute résistance à l'intrusion blanche et se sont montrés disposés à partager leur terre avec l'homme blanc. Nous savions que nous avions cédé beaucoup en autorisant l'homme blanc à pénétrer en territoire ojibwé et nous, par conséquent, nous croyions en droit de profiter des avantages et des garanties promis par les commissaires du traité.

Je vais vous raconter en deux mots ce qui s'est passé. Si les commissaires chargés de négocier ce traité étaient ici aujourd'hui pour entendre ce qu'on a fait de leurs efforts bien intentionnés, ils éprouveraient la même tristesse que nous, ainsi que le sentiment d'avoir été trahis.

Peu après la conclusion du traité, un différend s'est élevé entre le gouvernement fédéral et le gouvernement provincial pour savoir lequel des deux avait autorité sur le territoire du traité n° 3. L'Ontario arguait que sa frontière ouest englobait le territoire du traité n° 3. Ottawa prétendait que non. Ottawa avançait que l'Ontario ne s'étendait pas à l'ouest aussi loin que le territoire du traité n° 3. N'oubliez pas, M. le Commissaire, qu'il ne se faisait à l'époque aucun soi-disant développement ici. Alors que les gouvernements se disputaient à propos de quelques lignes sur une carte, mon monde continuait de vaquer à ses affaires, convaincu d'avoir pleinement droit aux richesses de sa terre.

Le différend entre les gouvernements n'a été réglé que lorsqu'il a été soumis à la plus haute cour de l'époque. Ce tribunal a statué, en 1888, que la frontière occidentale de l'Ontario englobait l'essentiel du territoire du traité n° 3. On nous a dit que les conséquences juridiques de cet arrêt (dont nous ignorions qu'il avait été rendu) étaient telles que notre terre avait été cédée (première nouvelle pour nous), non pas au gouvernement avec lequel nous avions négocié, mais au gouvernement en place dans ce lieu appelé Toronto. Jamais nous n'avions rencontré les représentants de ce gouvernement, et nous n'y tenions pas particulièrement non plus. Nous ne savions pas ce qui se passait, puisque personne ne nous disait rien. Et personne ne nous a fourni les ressources qu'il nous aurait fallu pour nous renseigner. Nous n'avons appris qu'il y avait quelque chose qui ne tournait pas rond du tout que lorsque nous avons compris que les promesses faites à nous par les commissaires chargés du traité étaient restées lettre morte.

Nous n'avons pas été consultés ni même informés de ce qui s'était passé. Le gouvernement fédéral n'a rien fait pendant que le gouvernement de l'Ontario nous dépouillait sciemment. Ça, nous ne l'oublierons jamais. Et nous ne connaîtrons de repos que le jour où nous aurons repris ce qui nous revient de droit.

Si je m'attarde aux premières années qui ont suivi la signature du traité, ce n'est pas pour vous dire que nos griefs ne sont qu'histoires anciennes. Au contraire. Même si nous avons été dépouillés maintes et maintes fois par le gouvernement, et tout récemment par l'industrie, nous possédons encore certaines richesses que l'homme blanc convoite. Nous avons appris d'expérience que, chaque fois que l'Indien possède ou contrôle quelque bien ayant une valeur économique, il s'en trouve toujours pour essayer de l'en dépouiller. Mais, pire, votre société et le gouvernement qui vous a nommé semblent encourager, ou du moins tolérer, le vol des terres indiennes. Apparemment, les terres indiennes sont à prendre pour tous alors que les terres blanches demeurent protégées par des lois très sévères.

Ce qu'on nous vole, c'est presque toujours ce que vous appelez « ressources naturelles ». Nous comptons préciser nos revendications concernant les ressources nationales.

M. le Commissaire, on dirait que l'étranger venu d'où le soleil se lève au-delà des lacs ne cesse de revenir chez nous. Chaque fois, il nous promet le repos éternel et l'abondance, et chaque fois, il ne laisse derrière lui que famine et maladie. On dirait aussi que, au fil des ans, le cercle des Ojibwés ne cesse de s'agrandir. Des Canadiens de toutes les couleurs et de toutes les religions pénètrent dans ce cercle. Vous pouvez penser que vos racines sont ailleurs qu'ici, mais en réalité, vous êtes ici avec nous. Je ne sais si vous ressentez le cœur de la terre qui bat dans votre poitrine, et si vous sentez que l'ours est votre frère et que son esprit est plus pur et plus fort que le vôtre, ou que l'élan vit à un niveau supérieur à celui de l'homme. Vous ne partagez peut-être pas l'angoisse spirituelle qui m'étreint quand je vois la terre ravagée par l'étranger, mais vous ne pourrez plus échapper à ma destinée quand le sol deviendra stérile et que les rivières seront empoisonnées. À mon corps défendant, et c'est probablement votre cas aussi, le temps et les circonstances nous ont placés dans le même cercle. Je ne viens donc pas plaider auprès de vous pour que vous me gardiez du monstre étranger que forment la rapacité capitaliste et la technologie. Je viens vous faire savoir que le danger qui me guette vous menace aussi. Mon génocide est votre génocide.

Pour commettre un génocide, il n'est pas nécessaire de bâtir des camps et des fours crématoires. Il suffit de supprimer les assises d'un certain mode de vie.

1996

Quelques observations des commissaires

La Commission royale sur les peuples autochtones

L'importance de cette commission d'enquête ne fait aucun doute. Dirigée par l'ancien chef national George Erasmus et le juge René Dussault, ses audiences et son rapport ont eu pour effet de récrire ou de rétablir le récit canadien originel. Malheureusement, le gouvernement a fait fi de ses recommandations.

Mais le travail a été fait. Les bases de notre histoire ont été posées. Le possible a été défini. Et en dépit de la résistance de tous les gouvernements fédéraux et provinciaux qui ont suivi, ce récit fait lentement son chemin dans la conscience nationale. Voici un extrait de l'introduction éloquente au rapport définitif, qui faisait 4 000 pages.

Le Canada est le terrain d'essai d'une noble idée – l'idée selon laquelle des peuples différents peuvent partager des terres, des ressources, des pouvoirs et des rêves tout en respectant leurs différences. L'histoire du Canada est celle de beaucoup de ces peuples qui, après bien des tentatives et des échecs, s'efforcent encore de vivre côte à côte dans la paix et l'harmonie.

Cependant, sans justice, il ne peut y avoir ni paix ni harmonie.

Nous avons commencé nos travaux dans une période trouble et agitée. Les leaders de notre pays se disputaient au sujet de la place des Autochtones dans la Constitution. Les Premières Nations dressaient des barrages routiers et ferroviaires en Ontario et en Colombie-Britannique. Des familles innues dressaient des campements pour protester contre les installations militaires au Labrador. Un an plus tôt, le conflit armé entre les forces autochtones et non autochtones à Kanesatake (Oka) avait terni la réputation du Canada à l'étranger – et dans l'esprit de bien des citoyens.

C'était une période d'inquiétude et de détresse. Les reportages des médias avaient donné aux Canadiens de nouvelles raisons de se préoccuper du sort de nombreuses collectivités autochtones : pauvreté, mauvais état de santé, foyers brisés et suicides. Les plus menacés étaient les enfants et les adolescents.

C'était aussi une période d'espoir. Les Autochtones étaient en train de rétablir leurs liens ancestraux entre eux et de chercher dans leur patrimoine culturel les racines de leur identité et l'inspiration nécessaire pour résoudre les problèmes communautaires.

Nous avons axé nos consultations sur une question primordiale : *quels sont les fondements d'une relation équitable et honorable entre Autochtones et non-Autochtones au Canada ?*

Les gouvernements successifs ont tenté – parfois intentionnellement, parfois par simple ignorance – d'assimiler les Autochtones dans la société canadienne et d'éliminer tout ce qui en fait des peuples distincts. Au fil des années et des décennies, les politiques ont miné et presque anéanti les cultures et les identités autochtones.

C'est là de l'assimilation. Mais cette négation des principes de paix, d'harmonie et de justice si chers à notre pays s'est soldée par un échec. Les peuples autochtones demeurent différents et fiers de l'être.

Les politiques d'assimilation ont échoué parce que les Autochtones ont le secret de la survie culturelle. Ils sont conscients de former des peuples possédant un patrimoine unique et ayant droit à la continuité culturelle.

C'est cela qui les amène à dresser des barrages routiers, à protester devant les bases militaires et à occuper des terres sacrées. C'est cela qui les fait résister au suicide culturel auquel les convie la société eurocanadienne lorsqu'elle les pousse à s'assimiler au nom de l'égalité et de la modernité.

Les politiques d'assimilation ont fait un mal énorme ; elles ont eu un effet destructeur sur les Autochtones, leurs familles et leurs collectivités. L'âme et l'esprit du Canada en ont tout autant souffert, cet esprit de générosité et d'accommodement dont s'enorgueillissent les Canadiens.

Pourtant le mal n'est pas irréparable. Le secret consiste à prendre le contre-pied des principes d'assimilation qui déterminent et restreignent encore les chances de réussite des autochtones – malgré certaines réformes valables dans l'administration des affaires autochtones.

Pour déclencher ce changement fondamental, il est indispensable que les Canadiens comprennent que *les peuples autochtones sont des nations*. C'est-à-dire qu'ils forment des groupes politiques et culturels dont les valeurs et les modes de vie sont différents de ceux des autres Canadiens. Les Autochtones ont vécu au sein de nations – parfois très centralisées, parfois plus ou moins fédérées, parfois organisées en clans – pendant des milliers d'années avant l'arrivée des Européens.

Ces nations ont établi des alliances commerciales et militaires entre elles et avec les nouveaux arrivants. Aujourd'hui encore, le sentiment de confiance en soi et de bien-être des Autochtones demeure lié à la force de leurs nations. Ce n'est qu'au sein de nations rétablies dans leur intégrité qu'ils pourront réaliser leur potentiel au XXIe siècle.

Entendons-nous bien, cependant. Les peuples autochtones sont des nations, mais non pas des États-nations qui cherchent leur indépendance vis-à-vis du Canada. Ce sont des collectivités qui partagent un long passé, qui ont le droit de se gouverner elles-mêmes et qui, en général, ont la ferme intention de le faire comme partenaires du Canada.

Nous espérons que notre rapport montrera aux Autochtones et aux autres Canadiens les nombreux chemins qui s'offrent à eux – dès maintenant – pour réparer cette relation et aborder le prochain millénaire du bon pied, c'est-à-dire en misant sur la reconnaissance, le respect, le partage et la responsabilité.

1999

Georges E. Sioui

Le problème indien

Les écrivains autochtones ont pour défi de subvertir le récit dominant. C'est le seul moyen d'y voir clair.

Pourquoi ? Parce que c'est, au mieux, un récit d'immigration, au pire, un récit colonial-impérial. D'une manière ou d'une autre, c'est une histoire européenne, avec quelques gentillesses jetées au passage à l'endroit des immigrants non européens. Dans les deux cas, le rôle des peuples autochtones, leurs récits, sont oubliés, amoindris ou marginalisés.

Le philosophe et historien Georges Sioui est passé maître dans l'art de subvertir le récit européen. Il est de la nation huronne-wendat aux abords de la ville de Québec. Ici, à la fin du livre où il restaure son récit dans ses droits, Pour une histoire amérindienne de l'Amérique, *il a recours à un argumentaire étoffé, dur et ironique pour dire où nous en sommes.*

―――――

S'agit-il d'un problème indien ou d'un problème euroaméricain ? Personne ne le sait, personne ne l'a jamais su, personne ne le saura jamais, et pourtant tout le monde doit convenir que la justice est l'ingrédient qui a manqué dans la formation de cette société du Nouveau Monde. Qui peut prétendre être sincère face à cet insoluble « problème indien » qui, au cours des quatre cent quatre-vingt-dix-sept années depuis le contact avec les Européens, a préoccupé cette même société pourtant convaincue du droit « exclusif » du découvreur ?

Le territoire a été vidé par les maladies, à l'aide d'alcool et de fusils, et la terre-mère de l'homme rouge prise, utilisée et surtout soumise à tous les abus, et l'on a déclaré à l'avance ses enfants spirituellement morts dans leurs « réserves ». Malgré ce passé, nous sommes toujours déroutés devant le « problème indien ».

Pour exister, un droit doit être partagé ; sinon, l'une des parties n'a que le droit de disparaître. Le droit du découvreur a peut-être été une justification élégante jusqu'à tout récemment, tant que l'âge des ténèbres perdurait. Mais continuer d'affirmer que le « découvreur » a acquis des droits exclusifs sur les terres et les peuples « découverts » et de fonder des systèmes juridiques sur de tels axiomes tout en espérant solutionner le « problème indien » équivaut, à mon sens, à croire que la meilleure façon de parvenir à une décision éclairée est de créer l'obscurité totale autour de soi.

L'aspect le plus regrettable de cette disposition d'esprit collective est que la grande majorité des gens soient des dupes. De fait, si l'on examine la question avec honnêteté, personne d'entre nous, Amérindien ou non, ne semble briller par son intelligence. L'estime de soi est la source de toutes les vertus sociales et le « problème indien » est sans doute l'une des causes principales de la perte de la fierté individuelle et collective chez les habitants des pays « découverts ». Pour obtenir toute chose, il y a un prix à payer, peu importe de quelle façon cette acquisition se fait. Dans le cas qui nous occupe, le prix que nous continuons tous de payer est de beaucoup trop élevé pour nos moyens humains. Notre façon désastreuse de regarder et de traiter notre environnement est directement liée à notre conception de la justice et des droits de propriété. En 1855, le chef Seattle de la nation squamish mettait en garde les nations euro-américaines : « Tout ce qui arrive à la terre arrive aux enfants de la terre [...]. Toutes les choses sont reliées entre elles, comme par le sang qui unit une famille. Continuez à contaminer l'endroit où vous dormez et vous suffoquerez un jour dans vos propres détritus. »

Il est urgent de renoncer à la notion euro-américaine des droits d'occupation et au concept même de découverte. Pourquoi, selon la philosophie naturelle de mes ancêtres, les descendants des envahisseurs européens ont-ils tant besoin de se dire chez eux, ici en Amérique, qu'ils dénient aux aborigènes tout droit au sol avec lequel ceux-ci ont de si bonnes raisons d'affirmer leur parenté ? Si un orphelin adulte revendiquait ma mère et s'en emparait de force, que penserais-je ? Que penserait-il ? Nous aurions tous deux l'air de sots. Et pourtant, ai-je le droit de prétendre posséder ma mère ? Et puis-je empêcher ma mère d'établir un lien de mère adoptive avec quelqu'un qui ressentirait le besoin d'une telle relation ? Mes ancêtres n'ont jamais tenté d'empêcher un tel rapport entre leur terre-mère et les nouveaux venus ; au contraire, ils se sont toujours réjouis à la perspective d'accueillir de nouveaux membres dans leurs familles et de les naturaliser, c'est-à-dire de partager avec eux tous leurs droits. Mon opinion est que l'attitude et la vision des Amérindiens ont été gravement méconnues dès le départ : les peuples autochtones étaient parfaitement capables de respecter et d'accepter des gens d'autres cultures ; de saines attitudes face à d'autres sociétés existaient très souvent et ont été systématiquement découragées et même supprimées par les « élites » européennes. Le « problème indien » que nous connaissons aujourd'hui est un legs idéologique de l'époque coloniale. Par ailleurs, je crois fermement que l'histoire est le déroulement normal et naturel de l'existence humaine ; nul ne doit donc être blâmé ou loué pour la façon dont les événements se produisent. Cependant, si l'homme ne peut qu'aller de l'avant, il a la responsabilité et le pouvoir de remettre en cause sans cesse et rationnellement ses objectifs et sa philosophie, pour continuer de faire un heureux voyage dans sa merveilleuse maison-planète qu'est la terre.

Sans considérer différemment les nations autochtones qui ont signé des traités, il importe de signaler une façon bien étrange d'acquérir certains droits territoriaux. La Proclamation royale de 1763 laissait entendre que le droit foncier amérindien avait été éteint par la conquête des territoires occupés, que ce soit par la France ou l'Angleterre. D'abord, il est incontestable que les territoires en question n'ont jamais été « conquis » au sens européen du terme. Comme nous l'avons déjà dit, la notion européenne selon laquelle les États-nations civilisés avaient l'obligation morale, donc le « droit » de déposséder les peuples sauvages de leurs terres, en vue de les soumettre à la loi civilisée, avait pour contrepartie amérindienne l'obligation morale de partager leur continent avec des nouveaux venus. Cela signifie, au moins pour les Amérindiens, que même s'il y a conquête, l'usage de la force ne peut jamais conférer à un État-nation le « droit » de supprimer, d'opprimer ou de réprimer les peuples « conquis ». Bien entendu, cette façon de voir les choses va à l'encontre de tous les concepts qui ont toujours justifié les théories des conquêtes que nous connaissons actuellement au Canada et dans toutes les autres parties « découvertes » du monde.

Le « problème indien » a des dimensions universelles : la lutte de l'Amérindien n'est en aucune façon égoïste. Les nations aborigènes d'Amérique – les paroles du chef Seattle et les enseignements de nombreux sages amérindiens en font foi – ont admis, dès le contact avec les Européens, qu'elles avaient une responsabilité par rapport à leurs frères blancs. Il est évident que ces derniers sont désorientés devant les lois de la nature ; une part importante du genre humain est ainsi entraînée à ne voir que le succès matériel temporaire et sélectif sans égard à l'appauvrissement spirituel permanent et général. L'infortune de mon peuple me semble relative par rapport à l'existence tragique de mes frères blancs ; en effet, sans qu'ils en soient coupables d'aucune façon, les vicissitudes de leur propre destin leur ont fait perdre depuis longtemps le sens de l'existence et de la nature humaines. Parce qu'il possède une intuition peu commune de l'ordre naturel, l'Amérindien a pressenti, dès sa toute première rencontre avec l'Européen, que ce semblable qui arrivait ici éprouvait le besoin impérieux de « réapprendre » sa parenté avec les autres humains et tous les êtres de la création. Même si les premiers Américains prévoyaient que l'arrivée des Européens allait produire un choc à la fois bouleversant et catastrophique pour eux et pour la terre, ils pouvaient également en imaginer la suite : ce frère blanc, effrayé par le désordre socio-écologique créé dans ce nouveau continent, se retournerait un jour vers son frère rouge et lui demanderait de l'aider à rétablir l'ordre et, ainsi, à trouver une solution au « problème indien ».

2000

Leroy Little Bear

Des visions du monde fragmentées qui s'entrechoquent

On a vu proliférer récemment non pas la philosophie autochtone comme telle, mais le nombre d'Autochtones qui expriment leur pensée sous une forme écrite capable de concurrencer le modèle occidental dans la même arène intellectuelle. Leroy Little Bear fait partie des Gens-du-Sang de la Confédération des Pieds-Noirs. Il est aussi le doyen de ces penseurs autochtones. Il est originaire du sud de l'Alberta et professe depuis longtemps à l'Université de Lethbridge. Sa parole, toujours limpide, donne tout son sens au mot sagesse. *Voici des fragments d'un argumentaire dont je recommande la lecture intégrale.*

Tout individu au sein d'une culture a sa manière à lui d'interpréter le code culturel collectif; cependant, sa vision du monde tire son origine de sa culture, c'est-à-dire de la philosophie commune de la société, de ses valeurs et de ses coutumes. Si l'on veut savoir pourquoi les visions du monde autochtones et eurocentriques se heurtent, il faut au préalable comprendre en quoi la philosophie, les valeurs et les coutumes des cultures autochtones diffèrent de celles des cultures eurocentriques.

Dans la pensée autochtone, l'existence est faite d'énergie. Toute chose est animée, douée d'un esprit et en mouvement constant. Dans ce domaine constitué d'énergie et d'esprit, les relations entre toutes les entités sont d'une importance primordiale, et l'espace y est un référent plus important que le temps. Je sais que je me réfère ici à la philosophie des Indiens des Plaines, mais il y a assez de similitudes entre toutes les philosophies autochtones d'Amérique du Nord pour donner une application générale à ces notions, même si certaines peuvent présenter des différences particulières ou accentuer certains éléments plutôt que d'autres.

L'idée selon laquelle toute chose est en mouvement constant ou en fluctuation nous conduit à une vision holiste et cyclique du monde. Si tout bouge et change constamment, il faut alors considérer l'ensemble pour dégager des tendances. Par exemple, les cycles cosmiques sont en mouvement perpétuel, mais ils présentent des tendances régulières qui provoquent des récurrences, par exemple les saisons de l'année, la migration des animaux, les cérémonies du renouveau, les chants et les récits. Le mouvement constant, tel qu'il se manifeste dans des tendances répétitives ou cycliques, valorise le processus de préférence au produit. Il en résulte une notion du temps qui est dynamique mais sans mouvement. Le temps s'inscrit dans une fluctuation constante, mais ne conduit nulle part. Le temps est, rien de plus.

Tout cela nous conduit à la déclinaison d'une philosophie autochtone qui est holiste, cyclique ou répétitive, généraliste, privilégiant le processus, et ancrée fermement dans un lieu en particulier.

Les valeurs et les coutumes autochtones ont pour fonction de maintenir les relations qui font l'unité de la création. Si la création se manifeste par des tendances cycliques et des répétitions, alors le maintien et le renouvellement de ces tendances est d'une importance suprême. Les valeurs et les coutumes constituent le rôle participatif que les peuples autochtones jouent dans le maintien de la création.

Contrairement aux systèmes de valeurs autochtones, on peut dire des systèmes de valeurs des Européens occidentaux qu'ils sont linéaires et singuliers, statiques et objectifs. La notion du temps chez les Européens occidentaux est un bon exemple de linéarité. Le temps commence à une époque reculée quelconque et suit une progression linéaire de A à B et de C à D. La linéarité se manifeste par une organisation sociale qui se veut hiérarchique dans ses structures et dans l'exercice du pouvoir. Sur le plan social, elle s'exprime en valorisant tout ce qui est plus grand, plus élevé, plus neuf ou plus vite, de préférence à ce qui est plus petit, plus bas, plus vieux ou plus lent.

Dans le processus de réflexion des Européens occidentaux, la singularité se manifeste dans des notions comme celles-ci : qu'il ne saurait exister qu'un seul dieu vrai, une seule réponse valide et une seule manière de faire les choses. Cette singularité donne naissance à une structure sociale qui valorise la spécialisation. Tout le monde dans la société se doit d'avoir une spécialité quelconque : médecin, avocat, plombier ou mécanicien. Les spécialisations sont hiérarchisées selon le prestige de chacune. Il en résulte une structure de classes sociales. Certaines professions occupent un rang supérieur, d'autres un rang inférieur. Dans les sciences, la singularité se manifeste par une recherche coûteuse de la vérité ultime, de la particule ultime dont toute matière est faite. Et ainsi de suite.

La colonisation a morcelé la vision du monde des peuples autochtones. Par l'emploi de la force, de la terreur et de la didactique, on a voulu détruire la vision du monde autochtone, tentative qui s'est soldée par un échec. Mais à cause de la colonisation, les Autochtones se sont retrouvés avec des visions du monde fragmentées. Ils ne possédaient plus leur propre vision du monde, sans pour autant avoir adopté une vision du monde eurocentrique. Leur conscience est devenue une énigme que chacun doit essayer de tirer au clair. De nombreuses visions du monde collectives se disputaient la maîtrise de leur comportement, et étant donné qu'aucune n'a su l'emporter, les Autochtones du monde moderne devaient deviner ou faire des choix à propos de tout. La conscience autochtone est devenue un lieu où les désirs et les valeurs se chevauchaient, se combattaient, se fragmentaient et se concurrençaient.

Pourtant, tous les coloniaux, colonisateurs aussi bien que colonisés, ont des visions du monde partagées ou collectives qui sont gravées dans leurs langues, leurs récits ou leurs mythes. Elles sont collectives parce qu'elles sont partagées par une famille ou par un groupe. Cependant, cette vision du monde partagée est toujours contestée, et ce paradoxe s'inscrit dans ce que c'est que d'être colonisé. Chacun essaie de comprendre ces diverses manières de voir le monde et de faire des choix quant à la façon de vivre sa vie. Personne n'a une vision du monde pure qui est à cent pour cent autochtone ou eurocentrique ; plutôt, chacun a un esprit intégré, une conscience fluide et ambidextre, une conscience précoloniale qui alimente une conscience colonisée et inversement. C'est cette collision des visions du monde qui est au cœur des nombreuses difficultés qu'on éprouve actuellement par rapport aux moyens effectifs de domination sociale dans l'Amérique du Nord postcoloniale. C'est aussi cette collision qui supprime la diversité dans les choix et refuse aux Autochtones l'harmonie dans leur vie quotidienne.

2002

Romeo Saganash

La Paix des Braves

Simple comme bonjour : une nation et un gouvernement s'engagent dans une négociation très complexe et concluent une entente dans l'espace d'une année. Voici enfin définies les relations entre les Cris et le Québec à la satisfaction des deux partenaires. Mieux, les uns et les autres ont su faire abstraction des idées surannées, la suprématie de l'État monolithique par exemple, et d'une conception de la propriété simpliste. On n'a attenté en rien aux droits issus des traités. On s'est entendu plutôt sur une certaine manière de vivre ensemble.

Romeo Saganash, qui est lui-même cri et avocat, a joué un rôle directeur dans cette négociation et son dénouement. Il explique ici ce que tout cela veut dire.

On emploie souvent le vocable *partenariat* dans des cas où le vrai partenariat n'est tout simplement pas possible. On l'emploie parfois pour maquiller la réalité des choses, notamment la dépossession. Un vrai partenariat exige une égalité de statut authentique et l'équité dans les résultats entre partenaires. Il ne peut y avoir de vrai partenariat quand une partie exerce son pouvoir sur l'autre et possède des droits au détriment de l'autre. Ce qui fait un vrai partenariat, c'est l'adhésion des deux parties à des objectifs communs : ces objectifs doivent déboucher sur des résultats équitables pour tous, ce qui requiert la coopération respectueuse des parties.

L'entente de la nation crie avec le gouvernement du Québec s'éloigne en tous points de la politique du Canada à l'égard des revendications foncières et des traités ainsi que des nombreux accords à caractère répressif qui ont été conclus et baptisés « partenariats » et que l'on conclut encore dans le cadre de cette politique. Nous croyons que la Paix des Braves, soit notre entente de 2002 avec le Québec, est un accord de nation à nation, fondé sur la reconnaissance primordiale du droit qu'ont les Autochtones de tirer parti des ressources naturelles et des richesses provenant de leurs terres traditionnelles. Encore aujourd'hui, la politique fédérale à l'égard des revendications foncières des Autochtones veut faire en sorte que ceux-ci cèdent tous leurs droits et que l'État canadien puisse déclarer ces droits caducs.

Un gouvernement ne saurait légitimement transiger avec les peuples autochtones à partir d'une politique qui les force à renoncer à tous leurs droits sur des territoires immenses et les ressources qu'ils renferment, en échange de quelque indemnité minime et fixe. Une telle politique condamne ces sociétés autochtones à la paupérisation et à la disparition, tout en enrichissant le Canada et les entreprises habilitées à exploiter leurs terres, leurs eaux et leurs ressources.

La Commission royale sur les peuples autochtones (CRPA) le disait bien en 1996, et ce, en des termes qui sont toujours d'actualité, à savoir que les peuples autochtones ont besoin de bien plus d'espace pour accéder à l'autosuffisance en matière économique, culturelle et politique. S'ils ne peuvent obtenir une plus grande part des terres et des ressources de ce pays, les institutions qui assurent leur autonomie gouvernementale vont échouer. Marginalisés comme ils le sont déjà dans la société canadienne, ils se verront acculés à l'extinction sur le plan économique, culturel et politique. Telle était la principale conclusion de la Commission royale sur les peuples autochtones. En vertu du droit international, le droit à l'autodétermination, que possèdent les peuples autochtones à l'instar de tous les autres peuples, englobe le droit de jouir des richesses de nos territoires traditionnels. La CRPA concluait d'ailleurs que le Canada se devait de respecter pleinement ses obligations internationales en matière de droits humains.

Ce droit humain à l'autodétermination, ainsi que le droit qu'a un peuple de jouir de ses richesses naturelles et de ses ressources, ne comporte pas toujours des droits exclusifs et doit s'exprimer différemment selon des contextes différents. Au Canada, les peuples autochtones, du fait de leur statut en tant que peuples en vertu du droit international et de la Constitution canadienne, constituent une composante de la souveraineté du Canada ainsi que l'un des trois ordres de gouvernement du pays. Mais le Canada et les provinces ont entravé la marche des choses à l'époque lointaine où dominait une pensée coloniale aujourd'hui discréditée, les colonisateurs ayant alors découpé le pays à leur profit pour ne laisser qu'un espace économique réduit aux peuples autochtones.

Certains ne croient pas que ces enjeux politiques ou ces questions de droits interviennent quand il est question de développement économique. Ce n'est pas vrai : la nation crie de la baie James et le gouvernement du Québec se sont entendus parce qu'il n'intervenait ici aucune condition préalable. On ne demandait pas aux Cris de céder le droit qu'ils ont de jouir de leurs ressources naturelles, et on ne nous a pas demandé non plus de céder ou d'abolir nos droits issus des traités, lesquels existent à perpétuité en vertu de la Convention de la Baie-James et du Nord québécois.

Aussi bien les Cris de la Jamésie que le Québec ont compris que notre nouvelle relation ne pouvait s'édifier dans un contexte d'inégalité de pouvoirs, d'hostilité et de contestation. Notre point de départ était l'arrêt Sparrow de la Cour suprême, où il est dit que la relation entre les gouvernements et les peuples autochtones ne saurait être antagonique. La volonté des deux parties de privilégier les relations amiables explique pourquoi notre entente porte le nom de Paix des Braves, la paix faite par ceux qui ont du courage. Notre entente est fondée explicitement sur la création d'une communauté d'intérêts économiques et sociaux entre la nation crie et la nation québécoise.

Si les gouvernements et les industriels s'imaginent avoir des intérêts contraires à ceux des peuples autochtones, c'est que leur perception des choses est fausse. Cette perception favorise l'exclusion des Autochtones de la sécurité à long terme que leur procurerait l'accès aux moyens de leur développement. Non seulement cela constitue une violation de leurs droits humains, cela nourrit aussi l'instabilité à long terme et crée l'incertitude autour des ressources et des terres convoitées. Les industriels et les gouvernements s'en prennent souvent aux intérêts autochtones, faisant même cause commune devant les tribunaux contre les requérants autochtones. J'avance pour ma part que l'intérêt national ne se porterait que mieux si l'on partageait les ressources de ce grand pays à long terme.

S'il est un aspect très important de la nouvelle entente, c'est la décision de ne pas donner effet au mégaprojet hydroélectrique de La Grande, qui aurait inondé 4 000 kilomètres carrés de territoire. Les Cris ont accepté à la place un projet qui inondera une autre surface de 80 kilomètres carrés, et ce, uniquement sous réserve d'un examen qui mesurera son effet environnemental et social ; cela s'ajouterait à un projet qui a déjà été approuvé. Tout le processus d'évaluation environnementale défini dans la Convention de la Baie-James et du Nord québécois s'appliquera, mais les Cris de la Jamésie auront ultimement leur mot à dire dans cette décision économique, et, cela étant, nous serons à même de pondérer, d'une part, les impacts sociaux positifs qui nous viendront d'un meilleur accès aux emplois et du financement voulu des infrastructures sociales et communautaires, et d'autre part, les impacts négatifs du projet sur les pratiques traditionnelles des Cris.

La nouvelle entente, dans son ensemble, fait en sorte que le Québec transfère directement aux Cris de la Jamésie la responsabilité relative à de nombreux aspects de l'aménagement du territoire ; ainsi, c'est nous qui déterminerons comment ces fonds seront utilisés et comment le développement se fera.

La Paix des Braves est essentiellement un accord économique qui nous permet de réaliser notre développement social par le biais de mécanismes bien pensés et bien financés pour le développement économique de tout le territoire. Les Cris ont souffert du chômage élevé et de la pauvreté. Les Cris de la Jamésie ont désormais les moyens d'investir dans leur développement économique et de l'orienter comme ils l'entendent.

Cependant, il ne suffit pas d'une entente sur le financement des opérations pour résoudre le problème fondamental qu'est l'exclusion économique. Toute approche qui, au minimum, ne reconnaît pas le droit des Autochtones à profiter directement des ressources de leur territoire est condamnée à l'échec.

Le gouvernement du Canada n'a pas été à même de comprendre, ou refuse de reconnaître, que cette approche répond à l'intérêt national supérieur. Les Cris se sont lassés après avoir attendu pendant vingt-cinq ans que le Canada tienne parole. Le gouvernement du Québec a su faire fi des conflits du passé. D'autres groupes vont aussi se fatiguer d'attendre le gouvernement du Canada. Les provinces ne voudront pas attendre en vain non plus. Si elles prennent connaissance du texte de la Paix des Braves, elles verront que les Cris et le Québec ont réalisé une percée d'une importance historique. Le Canada ne peut pas se targuer d'avoir conclu la Paix des Braves, même s'il s'en approprie tout le mérite dans les forums internationaux. Nous savons d'ailleurs, après vingt-huit ans de cafouillage et d'attaques contre les traités, que la présence du gouvernement du Canada lors de la négociation de la Paix des Braves n'aurait fait que condamner tout le processus à l'échec ; c'est pourquoi la négociation s'est faite dans la confidentialité la plus stricte.

Nous sommes fiers de ce que nous avons accompli, et nous espérons que d'autres pourront réaliser quelque chose de semblable en s'inspirant des principes directeurs de notre entente.

2003

Le chef Joseph Gosnell, des Nisga'a

Discours de Harvard

Il a fallu vingt-cinq ans au peuple nisga'a pour obtenir un traité qu'il jugeait acceptable. Le gouvernement du Canada a gaspillé ici l'argent des contribuables et le temps des Nisga'a. Toute une génération a dû se sacrifier pour convaincre notre gouvernement de signer un accord qu'Ottawa aurait pu accepter aisément après une ou deux années de pourparlers.

Le chef Gosnell est l'envergure incarnée. Son éthique s'exprime avec une clarté marquée de retenue que je ne peux qualifier que d'âpreté mêlée de noblesse. Noblesse oblige, justement, il transigeait avec les autorités canadiennes avec une hauteur de vues qui en imposait. C'est le premier ministre que nous aurions pu avoir si les esprits mesquins à la tête des Affaires indiennes ne l'avaient pas contraint à donner sa vie à la négociation d'un traité. Ce qui frappe chez lui, c'est qu'il a su porter le fardeau d'une négociation interminable avec élégance et humour. Son discours de Harvard le montre bien.

Le peuple nisga'a a cherché pendant longtemps à négocier son entrée *dans* le Canada : pour que nous puissions devenir des participants à part entière dans la vie sociale, politique et économique de notre pays. Notre traité autorise désormais tout cela. Après avoir été pendant plus d'un siècle pupille de l'État canadien, le peuple nisga'a, s'appuyant sur les dispositions du traité relatives à l'autonomie gouvernementale, peut rebâtir ses assises. Nous allons enfin reprendre notre destinée en main.

L'autonomie gouvernementale, c'est avoir la liberté de vivre dans le respect de nos traditions et d'assumer les conséquences des décisions que nous prenons. Cela signifie que nous serons libres d'assurer notre prospérité par nos propres moyens et notre ingéniosité. Cela signifie que nous ne sommes plus des locataires dans notre propre pays : nous sommes de nouveau maîtres chez nous.

Enfin, enfin, nous serons libres de nous tromper et de nous adonner à ce passe-temps populaire cher à tous les peuples libres : nous aurons le droit de nous plaindre de nos élus ainsi que le droit de les démettre à l'issue d'un vote s'ils n'ont pas l'heur de nous plaire.

Comment mesure-t-on la richesse d'un peuple ?

Selon le produit intérieur brut ? La productivité ? Le ratio dette-fonds propres ?

À l'instar de la nation nisga'a, d'autres communautés ailleurs dans le monde commencent à s'interroger sur les critères de réussite que des étrangers nous ont imposés. Nous savons nous-mêmes comment mesurer la richesse et le bien-être de notre peuple. C'est nous qui devons définir en quoi consiste la « réussite » à nos yeux, sans quoi elle demeurera un but illusoire, un objectif conçu et mesuré par un autre, loin de notre réalité.

3 mars 2003

2005

Taiaiake Alfred

**Wasáse : Indigenous Pathways of Action
and Freedom**

Taiaiake Alfred est kanien'kehaka (mohawk) et professeur depuis longtemps à l'Université de Victoria. Il insiste pour dire que, sans une révolution spirituelle, les victoires politiques ne mèneront à rien. Partout où il va au Canada, les jeunes étudiants autochtones se massent pour l'écouter. Son message est exigeant. L'action se situe d'abord dans l'esprit. Dans le mode de vie. Dans l'emploi du langage. Ce n'est pas le genre de chose que les politiques ou les fonctionnaires aiment entendre, précisément parce que ce n'est pas facile. C'est peut-être justement ce qui fonde son autorité morale.

Il y a de nombreuses différences entre les peuples autochtones de notre pays, cependant le défi qui attend tous les Onkwehonwes est le même : regagner notre liberté et assurer notre autosuffisance en jugulant l'aliénation et la peur qui sont au cœur de notre existence sous la domination coloniale. Nous sommes aliénés des sources de notre bonté et de notre pouvoir : les uns des autres, de nos cultures et de nos terres. Ces liens doivent être reconstruits. Le pouvoir de l'État est fondé sur la peur, et on s'en sert pour nous dominer et nous manipuler de multiples façons ; ainsi, notre stratégie doit consister à combattre la peur et à montrer le courage que nous avons d'agir contre le pouvoir de l'État et le vaincre.

Quand il s'agit de concrétiser cette idée dans les situations auxquelles font face les Onkwehonwes dans la vraie vie, il faut tout de suite se demander : comment pouvons-nous nous régénérer culturellement et conquérir notre liberté et notre indépendance politique quand les séquelles de l'aliénation, de la dépendance et de la dépossession nous enserrent encore avec tant de force ? Situation difficile, indéniablement. Les institutions politiques et sociales qui nous gouvernent ont été façonnées et organisées de telle manière à favoriser le pouvoir blanc, et elles servent les intérêts des États dont c'est la raison d'être. Ces États et ces institutions au service de la colonisation sont inutiles à notre combat pour la survie, et si nous avons à nous affranchir des serres du colonialisme, nous devons repenser notre action politique et faire table rase de toutes les stratégies, les institutions et les personnalités dirigeantes en place aujourd'hui. La transformation se fera d'abord à l'intérieur de chacun de nous à titre personnel, mais la décolonisation ne deviendra réalité que lorsque nous nous serons engagés collectivement à lancer un mouvement fondé sur une vision éthique et politique, et que nous aurons consciemment fait litière de ces postures coloniales que sont la soumission dans la faiblesse, la complaisance victimaire et la violence destructrice. Il y a là une vision politique ainsi qu'une solution capables de modifier en profondeur les rapports de pouvoir et de reconfigurer les forces qui pèsent sur nos vies. La politique est la force motrice qui canalise les puissances sociales, culturelles et économiques et leur donne un sens tangible dans notre quotidien. Refuser le combat politique, c'est comme tourner le dos à un fauve rugissant de colère et déterminé à vous mettre en pièces.

Recourir à la violence pour faire avancer notre cause, c'est courir à la déconvenue et à la défaite pour des raisons politiques et militaires, et cette tentative échouerait aussi pour des raisons spirituelles et culturelles plus profondes. Je juge parfaitement inutile de demander aux générations futures d'édifier leur identité sur l'agression et de s'en nourrir ; ne serait-ce pas conférer ainsi au colonisateur ennemi un statut omniprésent et supérieur dans notre existence pour les générations à venir ? Ce n'est pas cela que nous voulons laisser en héritage à nos enfants. Si l'on veut rester fidèle à une lutte inspirée par les valeurs onkwehonwes, le but ultime de notre Wasáse – notre danse du guerrier – doit être conçu comme une révolution spirituelle, un mouvement *social* enraciné culturellement qui transformera l'ensemble de la société et une action *politique* visant à réaménager de fond en comble l'espace social et politique afin d'en faire le reflet authentique d'une vision postimpériale affranchie.

Wasáse est une révolution spirituelle et un combat tout à la fois. Elle ne saurait déboucher sur la violence. Et pourtant, notre attachement à la non-violence n'est pas non plus une forme de pacifisme. Il importe de le dire sans ambages : il y a lieu à mon avis de pratiquer une désobéissance morale et une agitation non violente qui se combineront avec une capacité collective d'autodéfense, et ce, pour susciter au sein de la société colonisatrice la volonté de négocier constructivement l'établissement d'une coexistence respectueuse.

2006

Jim Dumont

L'intelligence autochtone

Le penseur anishinabe Jim Dumont a été longtemps professeur à l'Université Laurentienne de Sudbury. Est-ce un philosophe ou un chef spirituel ? Y a-t-il seulement une différence ? Je reproduis ici des passages d'une conférence donnée à l'Université de Sudbury, où il oppose la conception autochtone de la civilisation, qui se veut circulaire, et l'approche occidentale, qui se veut analytique et linéaire.

Le Créateur traça un cercle au-dessus des ténèbres : ce fut la première œuvre d'art. Désormais toute créativité prendrait une forme circulaire. C'est pourquoi tout est circulaire dans notre vision du monde. Ce qui est compréhensible l'est à l'intérieur du cercle. Quand la vie bouge de manière égale dans les quatre directions, elle forme un cercle parfait. Chacune de ces énergies qui fait en sorte que le cercle bouge de manière égale dans chaque direction est en soi une énergie différente. Si bien que l'énergie des quatre directions constitue ce qui fait l'unité de la vie dans le grand cercle du déroulement de la vie. Il fut ainsi déterminé pour l'éternité que le cercle imprimerait son déroulement à toute vie, car il avance toujours vers la création et la recréation de la vie.

L'idée que la vie est circulaire, après tout, est *de loin* plus intelligente que le fait de dire : « Tout arrive en séquence linéaire ; il y a un début et une fin. Vous naissez ici, vous mourrez là, et il y a toutes ces choses qui arriveront dans l'intervalle. » C'est à mon avis une vision quasiment puérile de la réalité ; et pourtant, on dit que c'est la vision la plus intelligente qui soit. On se demande comment on a pu nous convaincre de nous défaire de notre propre vision circulaire pour la remplacer par une conception qui est de loin inférieure à notre mode de pensée original.

Le Cercle, donc, étant primordial, influence notre vision du monde en toute chose. Dans la façon dont le monde évolue – c'est-à-dire comment le monde naturel croît et fonctionne, comment toute chose s'avance vers sa propre destinée tout en changeant d'une phase à l'autre –, le Cercle devrait être présent partout où se pose notre regard.

C'est dans l'*harmonie* que le Créateur a fait la Création. [...] L'*équilibre* est un principe fondamental dans la manière dont l'harmonie agit sur les interrelations. [...] On ne saurait en inférer qu'il y a pondération, équilibre et symétrie partout et en tout temps dans le monde. Les opposés ou les équivalents de chacune de ces valeurs existent simultanément dans notre réalité. L'essentiel ici, c'est que notre réalité est *prédisposée à l'atteinte de l'équilibre* et que c'est l'objectif qu'elle privilégie. [...] Les êtres humains, lorsqu'ils essaient de vivre effectivement et qualitativement dans ce monde, vont naturellement et intelligemment épouser la valeur du *désir d'harmonie* dans toutes les formes d'interrelations.

La vision du monde dominante qui nous entoure aujourd'hui et à laquelle nous sommes obligés de réagir est étroite dans sa vision, exclusive et détachée dans ses rapports avec l'ensemble de l'environnement, analytique et déductive dans sa perception et sa pensée, linéaire dans son action, hiérarchique et compétitive dans la gestion de son champ d'activité.

Au regard des normes autochtones de l'*intelligence*, les limites admises à la perception, le manque d'égards pour l'ensemble de l'environnement, le fait de confiner étroitement la pensée à l'activité cérébrale, et le fait de se limiter à des frontières étroitement définies dans le paradigme rationnel, scientifique, de la tradition euro-occidentale, sont des manières de voir, d'interagir, de penser et d'agir qui sont déficientes relativement à la plupart des qualités de l'*intelligence* supérieure.

18 octobre 2006

2009

Siila Watt-Cloutier

**Remettre le Canada sur le droit chemin
La conférence LaFontaine-Baldwin**

C'est un des plus grands noms dans le domaine des solutions sensées aux changements climatiques. Siila Watt-Cloutier est inuite ; originaire du Nunavik, elle vit aujourd'hui au Nunavut. Elle a été présidente internationale du Conseil circumpolaire inuit.

En 2009, elle devint le deuxième intellectuel autochtone à prononcer la conférence LaFontaine-Baldwin. Georges Erasmus avait été le premier. Elle a parlé à Iqaluit. C'était la première fois que l'une des grandes conférences nationales était donnée dans l'Arctique – c'est-à-dire depuis l'Arctique au profit du Sud du Canada. Cinq cents personnes s'étaient entassées dans le gymnase de l'école secondaire Inuksuk pour l'entendre. Le gouverneur général y était, l'ancien gouverneur général aussi, tous les lieutenants-gouverneurs, la première ministre du Nunavut et ses ministres. La première rangée avait été réservée aux anciens. Il y avait dans la salle des étudiants, des chasseurs, des gens de toute la communauté. Son discours fut diffusé en continu par la IsumaTV de Zacharias Kunuk dans divers auditoriums du Canada.

Le Nord canadien est aux prises avec de nombreux défis. La manière dont nous allons y faire face révélera le genre de démocratie que nous allons créer dans la moitié nord du continent en ce début de millénaire. Alors que la plupart des Canadiens vivent dans le Sud, près de la frontière que nous partageons avec les États-Unis, le Canada demeure une nation arctique, et l'Arctique prend tous les jours une place de plus en plus importante dans notre conscience. Cela est compréhensible étant donné que, de plus en plus, ce qui se passe ici dans l'Arctique colore les rapports entre le Canada et le reste du monde.

Les Inuits ont une grande responsabilité. Nous occupons une place unique dans la société canadienne et, de plus en plus, dans les affaires mondiales. L'Arctique acquérant davantage d'importance dans le monde, les Inuits aussi se trouvent à un point tournant ou à un carrefour dans notre évolution comme peuple – comme peuple autochtone – dans ce grand pays que nous appelons le Canada.

Les Inuits savent s'adapter comme personne. Nous nous sommes fort bien sortis des turbulences de la modernisation. Les Inuits du Canada sont passés des traîneaux à chiens et des igluvigaks, le mot inuktitut pour « igloo », à la motoneige, aux avions à réaction, aux domiciles permanents et même aux supermarchés, le tout en moins de cinquante ans. Il est évident que la célérité avec laquelle ces changements se sont opérés a porté un coup à notre équilibre. Nous étions autrefois un peuple des plus indépendants et autosuffisants, mais nous avons largement perdu la maîtrise de notre existence du fait de ces mutations tumultueuses et des multiples traumatismes de l'histoire.

Ainsi, de nombreuses familles de communautés spécifiques ont été contraintes de se réinstaller en des lieux nouveaux qu'elles n'avaient pas choisis parce que l'affirmation de la souveraineté canadienne le voulait. Elles furent les premières à affirmer la souveraineté canadienne.

L'agitation politique menée par des organisations non gouvernementales qui n'avaient jamais mis les pieds chez nous et ne comprenaient rien à nos communautés, avec la complaisance des politiciens, a provoqué l'effondrement de notre économie alors tributaire de la peau de phoque, ce qui a eu des conséquences très néfastes sur le plan social, et nous revoici plongés dans une seconde campagne tout aussi mal avisée et émotive qui ne fera que causer de nouvelles misères au peuple inuit.

Toutes ces actions montrent à quel point la démocratie canadienne a lamentablement échoué à faire avancer le bien public. Ce sont nos gouvernements qui, agissant dans l'ignorance et avec leur arrogance coloniale, nous ont éloignés, nous les Inuits, de nos propres principes moraux.

En outre, ces événements traumatisants, pris collectivement, ont blessé et découragé profondément nombre d'entre nous, ce qui s'est traduit par une « douleur collective » qu'ont subie nos familles et nos communautés.

Un mode de vie n'a pas à exister au détriment d'un autre. En fait, de nombreux Inuits qui demeurent connectés aux valeurs, aux principes, aux traditions ainsi qu'à la sagesse de notre culture traditionnelle sont mieux équipés pour tenir plus efficacement les deux mondes en équilibre. Cette perspective importante doit se refléter dans les politiques publiques et les programmes concernant l'Arctique.

Ralentir les changements climatiques est la meilleure solution à long terme si l'on veut faire respecter la souveraineté arctique du Canada. Au lieu de contrer énergiquement les changements climatiques et de devenir un chef de file international dans cette entreprise mondiale, le Canada a décidé que le meilleur moyen de défendre sa souveraineté dans l'Arctique était de nature militaire, avec sa nouvelle flotte de brise-glace armés. Le Canada, cette nation pacifique, va maintenant « défendre » l'Arctique.

Le Canada devrait épouser une approche nouvelle, une approche plus morale et humaine. Comme ce grand Canadien, Lloyd Axworthy, l'a avancé, et comme je l'ai moi-même suggéré aussi, le Canada devrait prendre la tête d'une gestion pacifique et coopérative dans l'Arctique. Le Canada doit pratiquer l'approche coopérative sans relâche. Pour focaliser l'attention internationale et le débat, nous devrions promouvoir la création de nouvelles institutions multilatérales, ou étendre considérablement le rôle du Conseil de l'Arctique, qui regroupe huit pays et qui a été fondé en 1996, essentiellement dans le cadre d'une initiative du Canada en matière de politique étrangère.

J'invite instamment mon propre peuple, nous qui sommes les sages gardiens de notre terre, à tourner le dos à ces compromis dangereux entre nos principes et le développement, qui risquent d'amoindrir la haute autorité morale que nous détenons à titre de peuple autochtone. Nous qui pressons le monde de délaisser ses pratiques qui dégradent l'écologie, nous ne pouvons pas admettre ces pratiques chez nous, peu importe les maux venus du chômage ou la nécessité du développement économique. Les gains matériels ne sauraient primer l'existence et le bien-être de tout un peuple dont le mode de vie est déjà sérieusement érodé. Nous ne devons pas laisser la perspective du développement dans l'Arctique diminuer la faculté que nous avons, nous et notre région, d'enseigner « la durabilité axée sur la vie » que les peuples de l'Arctique pratiquent depuis des millénaires. Le peuple dont la vie dépend des glaces et de la neige pour sa survie culturelle doit être un élément central dans tous nos plans. Nous ne devons pas permettre que la discussion sur le développement du Nord soit menée uniquement sous le rapport de la souveraineté, des ressources et du jeu des forces économiques. Il faut se concentrer sur la dimension humaine, les communautés humaines et la protection des droits culturels humains.

Il faut mobiliser tous les paliers du système de gouvernance que nous avons ici pour faire en sorte que le savoir et la sagesse autochtones deviennent le fondement d'une action économique durable.

Nakuqmiik
29 mai 2009
9e conférence LaFontaine-Baldwin
Institut pour la citoyenneté canadienne

2011

E. Richard Atleo (Umeek)

Les principes du *Tsawalk* : un regard autochtone sur la crise mondiale

E. Richard Atleo (Umeek) est le chef héréditaire de la Première Nation ahousaht, sur la côte ouest de l'île de Vancouver. Il est aussi professeur à l'Université du Manitoba, le premier Autochtone à avoir reçu un doctorat en Colombie-Britannique, et c'est surtout un philosophe remarquable. Ses deux livres sur le Tsawalk *dessinent la vision du monde ahousahte.*

Le Tsawalk *est une théorie globale de l'harmonie : tout est un. En termes occidentaux, on pourrait parler d'une théorie humaniste. Et comme Atleo le dit, il y a là des notions qui rejoignent l'humanisme occidental. Mais ce n'est pas une théorie occidentale. C'est une philosophie qui se veut une manière de vivre, faite pour être partagée par tout un peuple.*

Il écrit ici sur la réalité tangible des mythes et le rapport entre les présents et l'harmonie sociale. Le gouvernement canadien a interdit, en 1884, le potlatch, cette fête qui contenait la pratique consistant à faire des présents, parce qu'il le jugeait inconvenant au regard de l'éthique de travail protestante. Ce que l'on interdisait, en fait, c'était une vision du monde différente.

Du rôle du mythe

Même si les mythes semblent traiter du monde non physique ou spirituel, ils relatent des histoires qui ont un sens tangible. Ils doivent guider notre compréhension de la nature de la réalité. En ce sens, les mythes ne s'opposent pas nécessairement aux visées de la recherche scientifique ; ils prennent seulement un chemin différent et emploient une terminologie différente. Alors que l'enquête scientifique se fonde sur des théories, le système du savoir autochtone se fonde sur des mythes. La théorie aussi bien que les mythes se prêtent à l'analyse. L'analyse nuu-chah-nutlth est appelée *ʔuusumč*, la quête de la vision. Aux yeux des Nuu-chah-nulths, l'*ʔuusumč*, en tant que processus de recherche, est ancré dans l'expérience vécue et validé par celle-ci. En conséquence, quand l'*ʔuusumč* était pratiqué universellement, comme c'était le cas dans la société nuu-chah-nulth avant l'arrivée des Européens, il pouvait révéler des vérités sur la nature de la réalité qui étaient si sûres qu'elles nourrissaient le même mode de vie depuis des millénaires. Si le fondement d'une perspective de la réalité est faux, alors il lui est impossible de présenter des applications pratiques. Les croyances et les pratiques des gens doivent être nanties d'une substance suffisamment pratique pour leur permettre de survivre, de bien vivre, et même de prospérer.

Dans ma théorie du *Tsawalk*, j'avance que les mythes – ou les histoires des origines, comme je préfère les appeler – répondent aux mêmes objectifs que la théorie scientifique étant donné qu'ils permettent de comprendre la nature de l'existence.

Du point de vue nuu-chah-nulth, les mythes sont un reflet

de la nature de la réalité ainsi qu'une source de sagesse dans la compréhension de celle-ci. Leur origine est mystérieuse aussi. Pourtant, l'on peut déduire de la signification du nom Kwaa?uuc, le Possesseur de Toutes choses, qu'elle pourrait être la source ultime du savoir nuu-chah-nulth. Les mythes trouvent leur origine dans le Kwaa?uuc. C'est une croyance, mais c'est aussi quelque chose que l'on ne peut prouver ou réfuter à l'aide des outils de recherche existants. Cette croyance est tout aussi fondée que les « croyances » scientifiques en vogue sur la théorie des cordes, les univers parallèles et d'autres théories sur la nature de la réalité qu'on ne peut pas prouver ou réfuter à l'aide des outils de recherche existants.

On a développé toute une constellation d'enseignements pour maintenir et rehausser l'objectif principal de la vie, essentiellement, le développement de relations harmonieuses entre toutes les formes de vie. Ces enseignements s'appliquent à toutes les catégories et dimensions de la vie, que ce soit au sein d'une famille élargie, entre nations, ou entre toutes les autres formes de vie, dont celles (comme les plantes et les animaux) qui sont aujourd'hui considérées comme de simples ressources. Ces enseignements s'appliquent aussi au rapport entre le domaine physique et le domaine spirituel.

Des présents que l'on fait et de l'harmonie

Pourquoi le don de présents est-il au cœur des festins nuu-chah-nulths auxquels les visiteurs des autres communautés ont été conviés ? Et pourquoi le porte-parole de l'hôte de tels festins, quand il appelle les noms de ces visiteurs, leur remet-il un présent en prononçant des paroles qui peuvent être traduites ainsi : « Vous avez été reconnu » ? Aux festins cérémoniels, pourquoi est-il important de marquer la présence des invités ? On peut répondre à cela que l'acte qui consiste à reconnaître son invité a été jugé un moyen efficace de négocier une réalité qui semble passer de l'annihilation totale, à une extrémité, à l'harmonie sublime, à l'autre extrémité.

Nous avons appris au fil du temps que le don de présents et la reconnaissance de l'autre favorisent la pondération et l'harmonie entre les êtres humains, que cela obéissait à ce que l'on pourrait appeler les lois de l'extrémité positive de la polarité. L'indifférence à la pondération et à l'harmonie entre les êtres favorisait ce qu'on pourrait appeler les lois de l'extrémité négative de la polarité. Ce ne sont pas là des idées nouvelles. En fait, elles sont tenues pour vraies par la morale occidentale et orientale (la générosité suscite la générosité) et par les lois de la physique (toute action suscite une réaction). Quand deux nations voisines partageaient les mêmes ressources, qu'il s'agisse du cèdre, du saumon, ou que ces ressources fussent de nature humaine, il était évident alors pour les anciens de la nation nuu-chah-nulth que si l'on omettait de reconnaître la présence de l'autre, on pavait la voie aux conflits, alors que si, au contraire, l'on observait l'acte de reconnaissance, dans ce que j'appelle le « souci mutuel », on ouvrait la voie à l'équilibre et à l'harmonie.

2012

Wab Kinew

Idle No More n'est pas qu'une « affaire d'Indiens »

Le mouvement de revendication Idle No More fut un moment – un moment important – qui a semblé prendre la plupart d'entre nous au dépourvu. Pourquoi ? Parce que c'était un moment authentique. Qui nous sortait de notre lot quotidien fait d'événements politiques programmés, d'émotions publiques préfabriquées, de vile rhétorique. Or, il s'agissait ici d'un moment qui s'est déroulé sur plusieurs mois et qui n'avait pas été planifié, qui ne nous venait pas de quelque hiérarchie. Wab Kinew, un membre du Midewin, vit à Winnipeg. C'est l'une des figures les plus impressionnantes du grand retour autochtone.

Au cours des événements de l'hiver 2012-2013, les médias, les politiques, les technocrates ne cessaient de se demander : « Mais qu'est-ce que tout cela veut dire ? » Le 17 décembre 2012, dans le Huffington Post, Kinew a livré une réponse si solide que tous les journalistes, les politiciens et les technocrates, confus comme ils l'étaient, pouvaient comprendre, s'ils le voulaient, bien sûr.

Il s'agit d'apprendre à écouter le discours autochtone, qui pourrait être largement le nôtre aussi. Kinew a écrit comme il parle, d'une voix claire, forte, ancrée dans l'histoire, ferme quant à ce qui peut et doit être fait.

Son essai a été reproduit dans The Winter We Danced, *une anthologie remarquable qui capte les voix très diverses qui se sont fait entendre au cours de l'hiver 2012-2013.*

Qu'est-ce qu'Idle No More ?

C'est un mouvement politique à la structure élastique où l'on trouve un peu de tout : des ralliements capables de regrouper des milliers de personnes dans des dizaines de villes, des barricades sur les routes, une bousculade sur la Colline du Parlement mettant aux prises des chefs et des gendarmes, et même une grève de la faim notoire.

C'est aussi un message tweeté et partagé des milliers de fois par jour, où l'on trouve des propos sur les droits des Autochtones, la culture autochtone et même de mauvaises blagues sur les Autochtones.

Le nom lui-même, « Idle No More », est né récemment lors d'une rencontre impromptue en Saskatchewan. Sylvia McAdam et trois autres femmes étaient outrées par le C-45, le projet de loi omnibus concernant le budget. Mais ce qui les fâchait le plus, c'était que ça ne semblait intéresser personne d'autre. Il y avait deux dispositions en particulier qui les mettaient hors d'elles : la réduction du nombre de cours d'eau protégés par l'État fédéral et le processus accéléré régissant les cessions foncières sur les réserves. De l'avis de McAdam, si les Autochtones ne s'inscrivaient pas en faux contre ces mesures, « leur silence serait complice ». Donc ses amies et elle ont décidé de prendre la parole. Elles ne resteraient pas les bras croisés. Elles ont organisé une séance d'information prenant le nom d'Idle No More, montrant par là qu'elles disaient non à la passivité. Puis la coorganisatrice Tanya Kappo a lancé un *tweet* avec le mot-clic « #IdleNoMore ».

#IdleNoMore a tout de suite frappé dans le mille. Même si le C-45 est devenu loi, un grand nombre d'Autochtones ont pu exprimer leur dissidence. Dans de nombreuses communautés autochtones, bien d'autres tensions sont montées à la surface, et Idle No More encadre aujourd'hui toute une conversation où l'on réclame la reconnaissance des droits issus des traités et la revitalisation des cultures autochtones ; on en profite aussi pour dire qu'on ne veut plus de ces lois que le gouvernement impose sans la moindre consultation.

À mon avis, cette conversation, c'est beaucoup plus qu'une « affaire d'Indiens ». Les Canadiens de tous les horizons doivent écouter, voire y prendre part. Les idéaux qui inspirent cette action appartiennent à tous, même si nous ne sommes pas toujours d'accord sur les moyens à prendre pour les concrétiser.

#IdleNoMore, c'est la participation de la jeunesse

Quand le grand chef Derek Nepinak est allé à la télévision nationale après que lui et d'autres chefs indiens ont été mêlés à cette bousculade à l'extérieur du parlement, il a reconnu que les chefs avaient écouté les jeunes qui réclamaient une action dans les médias sociaux. Aux ralliements qui ont eu lieu dans des villes comme Winnipeg, Windsor et Edmonton, ce sont les jeunes qui ont vu à leur organisation, et ce sont les jeunes qui y étaient présents massivement. Quand on s'est mis à consulter Facebook et Twitter, on s'est rendu compte que #IdleNoMore s'était fait une place dans l'emploi du temps de gens plus enclins normalement à discuter de Snooki ou des Kardashian. Que l'on soit d'accord ou non avec son message, Idle No More a réussi une chose que tous les Canadiens veulent : que les jeunes s'intéressent à la politique.

IdleNoMore, une quête de sens

Quand il est question d'Idle No More, on parle surtout de la préservation de la culture autochtone, soit par la revitalisation des pratiques spirituelles, soit par la conservation intégrale du peu de terres qui nous restent. Si la culture est si importante, c'est parce qu'elle permet de répondre aux grandes questions existentielles : « Qui suis-je ? », « Qu'est-ce que je fais sur terre ? » et « Que va-t-il arriver après ma mort ? ». Certaines réponses ont pris la forme de paroles de sagesse. D'autres nous disent de retourner à la terre et d'y chercher nos propres réponses par le jeûne ou la prière. Nous avons besoin de ça. Quand je regarde autour de moi et que je vois ces nombreux Canadiens qui cherchent un sens à leur vie, je me dis qu'ils pourraient peut-être, eux aussi, employer ces moyens.

IdleNoMore, une question de droits

Ce que presque tous les porte-étendard d'Idle No More réclamaient, c'était une consultation authentique entre le gouvernement fédéral et les Premières Nations. C'est l'essence même de l'article 35 de la Constitution. Les droits des Autochtones et les droits issus des traités y sont reconnus et affirmés, et cela veut dire qu'il faut se parler. S'il n'y a pas de vraie conversation entre nous, c'est la chicane garantie. Les Autochtones sont peut-être le canari dans la mine. Si l'on omet de respecter un article de la Constitution, est-ce à dire que le reste de la Constitution est en péril aussi ?

IdleNoMore, la question de l'environnement

Idle No More doit en partie sa naissance à la vague d'indignation qu'a suscitée la réduction, faisant suite au projet de loi

C-45, du nombre de cours d'eau protégés par l'État fédéral. L'environnement demeure au cœur des protestations d'Idle No More. Pam Palmater, l'une des principales voix dans la conversation d'Idle No More, avance que l'environnementalisme autochtone est un mouvement important étant donné que la Couronne a le devoir de consulter les Autochtones avant que les projets d'exploitation des ressources naturelles aillent de l'avant. Elle dit : « Les Premières Nations représentent le dernier espoir des Canadiens pour la protection de la terre, des eaux, du ciel, des plantes et des animaux et aussi pour les générations futures. »

IdleNoMore, une question de démocratie

La démocratie se porte bien quand des personnes bien informées s'engagent et font entendre leur voix. Idle No More a surgi parce que quatre jeunes avocates ont voulu intéresser les gens autour d'elles à une question qui les passionnait. Il y a maintenant plein de monde qui participe. On partage encore plus d'informations, et un plus grand nombre de voix se font entendre. Il n'y a pas de chef unique ou de « cahier de doléances » attribuable au mouvement Idle No More. Cela peut sembler chaotique, mais c'est ça, la démocratie. La démocratie, c'est le fouillis. Ça fait du bruit. La démocratie, c'est polyphonique, et c'est aussi tracer une voie entre ces voix. La démocratie, c'est ne pas étouffer le débat ou faire adopter des mesures à toute vapeur dans le secret.

2013

Jean Teillet

À propos de la victoire des Métis du Manitoba

Dans l'épopée du grand retour autochtone, il y a des luttes emblématiques qui annoncent la suite des choses. L'une des plus importantes a été la longue bataille des Métis du Manitoba, qui remonte aux années 1860 et qui visait à conserver leurs terres, ou à les ravoir, ou encore à faire en sorte que le Canada admette qu'il s'agissait de leurs terres à eux. En 2013, la Cour suprême a donné gain de cause aux Métis. Ce fut une grande victoire pour la justice dans le sens le plus large du terme parce que toute la question avait trait à un abus de pouvoir intentionnel de la part du gouvernement fédéral. Reste à savoir si le gouvernement du Canada va désormais honorer ses obligations.

Jean Teillet, l'arrière-petite-nièce de Louis Riel, a joué un rôle capital dans de nombreuses causes historiques concernant les Autochtones. Je crois que Riel, qui, au désespoir de ses avocats, s'est défendu de manière si émouvante à son propre procès, aurait été fier de voir une de ses descendantes occuper une place si importante dans ces nombreux jugements qui instaurent un nouvel équilibre au Canada.

En 1868, le nouveau gouvernement canadien négocia avec la Grande-Bretagne le transfert de la terre de Rupert et des Territoires du Nord-Ouest. Lorsque la Grande-Bretagne aborda la question des peuples autochtones qui y résidaient et exigea que ses politiques et ses responsabilités à leur égard soient dévolues en même temps que la terre elle-même, il ne vint à personne l'idée d'inclure les Indiens ou les Métis dans la négociation.

C'est ce transfert de terres et de ressources qui a mis le feu aux poudres lors des événements de la rivière Rouge de 1869-1870 que Louis Riel a fait entrer dans l'histoire. Pour résoudre le différend, les négociateurs de Riel acceptèrent que les terres des Métis (les lotissements allongés qui bordaient la rivière) soient préservées et que 1 400 000 acres de plus (5 600 kilomètres carrés environ) soient réservés aux enfants des Métis. Pourquoi pour les enfants ? Parce que Riel savait que dans les quelques années qui allaient suivre, des milliers d'agriculteurs anglophones venus de l'Ontario fondraient sur la vallée de la rivière Rouge. Riel voulait donner une longueur d'avance aux jeunes Métis, et il croyait que ces terres leur procureraient cet avantage. L'entente visant à assurer ces terres aux enfants fut inscrite à l'article 31 de la Loi sur le Manitoba de 1870. Cette loi, qui fut plus tard amalgamée à la Constitution du Canada, eut pour effet de donner un statut constitutionnel aux promesses faites aux Métis. C'est entre autres en contrepartie de cette promesse que les Métis acceptèrent de déposer les armes et d'adhérer à la Confédération.

Malheureusement, ces promesses restèrent sans lendemain. Le Canada traîna les pieds pendant quinze ans. Au cours de cette période, les milliers d'immigrants attendus arrivèrent et s'emparèrent des meilleures terres. Les enfants des Métis ne reçurent pas les terres promises. Chose certaine, la longueur d'avance qu'on leur avait promise ne se concrétisa pas. D'ailleurs, le règne de terreur qui frappa les Métis dans les années 1870 dans la rivière Rouge – viols, passages au goudron et à la plume, agressions et meurtres – fut tel que nombre d'entre eux allèrent se réfugier en Saskatchewan. Leur arrivée pava la voie aux événements de 1885 et à la résistance de Riel dans le Nord-Ouest. Mais c'est là une autre histoire.

La cause de la Fédération des Métis du Manitoba concernait les promesses de la Loi sur le Manitoba qui n'avaient pas été tenues. Les procédures avaient débuté en 1981, puis elles avaient été reportées avec les espoirs de règlement soulevés par le rapatriement de la Constitution de 1982, l'accord du lac Meech de 1987 et celui de Charlottetown en 1992, mais elles ont fini par reprendre, et nous tenons enfin aujourd'hui l'arrêt de la Cour suprême du Canada.

Qu'a dit la Cour ? Elle a dit que le Canada avait manqué au devoir que lui imposait l'honneur de la Couronne dans la mesure où il n'avait pas su procurer des terres aux enfants des Métis en temps opportun, dans le respect de la promesse constitutionnelle. La Cour a dit que le Canada n'en avait pas terminé avec les Métis. C'est manifestement une victoire pour nous.

Soit dit en passant, cet arrêt me touche de très près parce que, comme vous le savez tous, je suis l'arrière-petite-nièce de Louis Riel, et les terres en litige englobent les terres de ma famille.

Mais que signifie cet arrêt en termes concrets ? Qu'allons-nous faire de ce résultat ? Je crois pour ma part que nous avons acquis ici un outil flambant neuf. Malheureusement, nous ne savons pas encore ce que cet outil peut pour nous. Nous pensons pouvoir bâtir quelque chose avec, mais quoi ? Quels matériaux allons-nous utiliser ? Qui va bâtir ? Où ? Il faudra beaucoup de temps pour nous préparer à l'utiliser. Et cela n'est pas nécessairement mauvais ou inhabituel. Après que les Premières Nations sont sorties victorieuses de l'affaire Calder en 1973 (c'est la cause où la Cour a confirmé pour la première fois l'existence du titre autochtone), il a fallu attendre 1978 pour que le Canada mette en place son processus moderne de négociation des traités en réponse à cette affaire. Il faudra donc des années pour se donner un nouveau départ et obtenir bien d'autres résultats. Ce qu'il faut retenir, c'est ceci : le gouvernement avance lentement dans le meilleur des cas, et à la vitesse de l'escargot quand il avance à contrecœur. Il faudra donc que les Métis maintiennent la pression. Cela exigera une vigilance de tous les instants de la part de nos dirigeants politiques et peut-être de nouvelles poursuites judiciaires. Mais ne perdez pas espoir.

Le gouvernement se trouve un peu coincé. La Cour a déclaré qu'il avait manqué à ses obligations constitutionnelles. Il sait donc qu'il doit faire quelque chose pour remédier à cela. Il sait aussi que sa faute est attribuable principalement à son inaction pendant les quinze années que j'ai mentionnées. Il sait donc qu'il ne peut plus tergiverser aussi longtemps. J'imagine qu'à cette heure, il n'a pas la moindre idée de ce qu'il doit faire, et comme il est secret de nature, il est probable que nous ne saurons pas ce qu'il aura décidé avant qu'il nous place devant un fait accompli. Mais ne perdez pas courage ! Cet outil flambant neuf nous permettra d'effectuer des changements. Il nous incombe de décider ce que nous voulons de notre côté et d'exercer les pressions qui s'imposeront ensuite.

Ma suggestion ? Que l'on commence par revendiquer ces 1 400 000 acres. Ce n'est pas revendiquer quelque chose d'excessif parce que c'est ce dont on nous a privés et aussi parce que le Canada est riche en terres. Cette demande devrait former la base de notre entente négociée. Si, par ailleurs, comme la Cour suprême l'a noté, nous sommes tous ici pour y rester, alors les Métis (qui, en dépit du fait qu'ils ont pris part à la création de la Confédération, sont les seuls Autochtones à ne pas disposer de terres) devraient pouvoir récupérer leurs assises territoriales. Si nous n'avons pas obtenu ces terres qui nous auraient permis de prendre de l'avance au XIXe siècle, nous pourrions au moins revenir à la case départ avec les terres qui nous seront attribuées au XXIe siècle.

Il est manifeste que les Métis sont en voie de résurrection. Je le constate partout où je vais. Nous sommes mieux scolarisés, nous reprenons en main notre destinée politique, nous sommes de nouveau les maîtres de notre avenir et nous allons redevenir une force politique avec laquelle compter. La cause de la Fédération des Métis du Manitoba a ajouté un outil important à notre coffre à outils. Voyons comment nous pourrons profiter de cette nouvelle donne pour nos enfants et les enfants de nos enfants.

2013

Le chef Kathryn Teneese

Réconciliation et modernité

J'ai entendu le chef Kathryn Teneese tenir ces propos lors d'un rassemblement dans le bassin du fleuve Columbia. Le traité du fleuve Columbia demeurera en vigueur jusqu'en 2024. Le processus de renégociation a commencé en 2014. Teneese, chef du Conseil de la nation ktunaxa, est respectée de tous. Son approche est prudente et limpide.

Elle a aussi pris la tête avec d'autres de la bataille visant à stopper l'exploitation du Jumbo Glacier Resort dans la région Qat'muk. Ce secteur englobe entre autres un sanctuaire de grizzlis. Mais le chef Teneese et les Ktunaxas ont des vues plus larges sur la question étant donné que c'est aussi la patrie de l'Esprit de l'Ours grizzly : « Qat'muk revêt une importance spirituelle et culturelle profonde pour notre nation. » Certains vont trouver ce point de vue inconsistant ou vague, mais c'est méconnaître l'argument sous-jacent, selon lequel l'environnementalisme n'est pas affaire d'humains qui décident ce qui doit vivre ou mourir. C'est plutôt admettre qu'il existe une relation où les humains font partie de l'environnement.

Il y a certaines choses qui distinguent les êtres humains que nous sommes. Par exemple, le fait que nous avons un lien avec notre patrie, qui ne ressemble en rien à la manière dont d'autres ont choisi de vivre dans notre patrie. Ce n'est pas une mauvaise chose. Il suffit de le reconnaître. Je me dis donc souvent que tout mouvement vers l'avant doit provenir d'un lieu qui a été reconnu. Mais au lieu de cela, il persiste encore une idée de refus. Nous avons encore des causes devant la Cour suprême du Canada où les prémisses des factums du gouvernement, qui sont déposés dans les actions en cours, tablent sur la négation de notre existence. Combien de fois les Nuu-chah-nulths devront-ils prouver qui ils sont, avant de même pouvoir parler du droit qu'ils ont de vendre leur poisson ? Combien de fois les Tsilhqot'ins devront-ils prouver qui ils sont avant de pouvoir parler de leur lien avec leur patrie ?

C'est le genre de déroulement que l'on admet désormais : que les gens en position d'autorité s'arrogent le droit d'entamer la conversation en niant notre existence.

Chacun d'entre nous peut faire quelque chose pour mettre fin à cet état de choses. Nous pouvons plaider notre cause en disant à ceux qui occupent cette position d'autorité : « Ceci est inacceptable. Vous ne pouvez plus faire cela en mon nom. »

Essentiellement, c'est ce qu'ils font. Si vous ne protestez pas, c'est comme si vous consentiez à cet état de choses. Ce que je dis, moi, c'est que la réconciliation ne se résume pas à organiser des activités et des événements. La réconciliation, ce n'est pas un événement, vous savez. C'est quelque chose qui doit s'inscrire dans la manière dont nous faisons les choses. Songez à ce qu'on a vu la semaine dernière à Vancouver, quand la semaine de la réconciliation s'est achevée avec la marche à laquelle ont participé 70 000 personnes sous une pluie battante. Cela ne va pas tout régler mais, chose certaine, cela veut dire que tous ces non-Autochtones qui ont pris part à cet événement ont commencé à modifier leur récit. C'était peu de chose, mais c'était un début. Je pense qu'il faut trouver des moyens, de petits moyens, qui sont des premiers pas, parce que notre relation n'a pas évolué du jour au lendemain. Nous devons trouver le moyen de faire ensemble des choses qui se tiennent. Et c'est vraiment ce dont il s'agit. Il s'agit d'être logique avec soi-même. Il s'agit de bon sens. Nous parlons tous de cela, mais souvent, les choses que nous faisons n'ont pas vraiment de sens.

Voici le moment venu où nous devons réfléchir sur la manière dont les choses auraient été faites il y a cent ans de cela, ou deux cents ou trois cents ans. Mais nous devons aussi admettre que nous ne sommes pas coincés quelque part dans le temps. C'est une autre fausseté que je constate quand on me demande de commenter des événements. Très souvent, on m'invite à donner une perspective historique sur les choses. *Mais qu'on ne vous y prenne pas à parler de la manière dont vos revendications s'insèrent dans les enjeux contemporains. On ne veut pas entendre parler de ça. Taisez-vous, plus un mot! Nous vous aimons bien avec vos colliers de perles, avec vos vêtements de daim, c'est comme ça qu'on vous aime. On aime bien quand vous faites le « Houla »* – c'est comme ça que j'appelle ça – *mais ne dites rien qui pourrait nous indisposer. Ne nous rappelez pas ces choses qui nous mettent mal à l'aise.* Mais si vous jouez du tambour, alors là, oui, ça va. Ça passe.

Quand on se met à parler autrement, certains ressentent un malaise. Pas tous. L'autre chose, c'est que toute la « notion romantique » est parfois aussi une contestation de cette autre « notion romantique » qui veut que tout soit parfait. La perfection n'est pas de ce monde. Tout dépend de votre définition de la « perfection ». Nous devons donc reconnaître qu'en tant que société – parce que c'est bien ce que nous sommes –, nous devons nous soucier de la direction que nous voulons prendre.

2013

Niigaanwewidam James Sinclair

Les mots dont nous avons hérité

Le 14 janvier 2013, le Morris Mirror, un petit journal de la bourgade de Morris au Manitoba, a publié un éditorial raciste au sujet du mouvement Idle No More. Ces Autochtones, écrivait le rédacteur en chef Reed Turcotte, « ont des attentes irréalistes à l'égard du gouvernement et [...] dans certains cas, ils se conduisent comme des terroristes dans leur propre pays. Ces Indiens ou Autochtones, ils veulent tout avoir, mais certains d'entre eux refusent de travailler pour y arriver parce qu'ils sont corrompus et paresseux ».

Il arrive que tant de sottise ouvre une brèche. Niigaan Sinclair, qui est anishinabe et professeur à l'Université du Manitoba, éditeur du recueil Manitowapow et membre du collectif Kino-nda-niimi, qui a publié l'anthologie The Winter We Danced, est une voix importante dans le grand retour autochtone.

Il a composé une réponse remarquable au rédacteur du Morris Mirror. C'est comme s'il avait largué une bombe atomique sur un grain de sable. Mais Sinclair savait l'effet qu'aurait un tel éditorial s'il restait sans réponse. Donc, le 22 janvier, il s'est rendu en voiture jusqu'à Morris pour discuter avec Turcotte. Les portes du journal *étaient verrouillées, et Turcotte a refusé de le recevoir. Sinclair a fini par coller sa lettre à la porte du bureau du journal.*

Lisez-la. Tout est dit en ces quelques mots. Cela m'a rappelé Luther clouant ses quatre-vingt-quinze thèses aux portes de l'église de la Toussaint de Wittenberg, en Saxe. Une église provinciale. Une bourgade provinciale. Les premiers balbutiements de la Réforme.

En vérité, la Réforme avait déjà commencé, tout comme le réveil autochtone, comme Idle No More. Mais il y a une vérité fondamentale dans le geste de clouer sa philosophie sur la porte d'un lieu public. Et la qualité de la lettre dit tout.

Au rédacteur en chef du *Morris Mirror*,
    J'ai quelque chose à vous donner.
    Un présent. Une histoire peut-être.
    Un bout de notre maison.
    Je vous l'offre comme un plat que j'apporterais à un festin – si vous et les vôtres organisiez ce genre de chose et que vous nous y aviez invités, ma famille et moi –, pour que nous puissions tous profiter de mon offrande.
    Vous allez peut-être penser que je délire, mais mon offre n'en est pas moins sincère.
    Je vous offre ce présent pour que vous puissiez en apprendre davantage sur la terre que vous et moi occupons. La terre, l'eau et le vent en ont vu bien d'autres que vous et moi, et ils seront encore ici longtemps après nous. Ils ont été témoins de bien plus de choses que nous deux.
    Ce présent se veut aussi une dénonciation de ce qui passe pour de la communication dans notre maison : une cacophonie de commentaires anonymes sur Internet, chargés d'injures et de stéréotypes éculés et prévisibles, fondés sur des regards trop

rapides. D'éditoriaux aussi, où abondent les généralisations, mais d'une exactitude déficiente.

Je vous fais ce cadeau pour que nous puissions trouver le moyen de vivre ensemble véritablement, dans la vision établie par l'accord qui a fondé ce lieu. C'est un traité qui – même s'il n'a jamais été respecté – promet des avantages mutuels, la non-ingérence et la paix. Ce sont les promesses faites par l'homme qui a donné son nom à votre bourg, Alexander Morris. Comme Morris et ceux qui ont vu à la rédaction et à la signature du Traité Un nous le rappellent, la vision de cet accord est une carte jalonnée de marques d'honnêteté, de bravoure, de patience et d'écoute. Nous devons maintenant croire que ces jalons y sont toujours, même s'ils sont recouverts de broussailles aujourd'hui.

Je vous le donne pour que vous réfléchissiez à ce qui fait en sorte qu'un être humain puisse être traité de « paresseux » et de « corrompu ».

J'aimerais que vous me disiez si ces traits de caractère sont le fait de quelque déficience sauvage, inhérente, ou l'effet d'un barrage constant de mots qui se nourrissent de la croyance selon laquelle il existe des cultures agonisantes de second ordre. Que ces mots sont devenus des lois qui ont enclavé des êtres humains dans des secteurs invivables, où il ne leur était pas possible de gagner leur vie, eux qu'on jetait en prison s'ils résistaient. Je vous demande de réfléchir à ceux qui ont tant promis au moment de signer ces traités et qui se sont ensuite contentés de verser des aumônes à leurs amis, leur ont dit comment gérer leurs affaires, puis ont fini par leur enlever leurs enfants pour les mettre dans des pensionnats où ils ont été maltraités physiquement et moralement. Ces enfants y ont appris qu'ils étaient des êtres inférieurs et qu'il fallait de toute urgence éradiquer les langues et les cultures qui avaient marqué leurs origines. Beaucoup ont résisté, mais ils sont restés carencés après toutes ces années où ils ont vécu loin de leurs parents et de leur communauté. Quand ils rentraient chez eux, s'ils avaient cette chance, ils se sentaient confus, aliénés, et on le comprend.

Je vous invite à vous demander comment il se fait que, au même moment et dans les écoles d'à côté, des enfants canadiens ont suivi le même programme et ont appris qu'ils étaient supérieurs. On a enseigné à ces enfants les mêmes mots dont les autres enfants ont eu à souffrir : c'est dire qu'ils ont été maltraités eux aussi.

Je vous demande comment vous ou vos enfants auriez tourné si on vous avait traités ainsi. Allez-y, ne vous gênez pas, traitez-les eux aussi de « paresseux » et de « corrompus ».

Les êtres humains sont manifestement plus que cela.

Je vous fais ce présent pour marquer le souvenir d'un grand-père qui s'est battu pour notre pays, qui a triché sur son âge pour ne pas avoir à retourner à son pensionnat, qui a été blessé par la suite et ne s'en est jamais remis. Je vous le donne pour rappeler comment le gouvernement pour lequel il s'est battu l'a abandonné et lui a fait savoir qu'il n'était plus un Indien. Comment il a été totalement laissé à lui-même, luttant contre l'alcool et son handicap, avec des enfants à nourrir et des comptes à payer. Il ne fait aucun doute dans mon esprit que, pour mon grand-père, la vision de ce traité où on lui avait tant promis n'était plus qu'un souvenir flou. Il n'en restait probablement rien quand il a perdu à la maladie la seule femme qu'il avait vraiment aimée et que son fils aîné a été tué par des Canadiens qui ne furent jamais inquiétés pour cela.

Je vous fais ce présent pour vous demander si la dépendance en dit plus long sur ceux qui sont dépendants que sur ceux qui ont créé ce système de dépendance. Je demande à qui l'on doit poser le plus de questions : à ceux qui profitent grassement de leurs privilèges et de l'exploitation des autres, ou à ceux qui croient à la parole donnée et sont de nouveau maltraités quand ils demandent réparation. Ou faut-il s'adresser à ceux qui lèguent ces systèmes de domination à leurs enfants, ou à ceux qui s'emploient à échapper à cette relation abusive ? Ou à ceux qui se plaisent à traiter de « terroristes » ceux qui dansent dans un mail, ou à ceux qui veulent trouver une autre façon de faire les choses, une autre voie ?

Je vous fais ce présent pour rappeler le souvenir d'un homme qui a cessé de boire le jour où son petit-fils est né. Cet homme que tant d'autres avaient fini par croire brisé, paresseux et dangereux, a décidé de faire à ce petit garçon le plus beau cadeau qu'il lui était permis de donner : l'amour. Il lui a fait ce cadeau non pas dans l'espoir de refaire le passé, mais pour lui donner une chance de voir qu'il existait quelque chose de meilleur, quelque chose de beau. Quelque chose qui serait plus que la violence qui s'était abattue sur lui. Cet homme, un membre du Traité Un – tout comme vous et moi –, avait décidé de mettre fin aux cycles qui avaient dominé une large partie de sa vie. Cet homme avait décidé de se tenir debout, d'être plus que des mots et des politiques, et de raconter une histoire nouvelle. Je le sais. Je vis son rêve aujourd'hui.

L'heure est venue d'en apprendre un peu plus sur notre histoire, pour savoir qui nous sommes et peut-être, si nous avons un peu de chance, pour frayer de nouveaux chemins. Je crois que nous sommes plus que les mots et les images dont nous avons hérité. Je sais que nous pouvons bâtir une maison qui sera meilleure que celle-ci, que nous pouvons exiger davantage de nous-mêmes si nous sommes braves, honnêtes, patients, et si nous écoutons. L'heure est venue d'échanger entre nous des responsabilités nouvelles.

Je vous demande donc d'être plus que les mots dont nous avons hérité.

Et je vous demande de prendre la parole. De partager vos plats. De discuter de la manière dont nous pourrions être plus que des mots.

Vous avez dit que vous n'étiez pas prêt. Je veux bien. C'est dur de changer. Mais moi je suis prêt.

Je vais donc vous attendre.
Notre maison est trop importante.
Miigwech, ekosi, thanks, merci.

Niisha Wkc drapée d'une couverture réalisée par sa mère. Symbolisant les quatre directions, cette couverture est utilisée pendant les cérémonies et pour la prière. © Zack Embree.

Notes

L'imminence de l'histoire

Page 20, E. Richard Atleo (Umeek) explique avec éloquence comment on a instrumentalisé Darwin…
E. Richard Atleo (Umeek), *Principles of Tsawalk*, Vancouver, UBC Press, 2011, p. 96.

Page 23, Une pléthore de lois, de règlements et de structures administratives…
Wendy Moss et Elaine Gardner O'Toole (dir.), *Les Autochtones : historique des lois discriminatoires à leur endroit*, Canada, Division du droit et du gouvernement, novembre 1987 ; révision, novembre 1991 ; mise à jour, 2002, p. 2-16.

Page 24, … de prendre part à des danses traditionnelles en dehors de sa propre réserve.
Loi sur les Indiens, S.R.C., 1927, 98, art. 140, alinéas 1-3, et art. 141.

Page 25, Nous avons aussi enfreint nos propres lois…
Loi sur les Indiens, S.R.C., 1927, 98, art. 140. Ce ministère a changé de nom neuf fois depuis la Confédération, et on lui greffait habituellement des responsabilités matérielles, par exemple les Ressources nationales. L'emploi des mots *Affaires indiennes* renvoie à S.R.C., 1985, c. I-5, soit la *Loi sur les Indiens*. Son appellation n'a pas changé même si on en emploie une autre depuis 2011 : Affaires autochtones et Développement du Nord Canada. Au regard de la loi, cependant, c'est toujours le ministère des Affaires indiennes. Les ministères qui ont été responsables des Affaires indiennes :

- le ministère du Secrétaire d'État du Canada (jusqu'en 1869) ;

- le ministère du Secrétaire d'État chargé des Provinces (1869-1873) ;
- le ministère de l'Intérieur (1873-1880) ;
- le ministère des Affaires indiennes (1880-1936) ;
- le ministère des Mines et des Ressources (1936-1950) ;
- le ministère de la Citoyenneté et de l'Immigration (1950-1965) ;
- le ministère des Affaires du Nord et des Ressources nationales (1966) ;
- le ministère des Affaires indiennes et du Développement du Nord (1966 à nos jours ; depuis 2011 : Affaires autochtones et Développement du Nord Canada.)

Les ministères qui ont été responsables des Affaires du Nord :
- le ministère de l'Intérieur (1873-1936) ;
- le ministère des Mines et des Ressources (1936-1950) ;
- le ministère des Ressources et du Développement (1950-1953) ;
- le ministère des Affaires du Nord et des Ressources nationales (1953-1966) ;
- le ministère des Affaires indiennes et du Développement du Nord (1966 à nos jours ; depuis 2011 : Affaires autochtones et Développement du Nord Canada).

Page 25, L'un des résumés les plus éloquents de la situation…
Supplique adressée à Sir Wilfrid Laurier, premier ministre de la Puissance du Canada, de la part des chefs des Shuswaps, Okanagans et Couteaux de la Colombie-Britannique, qui lui fut remise à Kamloops (C.-B.) le 25 août 1910.

L'évitement judiciaire

Page 39, Bob Rae l'a bien dit…
L'honorable Bob Rae, discours de clôture, « As Long as the Rivers Flow: Coming Back to the Treaty Relationship in Our Time », conférence, 1er juin 2014, Fort McMurray (Alberta).

Autorité et pouvoir

Page 52, Thomas King, dans son essai *L'Indien malcommode*, donne un compte rendu…
Thomas King, *L'Indien malcommode. Un portrait inattendu des Autochtones d'Amérique du Nord*, traduction de Daniel Poliquin, Montréal, Boréal, 2014.

Page 54, « concilier la préexistence des sociétés autochtones… »
Canada, Colombie-Britannique. Jugements de la Cour suprême, *Delgamuukw c. la Colombie-Britannique, (1997), 3. R.C.S. 1010*, Colombie-Britannique, 1997, [scc-csc.lexum.com/se-csc/scc-csc/item/1569/index.do].

Page 55, Tous ont échoué.
Pour bien comprendre toute cette histoire, lire un échantillon des documents clés suivants :

Charlie Angus, député, « Failure to Seek and Disclose Evidence in St. Anne's Residential Abuse Scandal », lettres à Peter MacKay, procureur général fédéral, 21 juillet et 25 novembre 2013.

Seetal Sunga, « Amendments to St. Anne's IRS Narrative – Response to Charlie Angus », message courriel à Ana Stuhec, Caroline Clark, Janet Brooks, Linda Denis, cc Catherine Coughlan, Michael Bader, 26 novembre 2013.

Canada, Ontario. Cour supérieure de justice. Arrêt du juge Paul Perell de la Cour supérieure de justice de l'Ontario, *Fontaine c. Canada* (Procureur général), 2014, ONSC 283, N° de rôle 00-CV-129059, 14 janvier 2014.

Peter MacKay, ministre de la Justice et procureur général du Canada, lettre à Charlie Angus, député, 14 janvier 2014.

Edmund Metatawabin, coordonnateur PKKA, lettre à l'honorable Peter MacKay, ministre de la Justice et procureur général du Canada, Fort Albany (Ontario), 10 février 2014.

Une analyse utile : Dave Dean, « Our Government Is Withholding Documents Concerning the Torture of Native Children », VICE Canada, 17 juillet 2013, [www.vice.com/en_ca/print/the-canadian-government-is-withholding-documents-concerning-the-torture-of-native-children].

Sur les manières de débattre

Page 70, ... Hayden King a publié une analyse fine...
« First Nations Transparency Act May Do More Harm Than Good: Hayden King », CBC News, 2 août 2014.

Prendre la rue

Page 124, L'enjeu le plus important pour les Autochtones dans le C-38...
Canada, Parlement du Canada, Première Session, Quarante et unième législature, 60-61, Élisabeth II, 2011-2012, Lois du Canada, 2012, ch. 19 [Ottawa, Ont.], 2012, [www.parl.gc.ca/housepublications/publication.aspx?DociD =5697420&FILE=4].

Page 125, L'autre enjeu émanant du C-38...
Canada, Colombie-Britannique. *La Loi sur les pêches du Canada*, Loi sur les pêches, S.R.C., 1985, c. F-14. Protection de l'habitat du poisson et prévention de la pollution [Burnaby, C.-B.], 1985.

Page 126, Dans le cas du C-45, le problème tenait à l'affaiblissement des règles...
Canada, Parlement du Canada. Première Session, Quarante et unième législature, 60-61, Élisabeth II, 2011-2012, Lois du Canada, 2012, ch. 31 [Ottawa, Ont.], 2012, [www.parl.gc.ca/content/hoc/Bills/411/Government/C-45/C-45_4/C-45_4.PDF].

Les lois omnibus

Page 136, La même année, le C-45 faisait 457 pages...
Janyce McGregor, « 22 Changes in the Budget Bill Fine Print: 457-page Omnibus Budget Implementation Bill Amends 64 Different Acts or Regulations », CBC News, 26 octobre 2012, [www.cbc.ca/m/touch/canada/story/1.1233481].

Page 136, En douze mois, le Parlement s'est fait tordre le bras...
Canada, Parlement du Canada. Première Session, Quarante et unième législature, 60-61, Élisabeth II, 2011-2012, Lois du Canada, 2012, ch. 31 [Ottawa,

Ont.], 2012, [www.parl.gc..ca/content/hoc/Bills/411/Government/C-45/C-45_4/C-45_4.PDF].

La grande question de notre époque

Page 162, Le Canada, à mon avis, est un projet de réconciliation.
Université de Toronto, Faculté de droit, « Chief Justice Beverley McLachlin Is Guest of Honour for PBSC Law Students », 2014, [www.law.utoronto.ca/news/chief-justice-Canada-beverley-mclachlin-honour-pbscs-law-student-event].

Page 163, « le dialogue propre aux traités faisait fond non sur le troc... »
David Arnot, « The Honour of First Nations—The Honour of the Crown: The Unique Relationship of First Nations with the Crown », essai, « The Crown in Canada: Present Realities and Future Options », conférence, Ottawa, juin 2010, [www.queensu.ca/iigr/conf/ConferenceOnTheCrown.html].

En commençant par le plus facile

Page 170, L'une des percées les plus fascinantes en architecture...
Bureau latéral, « Arctic Adaptation », exposition, 14ᵉ exposition internationale d'architecture – *La Biennale di Venezia*, 2014.

Le choix

Page 186, Les mythes sont un reflet de la nature de la réalité...
Atleo, *Principles of Tsawalk*, p. 116.

Page 187, Dans le système politique et juridique autochtone...
Jean Friesen, « Magnificent Gifts: The Treaties of Canada with the Indians of the Northwest, 1869-1876 », *Transactions of the Royal Society of Canada*, série V, vol. 1, 1986, p. 43-44.

Page 189, James Anaya, qui faisait rapport sur la condition autochtone au Canada...
James Anaya, « Report of the Special Rapporteur on the Rights of Indige-

nous Peoples: The Situation of Indigenous Peoples in Canada », mai 2014, Commission des droits humains, ONU, p. 18, 21-22.

Page 193, « Le Canada est le terrain d'essai d'une noble idée… »
Quelques observations des commissaires : points saillants du Rapport de la Commission royale sur les peuples autochtones, 1996, par les coprésidents René Dussault, j. c. a., Georges Erasmus et les commissaire Paul L. A. H. Chartrand, J. Peter Meekison, Viola Robinson, Mary Sillett, Bertha Wilson, Ottawa, Affaires autochtones et Développement du Nord Canada, 1994, p. 4.

Page 193, Ovide Mercredi, ancien chef national :
« Ces deux objectifs… »
Ovide Mercredi, dans *Great Questions of Canada,* édition révisée, Rudyard Griffiths éditeur, Toronto, Key Porter Books, 2007, p. 123.

Page 194, Ou E. Richard Atleo (Umeek) qui écrit sur la manière de promouvoir…
Atleo, *Principles of Tsawalk,* p. 80.

Page 195, Mais nous savons aussi que ses paroles furent « reçues et comprises »…
Friesen, « Magnificent Gifts », p. 51.

Page 196, Jim Dumont : « La vision du monde dominante… »
Jim Dumont, *First Nations Regional Longitudinal Health Survey (RHS) Cultural Framework,* février 2005.

Page 196, Leroy Little Bear : « Tout individu au sein d'une culture… »
Leroy Little Bear, « Jagged Worldviews Colliding », dans Marie Battiste, *Reclaiming Indigenous Voice and Vision,* Vancouver, UBC Press, 2000, p. 77, 84-85.

Page 198, Jim Dumont : « Le Cercle, donc, étant primordial… »
Dumont, *First Nations Regional Longitudinal Health Survey (RHS) Cultural Framework,* p. 11.

Page 200, Leroy Little Bear : « La fonction des valeurs et des coutumes autochtones… »
Little Bear, « Jagged Worldviews Colliding », p. 81.

Page 200, Leroy Little Bear : « Toute chose est animée… »
Little Bear, « Jagged Worldviews Colliding », p. 77.

Page 201, E. Richard Atleo (Umeek) explique
que les conceptions occidentales…
Atleo, *Principles of Tsawalk*, p. 127.

Page 206, Taiaiake Alfred : « La politique est la force motrice… »
Taiaiake Alfred, *Wasáse: Indigenous Pathways of Action and Freedom*, Peterborough (Ontario), Broadview Press, 2005, p. 142.

Les mots des autres

1763. La Proclamation royale
« La Proclamation royale de 1763 pour l'administration des Territoires britanniques en Amérique du Nord », Ottawa, L'Encyclopédie canadienne, [www.thecanadianencyclopedia.ca/en/article/royal-proclamation-of-1763-/]

1783. Joseph Brant (Thayendanegea) à Sir Frederick Haldimand
Charles M. Johnston éditeur, *The Valley of the Six Nations: A Collection of Documents on the Indian Lands of the Grand River*, Toronto, Champlain Society pour le gouvernement de l'Ontario, Université de Toronto, 1964, p. 38-39.

1869. Louis Riel, Déclaration des habitants de la terre de Rupert et du Nord-Ouest
Louis Riel, 1-023, « Déclaration du Peuple de la terre de Rupert et du Nord-Ouest. Fort Garry, 69/12/08 », dans Raymond Huel, George F. G. Stanley et D. Litt (dir.), *The Collected Writings of Louis Riel / Les écrits complets de Louis Riel*, volume 1, 29 décembre 1861-7 décembre 1875, Edmonton, University of Alberta Press, 1985, p. 43-44.

1870. Le chef Joseph Nasakenrat, Oka, lac des Deux-Montagnes
Lettre du chef Joseph Onasakenrat à Sir John Young, gouverneur général de la Puissance du Canada, 7 février 1870. Documents de la session de la Puissance du Canada (Canada, Parlement, volume 3, n° 6, Documents de la session, p. 357-359, 1870).

1884. L'interdiction du potlatch, Débat de la Chambre des communes
Débats de la Chambre des communes, « Modification à la Loi sur les Indiens », 5ᵉ Législature, 2ᵉ Session, vol. 2, 1884.

1910. Supplique à Sir Wilfrid Laurier, premier ministre de la Puissance du Canada
Les chefs des Shuswaps, Okanagans et Couteaux de la Colombie-Britannique, « The Memorial to Sir Wilfrid Laurier, Premier of the Dominion of Canada », 1910, [shuswapnation.org/to-sir-wilfrid-laurier].

1927. Amendements à la Loi sur les Indiens
Modifications à la Loi sur les Indiens, S.R. 1927, 98, art. 140, [mapleleafweb.com/features/the-indian-act-historical-overview].

1971. Le grand chef David Courchene, Préface à *Wahbung: Our Tomorrows*
Warren Cariou et Niigaanwewidam James Sinclair, *Manitowapow: Aboriginal Writings from the Land of Water*, Winnipeg, Highwater Press, 2011, p. 127.

1977. Le grand chef John Kelly, Nous sommes tous dans le cercle ojibwé
Grand Chef John Kelly, « We Are All in the Ojibway Circle: Testimony Before the Royal Commission on the Northern Environment », cité dans Michael Ondaatje, *From Ink Lake: Canadian Stories Selected by Michael Ondaatje*, Toronto, Vintage Canada, 1995, p. 579.

1996. Quelques observations des commissaires, La Commission royale sur les peuples autochtones
Quelques observations des commissaires : Points saillants du Rapport de la Commission royale sur les peuples autochtones, 1996, par les coprésidents René Dussault, j. c. a., Georges Erasmus et les commissaire Paul L. A. H. Chartrand, J. Peter Meekison, Viola Robinson, Mary Sillett, Bertha Wilson, Ottawa, Affaires autochtones et Développement du Nord Canada, 1994, p. 4.

1999. Georges E. Sioui, Le problème indien
Georges E. Sioui, *Pour une histoire amérindienne de l'Amérique*, Québec, Presses de l'Université Laval, 2010.

2000. Leroy Little Bear, Des visions du monde fragmentées qui s'entrechoquent
Marie Battiste, *Reclaiming Indigenous Voices and Vision*, Vancouver, UBC Press, 2000, p. 77.

2002. Romeo Saganash, La Paix des Braves
Romeo Saganash, « The Paix des Braves: An Attempt to Renew Relations with the Cree », dans Thibault Martin et Steven M. Hoffman (dir.), *Power*

Struggles: Hydro Development and First Nations in Manitoba and Quebec, Winnipeg, University of Manitoba Press, 2008.

2003. Le chef Joseph Gosnell, des Nisga'as, Discours de Harvard

Chef Joseph Gosnell, « A First Nation, Again: The Return of Self-Government and Self-Reliance in Canada's Nisga'a Nation », discours, Université Harvard, 3 mars 2003.

2005, Taiaiake Alfred, *Wasáse: Indigenous Pathways of Action and Freedom*

Taiaiake Alfred, *Wasáse: Indigenous Pathways of Action and Freedom*, Peterborough (Ontario), Broadview Press, 2005, p. 13.

2006. Jim Dumont, L'intelligence autochtone

Jim Dumont, « Indigenous Intelligence », conférence, Université de Sudbury, 18 octobre 2006. « Indigenous Intelligence », mise en scène de Daniel Moncion, 18 octobre 2006, enregistrement vidéo, DVD.

2009. Siila Watt-Cloutier, Remettre le Canada sur le droit chemin

Siila Watt-Cloutier, « Returning Canada to a Path of Principle », Conférence LaFontaine-Baldwin, Iqaluit, 29 mai 2009.

2011. E. Richard Atleo (Umeek), Les principes du *Tsawalk* : un regard autochtone sur la crise mondiale

E. Richard Atleo (Umeek), *Principles of Tsawalk*, Vancouver, UBC Press, 2011.

2012. Wab Kinew, Idle No More n'est pas qu'une « affaire d'Indiens »

Wab Kinew, « Idle No More Is Not Just an Indian Thing », dans The Kinonda-niimi Collective (dir.), *The Winter We Danced*, Winnipeg, ARP Books, 2014, p. 95. Paru à l'origine dans *The Huffington Post*, 17 décembre 2012.

2013. Jean Teillet, À propos de la victoire des Métis du Manitoba

Jean Teillet, « Taking Stock After MMF », discours, 20e Assemblée générale annuelle de la nation métisse de l'Ontario, Ottawa, 24 août 2013.

2013. Le chef Kathryn Teneese, Réconciliation et Modernité

Kathryn Teneese, « On Reconciliation and Modernity », extrait de son discours, Salmon Festival, Revelstoke, Colombie-Britannique, 28 septembre 2013.

2013. Niigaanwewidam James Sinclair, Les mots dont nous avons hérité
Niigaanwewidam James Sinclair, « The Words We Have Inherited », dans The Kino-nda-niimi Collective (dir.), *The Winter We Danced*, Winnipeg, ARP Books, 2014, p. 95. Paru à l'origine dans *The Winnipeg Free Press*, 24 janvier 2013.

Remerciements

D'abord, merci à Roberto Alvarez, qui a contribué à tous les aspects du livre. Je lui suis reconnaissant pour son imagination et sa faculté de faire advenir les choses.

Et à Daniel Poliquin. Tous les livres rêvent de trouver une seconde vie grâce à un traducteur. C'est une grande chance pour moi que Daniel Poliquin, un merveilleux traducteur et un merveilleux écrivain, ait accepté de s'atteler au *Grand Retour*. Je ne saurais assez le remercier pour la façon dont il a donné vie à mon livre en français.

Et à Michael Reyes, qui a apporté au projet son enthousiasme et son énergie, à Alain Pescador, pour son indéfectible soutien, à Andrew Lusztyk, pour son aide depuis le début, à Aidan Denison, pour ses avis précieux chaque fois qu'ils étaient sollicités.

Un merci particulier à Brittany Lavery qui a rassemblé l'iconographie, contribuant à en faire un élément important du propos de ce livre.

Ma reconnaissance et mes meilleurs vœux de succès à David Bergeron, qui m'a prodigué une aide précieuse dans la recherche et qui vient de terminer une thèse fascinante sur le rôle que les peuples indigènes ont joué, sur les plans philosophique et juridique, au Canada et aux États-Unis. Il comprend parfaitement la manière dont cette histoire s'est déroulée.

J'éprouve une profonde gratitude envers tous ceux qui m'ont donné la permission de reproduire leurs textes dans la section « Les mots des autres » : le grand chef David Courchene, le grand chef John

Kelly, Georges E. Sioui, Leroy Little Bear, Romeo Saganash, le chef Joseph Gosnell, Taiaiake Alfred, Jim Dumont, Siila Watt-Cloutier, E. Richard Atleo (Umeek), Wab Kinew, Jean Teillet, le chef Kathryn Teneese et Niigaanwewidam James Sinclair.

Et à ceux parmi eux qui m'ont également prodigué leurs conseils et leurs suggestions, qu'ils soient doublement remerciés.

Merci également à Shawn A-in-chut Atleo, Ovide Mercredi, Mark Podlasy, Roberta Jamieson, Clint Davis, J.P. Gladu, Mary Simon, Gerald McMaster, Jeannette Armstrong, Kent Monkman, Joseph Boyden, Connie Leonard de la bande de Kamloops, Michael DeGagné, Thomas King, Sakej Youngblood Henderson, Priscilla Settee, Hayden King, Graham Greene, Jeff Hewitt, David Arnot, Catherine Odora Hoppers, Ric Young, Ryan van der Marel, Laurie McLaren de Nippissing, Kirt Ejesiak, Jesse Nicholas du Conseil des Ktunaxa, Jenny Kay Dupuis, Gerry Woodman et David Wawryk des Winnipeg Rifles, Catherine Precourt de la Ville de Stonewall, Terry Lusty de l'*Alberta Native News*, Tim Lewis et Lloyd Axworthy.

À la mémoire de Patrick Doyle, qui a aidé tant de gens.

Je suis souvent en retard, mais tout le monde à Penguin sait garder son calme. Toute ma gratitude à Diane Turbide, dont l'assistance a été si précieuse, de même qu'à Justin Stoller et, encore une fois, à Brittany Lavery, à Beth Lockley, à Trish Bunnett, à Mary Opper, à David Ross, à Karen Alliston et, bien sûr, à Nicole Winstanley.

Depuis 1976, j'ai le plaisir de travailler avec mon ami Pascal Assathiany, et depuis presque aussi longtemps avec Jean Bernier et tant d'autres au Boréal. C'est chaque fois une expérience merveilleuse.

Merci enfin à Ian, Jen, Eric et Hailey McCron, à Chris Holmes et à tous les gens de Moon River Marine, qui ont rendu si facile l'écriture de ce livre dans une île perdue de la baie Georgienne.

Et, bien sûr, à Adrienne.

Table des matières

1 • L'imminence de l'histoire — 11

2 • Des droits plutôt que de la pitié — 27

3 • L'évitement judiciaire — 37

4 • Autorité et pouvoir — 45

5 • Le ministère des bonnes œuvres — 61

6 • Le racialisme : toujours vivant ! — 65

7 • Sur les manières de débattre — 69

8 • Au nom du père… — 81

9 • Le grand retour — 83

10 • Une nouvelle élite — 89

11 • L'immaturité pérenne de nos gouvernants — 99

12 • Le pouvoir sur la terre — 103

13 • Le droit d'être divisés — 113

14 • Prendre la rue   117

15 • Les lois omnibus   129

16 • Les atermoyeurs   143

17 • Le leadership   151

18 • La grande question de notre époque   159

19 • Et si on commençait par le plus facile   165

20 • Le choix   181

Les mots des autres   209

Notes   315

Remerciements   325

CRÉDITS ET REMERCIEMENTS

La traduction de cet ouvrage a été rendue possible grâce à une aide financière du Conseil des arts du Canada.

Nous reconnaissons l'aide financière du gouvernement du Canada par l'entremise du Programme national de traduction pour l'édition du livre, une initiative de la *Feuille de route pour les langues officielles du Canada 2013-2018 : éducation, immigration, communautés,* pour nos activités de traduction.

Nous remercions le Conseil des arts du Canada pour son soutien financier et reconnaissons l'aide financière du gouvernement du Canada par l'entremise du Fonds du livre du Canada (FLC) pour nos activités d'édition.
Canadä

Les Éditions du Boréal sont inscrites au Programme d'aide aux entreprises du livre et de l'édition spécialisée de la SODEC et bénéficient du Programme de crédit d'impôt pour l'édition de livres du gouvernement du Québec.
Québec

Illustration de la couverture : © Tukkki, Dreamstime.com

EXTRAIT DU CATALOGUE

Mark Abley
  Parlez-vous boro?
Robert C. Allen
  Brève histoire de l'économie mondiale
Marcos Ancelovici et Francis Dupuis-Déri
  L'Archipel identitaire
Margaret Atwood
  Comptes et Légendes
Benoit Aubin
  Chroniques de mauvaise humeur
Claude Baillargeon
  Modernité et Liberté
Denyse Baillargeon
  Naître, vivre, grandir. Sainte-Justine, 1907-2007
  Brève histoire des femmes au Québec
Bruno Ballardini
  Jésus lave plus blanc
Frédéric Bastien
  La Bataille de Londres
  Relations particulières
Jacques Beauchemin
  La Souveraineté en héritage
Pierre Beaudet
  Qui aide qui?
Éric Bédard
  Années de ferveur 1987-1995
  Recours aux sources
  Les Réformistes
Carl Bergeron
  Un cynique chez les lyriques
Tzeporah Berman
  Vertes années
Gilles Bibeau
  Le Québec transgénique
Gilles Bibeau et Marc Perreault
  Dérives montréalaises
  La Gang: une chimère à apprivoiser
Michel Biron
  De Saint-Denys Garneau
Michel Biron, François Dumont
et Élisabeth Nardout-Lafarge
  Histoire de la littérature québécoise
Neil Bissoondath
  Le Marché aux illusions
Marie-Claire Blais
  Passages américains
Martin Blais
  L'Autre Thomas d'Aquin
Mathieu Bock-Côté
  La Dénationalisation tranquille
  Fin de cycle
Jean-Marie Borzeix
  Les Carnets d'un francophone
Gérard Bouchard
  L'Interculturalisme
  Raison et déraison du mythe

Gérard Bouchard et Alain Roy
  La culture québécoise est-elle en crise?
Lucien Bouchard
  À visage découvert
René Bouchard
  Filmographie d'Albert Tessier
Serge Bouchard
  L'homme descend de l'ourse
  Le Moineau domestique
  Récits de Mathieu Mestokosho, chasseur innu
Gilles Bourque et Gilles Dostaler
  Socialisme et Indépendance
Gilles Bourque et Jules Duchastel
  Restons traditionnels et progressifs
Joseph Boyden
  Louis Riel et Gabriel Dumont
Philippe Breton
  La Parole manipulée
Paule Brière
  Attention: parents fragiles
Dorval Brunelle
  Dérive globale
Luc Bureau
  La Terre et Moi
Georges Campeau
  De l'assurance-chômage à l'assurance-emploi
Jean Carette
  L'Âge citoyen
  L'âge dort?
  Droit d'aînesse
Claude Castonguay
  Mémoires d'un révolutionnaire tranquille
  Santé: l'heure des choix
Luc Chartrand, Raymond Duchesne et Yves Gingras
  Histoire des sciences au Québec
Jean-François Chassay
  La Littérature à l'éprouvette
Julie Châteauvert et Francis Dupuis-Déri
  Identités mosaïques
Ying Chen
  La Lenteur des montagnes
Marc Chevrier
  La République québécoise
Tony Clarke
  Main basse sur le Canada
Adrienne Clarkson
  Norman Bethune
Marie-Aimée Cliche
  Fous, ivres ou méchants?
  Maltraiter ou Punir?
Nathalie Collard et Pascale Navarro
  Interdit aux femmes
Collectif
  La Révolution tranquille en héritage
Sheila Copps
  La Batailleuse

Douglas Coupland
: *Marshall McLuhan*
Gil Courtemanche
: *Le Camp des justes*
: *Chroniques internationales*
: *La Seconde Révolution tranquille*
: *Nouvelles Douces Colères*
Harold Crooks
: *La Bataille des ordures*
: *Les Géants des ordures*
Tara Cullis et David Suzuki
: *La Déclaration d'interdépendance*
Michèle Dagenais
: *Montréal et l'Eau*
Isabelle Daunais
: *Le Roman sans aventure*
Isabelle Daunais et François Ricard
: *La Pratique du roman*
Louise Dechêne
: *Habitants et marchands de Montréal au XVIIe siècle*
: *Le Partage des subsistances au Canada sous le régime français*
: *Le Peuple, l'État et la guerre au Canada sous le régime français*
Serge Denis
: *Social-démocratie et mouvements ouvriers*
: *Un syndicalisme pur et simple*
Jean-Paul Desbiens
: *Journal d'un homme farouche, 1983-1992*
François Dompierre
: *Les Plaisirs d'un compositeur gourmand*
Benoît Dubreuil et Guillaume Marois
: *Le Remède imaginaire*
Carl Dubuc
: *Lettre à un Français qui veut émigrer au Québec*
André Duchesne
: *Le 11 septembre et nous*
Valérie Dufour et Jeff Heinrich
: *Circus quebecus*
Fernand Dumont
: *Genèse de la société québécoise*
: *Récit d'une émigration*
Renée Dupuis
: *Quel Canada pour les Autochtones?*
: *Tribus, Peuples et Nations*
Shirin Ebadi
: *Iranienne et libre*
Joseph Facal
: *Quelque chose comme un grand peuple*
: *Volonté politique et pouvoir médical*
Joseph Facal et André Pratte
: *Qui a raison?*
Dominique Forget
: *Perdre le Nord?*
Graham Fraser
: *Vous m'intéressez*
: *Sorry, I don't speak French*
Josh Freed
: *Vive le Québec Freed!*

Alain-G. Gagnon et Raffaele Iacovino
: *De la nation à la multination*
Lysiane Gagnon
: *Chroniques politiques*
: *L'Esprit de contradiction*
Robert Gagnon
: *Une question d'égouts*
: *Urgel-Eugène Archambault. Une vie au service de l'instruction publique*
France Gascon
: *L'Univers de Saint-Denys Garneau*
Danielle Gauvreau, Diane Gervais et Peter Gossage
: *La Fécondité des Québécoises*
Bertrand Gervais
: *Un défaut de fabrication*
Louis Gill
: *Économie mondiale et Impérialisme*
: *Fondements et limites du capitalisme*
: *Les Limites du partenariat*
Yves Gingras et Yanick Villedieu
: *Parlons sciences*
Jacques Godbout
: *Le tour du jardin*
Jacques Godbout et Richard Martineau
: *Le Buffet*
Jacques T. Godbout
: *Le Don, la dette et l'identité*
: *L'Esprit du don*
Pierre Godin
: *La Poudrière linguistique*
Peter S. Grant et Chris Wood
: *Le Marché des étoiles*
Allan Greer
: *Brève histoire des peuples de la Nouvelle-France*
: *Catherine Tekakwitha et les Jésuites*
: *La Nouvelle-France et le Monde*
Benoît Grenier
: *Brève histoire du régime seigneurial*
Groupe de Lisbonne
: *Limites à la compétitivité*
André Habib
: *La Main gauche de Jean-Pierre Léaud*
David Hackett Fischer
: *Le Rêve de Champlain*
Brigitte Haentjens
: *Un regard qui te fracasse*
Sylvie Halpern
: *Morgentaler, l'obstiné*
Chris Harman
: *Une histoire populaire de l'humanité*
Tom Harpur
: *Le Christ païen*
: *L'Eau et le Vin*
Michael Ignatieff
: *L'Album russe*
: *La Révolution des droits*
: *Terre de nos aïeux*
Jean-Pierre Issenhuth
: *La Géométrie des ombres*

Jane Jacobs
  La Nature des économies
  Retour à l'âge des ténèbres
  Systèmes de survie
  Les Villes et la Richesse des nations
Daniel D. Jacques
  La Fatigue politique du Québec français
  Les Humanités passagères
  La Mesure de l'homme
  Nationalité et Modernité
  La Révolution technique
  Tocqueville et la Modernité
Dyane Kellenny Chalifoux
  Ces enfants nés de mon cœur
Stéphane Kelly
  À l'ombre du mur
  Les Fins du Canada
  La Petite Loterie
Tracy Kidder
  Soulever les montagnes
Thomas King
  L'Indien malcommode
Mark Kingwell
  Glenn Gould
Will Kymlicka
  La Citoyenneté multiculturelle
  La Voie canadienne
Robert Lacroix et Louis Maheu
  Le CHUM
Céline Lafontaine
  Nanotechnologies et Société
Guy Laforest
  De la prudence
  De l'urgence
Vincent Lam
  Tommy Douglas
Constance Lamarche
  L'Enfant inattendu
Pierre Lamonde et Jean-Pierre Bélanger
  L'Utopie du plein emploi
Yvan Lamonde et Jonathan Livernois
  Papineau. Erreur sur la personne
Daniel Lanois, avec Keisha Kalfin
  La Musique de l'âme
Louise-L. Larivière
  Pourquoi en finir avec la féminisation linguistique
Gilbert Larochelle
  L'Imaginaire technocratique
Louis La Rochelle
  En flagrant délit de pouvoir
Monique LaRue
  La Leçon de Jérusalem
Daniel Latouche
  Le Bazar
  Plaidoyer pour le Québec
  Politique et société au Québec
  Une société de l'ambiguïté
Daniel Latouche et Diane Poliquin-Bourassa
  Le Manuel de la parole
Daniel Latouche et Philip Resnick
  Réponse à un ami canadien
Suzanne Laurin
  L'Échiquier de Mirabel
Adèle Lauzon
  Pas si tranquille
Michel Lavoie
  C'est ma seigneurie que je réclame
Carl Leblanc
  Le Personnage secondaire
Jean-Paul Lefebvre
  L'Éducation des adultes
Pierre Lefebvre
  Confessions d'un cassé
Anne Legaré
  La souveraineté est-elle dépassée?
François Legault
  Cap sur un Québec gagnant
Josée Legault
  L'Invention d'une minorité
Marc Lesage
  Les Vagabonds du rêve
Jocelyn Létourneau
  Les Années sans guide
  Le Coffre à outils du chercheur débutant
  Passer à l'avenir
  Que veulent vraiment les Québécois?
Roger Levasseur
  De la sociabilité
  Loisir et culture au Québec
Robert Lévesque
  Digressions
David Levine
  Santé et Politique
Paul-André Linteau
  Brève histoire de Montréal
Jean-François Lisée
  Dans l'œil de l'aigle
  Le Naufrageur
  Nous
  Pour une gauche efficace
  Les Prétendants
  Sortie de secours
  Le Tricheur
Jean-François Lisée et Éric Montpetit
  Imaginer l'après-crise
Jonathan Livernois
  Remettre à demain
James Lorimer
  La Cité des promoteurs
Jocelyn Maclure et Charles Taylor
  Laïcité et liberté de conscience
Marcel Martel et Martin Pâquet
  Langue et politique au Canada et au Québec
Georges Mathews
  Le Choc démographique
Karel Mayrand
  Une voix pour la Terre
Monia Mazigh
  Les Larmes emprisonnées

Kenneth McRoberts
: *Un pays à refaire*
Daniel Mercure
: *Le Travail déraciné*
Christian Miquel et Guy Ménard
: *Les Ruses de la technique*
Pierre Monette
: *Onon:ta'*
Michael Moore
: *Mike contre-attaque!*
: *Tous aux abris!*
Patrick Moreau
: *Pourquoi nos enfants sortent-ils de l'école ignorants?*
Claude Morin
: *L'Affaire Morin*
: *L'Art de l'impossible*
: *Les choses comme elles étaient*
: *La Dérive d'Ottawa*
: *Je le dis comme je le pense*
: *Les Prophètes désarmés?*
: *Mes premiers ministres*
: *Le Pouvoir québécois en négociation*
Michel Morin
: *L'Usurpation de la souveraineté autochtone*
Wajdi Mouawad
: *Le Poisson soi*
Christian Nadeau
: *Contre Harper*
: *Liberté, égalité, solidarité*
Simon Nadeau
: *L'Autre Modernité*
Pascale Navarro
: *Les femmes en politique changent-elles le monde?*
: *Pour en finir avec la modestie féminine*
Antonio Negri et Michael Hardt
: *Multitude*
Pierre Nepveu
: *Gaston Miron. La vie d'un homme*
Lise Noël
: *L'Intolérance*
Geneviève Nootens
: *Julius Grey. Entretiens*
Samantha Nutt
: *Guerriers de l'impossible*
Edmond Orban
: *La Modernisation politique du Québec*
Marcelo Otero
: *L'Ombre portée*
Martin Pâquet
: *Tracer les marges de la Cité*
Jean Paré
: *Le Code des tics*
: *Conversations avec McLuhan*
: *Délits d'opinion*
: *Je persiste et signe*
: *Journal de l'An I du troisième millénaire*
Roberto Perin
: *Ignace de Montréal*

Pierre S. Pettigrew
: *Pour une politique de la confiance*
Nadine Pirotte
: *Penser l'éducation*
Paul St-Pierre Plamondon
: *Les Orphelins politiques*
Daniel Poliquin
: *René Lévesque*
: *Le Roman colonial*
Alain Pontaut
: *Santé et Sécurité*
José del Pozo
: *Les Chiliens au Québec*
André Pratte
: *L'Énigme Charest*
: *Le Syndrome de Pinocchio*
: *Wilfrid Laurier*
Jean Provencher
: *Chronologie du Québec*
John Rawls
: *La Justice comme équité*
: *Paix et Démocratie*
François Ricard
: *Gabrielle Roy, une vie*
: *La Génération lyrique*
Nino Ricci
: *Pierre Elliott Trudeau*
Jeremy Rifkin
: *L'Âge de l'accès*
: *La Fin du travail*
Christian Rioux
: *Voyage à l'intérieur des petites nations*
Marcel Rioux
: *Un peuple dans le siècle*
Yvon Rivard
: *Aimer, enseigner*
Régine Robin
: *Nous autres, les autres*
Antoine Robitaille
: *Le Nouvel Homme nouveau*
Louis-Bernard Robitaille
: *Erreurs de parcours*
: *Paris, France*
François Rocher
: *Guy Rocher. Entretiens*
Jacques Rouillard
: *Apprivoiser le syndicalisme en milieu universitaire*
Bruno Roy
: *Mémoire d'asile*
Jean-Hugues Roy
: *Profession : médecin*
Jean-Yves Roy
: *Le Syndrome du berger*
Simon Roy
: *Ma vie rouge Kubrick*
Ronald Rudin
: *L'Acadie entre le souvenir et l'oubli*
Louis Sabourin
: *Passion d'être, désir d'avoir*

Christian Saint-Germain
Paxil Blues
Michel Sarra-Bournet
Louis Bernard. Entretiens
John Saul
Le Grand Retour
Louis-Hippolyte LaFontaine et Robert Baldwin
Mon pays métis
Réflexions d'un frère siamois
Alain Saulnier
Ici était Radio-Canada
Doug Saunders
Du village à la ville
Simon-Pierre Savard-Tremblay
Le Souverainisme de province
Patrick Savidan et Patrice Martin
La Culture de la dette
Dominique Scarfone
Oublier Freud?
Éric Schwimmer
Le Syndrome des plaines d'Abraham
Michel Seymour
De la tolérance à la reconnaissance
Une idée de l'université
Micheline de Sève
Pour un féminisme libertaire
Carolle Simard
L'Administration contre les femmes
Cette impolitesse qui nous distingue
Léopold Simoneau
L'Art du bel canto
SIRIC
Allô… Moi? Ici les autres
Communication ou Manipulation
SIRIM
Alors survient la maladie
Patricia Smart
De Marie de l'Incarnation à Nelly Arcan
Les Femmes du Refus global
Pierre Sormany
Le Métier de journaliste
David Suzuki
Lettres à mes petits-enfants
Ma dernière conférence
Ma vie

David Suzuki et David R. Boyd
Suzuki : le guide vert
David Suzuki et Holly Dressel
Enfin de bonnes nouvelles
David Suzuki et Wayne Grady
L'Arbre, une vie
David Suzuki, Amanda McConnell
et Adrienne Mason
L'Équilibre sacré
Marie-Blanche Tahon
Vers l'indifférence des sexes?
Charles Taylor
L'Âge séculier
Les Sources du moi
Bruce G. Trigger
Les Indiens, la fourrure et les Blancs
Pierre Trudel
Ghislain Picard. Entretiens
Chris Turner
Science, on coupe!
UNEQ
Le Métier d'écrivain
Bernard Vachon
Le Québec rural dans tous ses états
Marc Vachon
Rebelle sans frontières
Roland Viau
Enfants du néant et mangeurs d'âmes
Femmes de personne
Yanick Villedieu
La Médecine en observation
Un jour la santé
Jean-Philippe Warren
L'Art vivant
Edmond de Nevers
Honoré Beaugrand
L'Engagement sociologique
Hourra pour Santa Claus!
Une douce anarchie
Martin Winckler
Dr House, l'esprit du shaman
Andrée Yanacopoulo
Prendre acte

Ce livre a été imprimé sur du papier 100 %
postconsommation, traité sans chlore, certifié ÉcoLogo
et fabriqué dans une usine fonctionnant au biogaz.

MISE EN PAGES ET TYPOGRAPHIE :
LES ÉDITIONS DU BORÉAL

ACHEVÉ D'IMPRIMER EN OCTOBRE 2015
SUR LES PRESSES DE MARQUIS IMPRIMEUR
À LOUISEVILLE (QUÉBEC).